本书受到 2021 年四川省社科规划"脱贫攻坚暨乡村振兴"重大项目和四川大学马克思主义学院 2022 年学术专著出版项目的资助

我们的乡村

新时代乡村建设行动研究

纪志耿 罗倩倩 陈庆玲 李丹琪 著

四川大學出版社
SICHUAN UNIVERSITY PRESS

图书在版编目（CIP）数据

我们的乡村：新时代乡村建设行动研究 / 纪志耿等
著 . — 成都：四川大学出版社，2023.10
（乡村振兴丛书）
ISBN 978-7-5690-6326-4

Ⅰ . ①我… Ⅱ . ①纪… Ⅲ . ①农村－社会主义建设－
研究－四川 Ⅳ . ① F327.71

中国国家版本馆 CIP 数据核字（2023）第 169930 号

书　　名：我们的乡村——新时代乡村建设行动研究
　　　　　Women de Xiangcun——Xinshidai Xiangcun Jianshe Xingdong Yanjiu
著　　者：纪志耿　罗倩倩　陈庆玲　李丹琪
丛 书 名：乡村振兴丛书

出 版 人：侯宏虹
总 策 划：张宏辉
丛书策划：庞国伟　梁　平
选题策划：蒋姗姗　曹雪敏
责任编辑：曹雪敏
责任校对：宋彦博
装帧设计：叶　茂
责任印制：王　炜

出版发行：四川大学出版社有限责任公司
　　　　　地址：成都市一环路南一段 24 号（610065）
　　　　　电话：（028）85408311（发行部）、85400276（总编室）
　　　　　电子邮箱：scupress@vip.163.com
　　　　　网址：https://press.scu.edu.cn
印前制作：四川胜翔数码印务设计有限公司
印刷装订：四川盛图彩色印刷有限公司

成品尺寸：170 mm×240 mm
印　　张：19.75
字　　数：272 千字

版　　次：2023 年 10 月 第 1 版
印　　次：2023 年 10 月 第 1 次印刷
定　　价：75.00 元

扫码获取数字资源

四川大学出版社
微信公众号

只有深刻理解了"三农"问题，才能更好理解我们这个党、这个国家、这个民族。

　　不了解农村不了解农民，就不能真正懂得中国更不可能治理好中国。

——摘自习近平《论"三农"工作》

推荐序一

乡村振兴——两种制度变迁要有效地结合

凡书皆有名。本书名为《我们的乡村：新时代乡村建设行动研究》。作者按照乡村建设行动"是什么—为什么—怎么办—怎么传"的逻辑理路展开，力图回答好乡村建设行动理论渊源、百年历程、时代背景、实施状况、突出问题、理念原则、行动路径、价值意蕴等方面重点难点问题，选题具有重要的理论意义和应用价值。乡村建设行动，主语是乡村建设。在乡村建设问题上，还有思考和探索的空间。

1. 民国时期的乡村建设运动是一种由变革代理人发起和实施的强制性的制度变迁

辛亥革命到新中国成立的几十年间，中国的一批有志之士为了寻求中国的繁荣富强，把目光投向了广袤的农村和当时占人口绝大多数的中国农民，提出了"救济农村""建设农村""复兴农村"等口号，同时也涌现出不少乡村建设的社会团体，开展了各具特色的乡村建设运动。如晏阳初 1926 年以河北定县为试验区，开展了为期 10 年的乡村平民教育试验，提倡"四大教育"（文艺、生计、卫生、公民教育），进行了为期 10 年的改革，培养知识力、生产力、强健力和团结力，以期达到救国强国的目的。他还将教育工作的范围扩大到农业、卫生及合作等方面，主张在农村实现政治、教育、经济、自卫、卫生和礼俗"六大整体建设"。此后,对农村建设与发展的探索进一步深化,梁漱溟1928年在山东邹平发起以"乡村建设实验"为核心的"乡村自治运动"。1931年,他在山东邹平创办乡村建设学院,认为解决中国的问题必须从乡村入手,力推以"平民教育"为旗帜的"乡村治理改革",主张以乡村民众自身为主,建设一个全新的乡村组织结构,以培养乡村发展的力量。尽管近代的探索主要重视农村政治建设方面,但其对于中国农村发展和进步具有重要的推动作用。他们的试验为什么没有成功?或是归咎于抗日战争使试验终止,或是认为在旧中国半殖民地半封建社会里,这些社会改良运动无法在广大农村推行。本书作者试图用制度经济学的框架来解释这一问题。

制度经济学将强制性制度变迁定义为以中央政府或地方政府为主体发起的、自上而下、具有激进性质的制度变迁,亦称"供给主导型制度变迁"。诱致型制度变迁则是人们在追求由制度不均衡引致的获利机会时所进行的自下而上的自发性制度变迁,亦称"需求主导型制度变迁"。

民国时期的乡村建设运动并不是由中央政府或地方政府发起的,而是由变革代理人(change agent)发起和实施的,他们是变革的倡导者和支持者。他们得到当地政府的支持,与组织的高级管理层合作,分析当前的业务状况和挑战,并确定变革的必要性。他们向组织内的各个层级传达变革的重要性,并为变革提供支持和资源。他们也是变革计划的制定者和执行者,负责制订详细的变革计划,并确定实施变革所需的步骤和时间表。他们领导变革团队,协调各个部门和利益相关者的参与,并确保变革计划的顺利执行。所以说,民国时期的乡村建设运动是一种由变革代理人发起和组织实施的强制性的制度变迁,他们试验失败的一个重要原因是没有将供给主导型的自上而下的制度变迁与需求主导型的自下而上的自发性制度变迁有效地结合起来。换句话说,他们所提供的制度供给并不是广大农民真正想要的。

2. 第二次国内革命战争为什么又叫土地革命战争？

第二次国内革命战争是中国共产党领导中国工农红军和中国人民为反对国民党蒋介石集团的反动统治，废除封建土地制度，建立工农民主政权而进行的革命战争，由于核心是土地问题，又称为"土地革命战争"。英文则直接翻译为 Agrarian Revolutionary War（土地革命战争）。这场制度变迁的特点是将自上而下的制度供给与无地或少地农民对土地的需求结合起来，使他们能自下而上地被发动起来。于是这场革命在许多地区获得了成功，建立了一批根据地。

"第三次国内革命战争"（解放战争）是第二次国内革命战争的继续。其核心仍是土地问题，表现形式是在解放区开展的土地改革运动。可以肯定的是：中国共产党人针对许多无地或少地农民对土地的需求所开展的土地改革，这种制度供给必然对这些农民的政治取向产生影响，并激励他们采取各种形式保卫自己的胜利果实。根据有关资料，淮海战役支前区域涉及华东、中原、华北三大解放区所属的八个行政区，大致相当于现在的苏、鲁、豫、皖、冀五省。战役期间共出动民工 543 万名，担架 20.6 万副，大小车 88.1 万辆，筹集粮食 9.6 亿斤，这些粮食粗略估算可以供一个中等城市的人口吃 5 年以上。截至 1948 年淮海战役前，山东解放区已经基本完成土地改革。据不完全统计，鲁中南、胶东、渤海三个解放区就有 500 余万农民分得土地 600 余万亩，这为动员人民支援前线提供了坚实的思想和经济基础。一位年轻的随军记者曾讲过这样一个故事：

> 1948 年初冬的一天，在进军淮海平原的路上，络绎不绝的小车和我军大队人马并行。我问一位推车的农民大嫂："你们小车推

3

的是什么?"白面。""你们家还有存粮吗?""有,不在窖里。""在哪儿?""在地里。""地里,什么庄稼?""麦子。"我环顾白雪覆盖的中原大地,麦苗还没有出土呢?我情不自禁地哭了。我相信,我们的军队必胜。[①]

"人们奋斗所争取的一切,都同他们的利益有关。"[②]

3. 不成功的试验

新中国成立后,党在农村开展了一系列农村建设。1956年1月,毛泽东组织起草了《一九五六年到一九六七年全国农业发展纲要(草案)》。1957年10月25日,正式公布了纲要修正草案。1960年3月30日—4月10日召开的二届全国人大二次会议,讨论通过并公布了纲要;11日的人民日报社论指出,"大会批准的全国农业发展纲要是高速度发展我国社会主义农业和建设社会主义新农村的伟大纲领"[③]。这一时期的农村建设,在政治上发展和巩固了农业合作化制度,在经济上发展了农林牧副渔生产。应该说,这一阶段农村建设在水利、农田、道路、卫生、文化等方面取得一定的成效,为我国农业和农村发展奠定了基础。但是人民公社制度超越了社会发展阶段,阻碍了农村生产力的发展。这一系列自上而下推行的以制度供给为主导的试验没能与农村老百姓的需求有效地结合。这就使这一阶段的农村建设成为不成功的试验。

---

① 董向阳:《把人民放在心中最高位置——重温淮海战役时期党的群众工作实践》,《中国纪检监察报》2018年8月21日。

② 马克思:《第六届莱茵省议会的辩论(第一篇论文)》,《马克思恩格斯全集》(第一卷),北京:人民出版社1956年版,第82页。

③ 《为完成和超额完成一九六〇年国民经济计划而奋斗》,《人民日报》1960年4月11日第2版。

4. 家庭联产承包责任制"包"的是什么?

中国的改革自农村发端,农村的改革始于家庭承包经营的制度创新,源自小岗村的"大包干"最终成为家庭承包经营的主要形式。联产责任制本身从承包到组向承包到户,最终到包干到户("大包干")的演进,奠定了家庭联产承包制的基本格局。

家庭联产承包,"包"的是什么?是土地改革、平均地权后分到农户,此后在初级社、高级社的集体化运动中又收归集体所有的那块地。老百姓就想要那块地的承包经营权。这是典型的由需求主导的自下而上的自发性制度变迁。改革开放后的决策者倾听了群众的呼声,将自上而下推行的以制度供给为主导的强制性制度变迁与之有效地结合起来,自此揭开了改革开放的大幕。这场改革首战的特点是农民群众自下而上的制度变迁在先,党和政府决策者自上而下的制度变迁在后。

就在这个时期,1979 年 1 月 11 日,中共中央作出《关于地主、富农分子摘帽问题和地、富子女成份问题的决定》。这个文件使数以千万计的人摆脱了精神枷锁。

在这之前,高考政审制度改革。在这之后,打开城门,农民在一定程度上享有了迁徙自由和择业自由[①]……恢复平等地位与尊严是解放生产力的前提。

党的十五届三中全会通过的《中共中央关于农业和农村工作若干重大问题的决定》指出:"离开一定的物质利益和政治权利,任何阶级的任何积极性是不可能自然产生的。我们的一切政策是否符合发展生产力的需要,就是要看这种政策能否调动劳动者的生产积极性。"[②]

---

① 由于城乡分割的户籍制度,一些地区、一些工种,还不向农民开放。
② 中共中央文献研究室:《新时期经济体制改革重要文献选编》(下),北京:中央文献出版社 1998 年版,第 22 页。

5

5. 乡村振兴是典型的强制性制度变迁

20 世纪 90 年代，在家庭承包经营解决了农民的温饱问题，夯实了国民经济发展的基础之后，农业、农村发展遇到了瓶颈。农业的基础地位受到挑战，农村剩余劳动力的压力加大，农民负担加重、收入增长缓慢，农村公共支出和社会事业的发展远远滞后于城市。农村广大的潜在的市场仍然难以成为现实的市场，启动内需仍步履维艰。在计划经济体制下形成的城乡二元经济、社会结构变革迟缓，城乡资源配置存在着诸多弊端。

进入 21 世纪以来，党的十六大报告提出了建设一个惠及十几亿人口的全面小康社会。此后，中央明确把解决"三农"问题作为全党工作的重中之重，确立了统筹城乡发展的基本方略。党的十六届四中全会提出了"两个趋向"的重要论断。党中央在农村工作中采取了"多予、少取、放活"的重大政策举措，工农关系和城乡关系逐渐发生变化。从2004 年起，中央连续发布了 20 个指导"三农"工作的"一号文件"。这种自上而下的一系列制度供给，构建了党和国家关于"三农"工作的政策体系。其中尤其要指出，2005 年 10 月，党的十六届五中全会总结历史经验，尤其是总结改革开放以来农村发展的实践经验，提出了建设社会主义新农村的重大历史任务，明确了"生产发展、生活宽裕、乡风文明、村容整洁、管理民主"[①] 的建设要求。时隔 12 年后，2017 年 10月，党的十九大报告中首次提出实施乡村振兴战略，要求坚持农业农村优先发展，按照"产业兴旺、生态宜居、乡风文明、治理有效、生活富裕"[②] 的总要求，建立健全城乡融合发展体制机制和政策体系，加快推进农业农村现代化。自此，百年乡村建设，在中国共产党的领导下，掀

---

① 《十六大以来重要文献选编》（中），北京：中央文献出版社 2006 年版，第 1050 页。
② 《十九大以来重要文献选编》（上），北京：中央文献出版社 2019 年版，第 141 页。

起了新的高潮。

2021 年 4 月 29 日，十三届全国人大常委会第二十八次会议通过了《中华人民共和国乡村振兴促进法》，该法于 6 月 1 日起正式实施。这是确保乡村振兴战略顺利实施的法治保障，是国家意志、国家战略在"三农"领域的最高体现。该法共 10 章 74 条，据粗略统计，74 条中，作为主语，"国家"的字样出现频次最高，出现 43 次；其次是"各级人民政府"或"地方各级人民政府"的字样，出现 35 次；"县级以上人民政府"或"县级以上各级人民政府"的字样出现了 20 次。总体上看，该法主要规范的是政府行为，这是一部明确国家和各级人民政府对促进乡村振兴所负法定责任的综合性法律①，也是一种典型的以制度供给为主导、自上而下的强制性的制度变迁。要想这样的制度变迁获得成功，有两个条件可能要加以重视：

（1）将以制度供给为主导的自上而下的制度变迁和以广大农民群众的需求为主导的自下而上自发性的制度变迁有效地结合起来。

中国幅员辽阔，不同地区的资源禀赋、文化传承、历史背景、民族特性等都各不相同，各级政府的制度供给要符合不同地区广大农民群众最迫切、最基本的需求，切忌一刀切，只唯书、唯上，不唯实的官僚习气。

（2）要使不同层级的变革代理人成为中央和各级政府推行乡村振兴战略举措的有力抓手。

2021 年中央一号文件指出："选派优秀干部到乡村振兴一线岗位，把乡村振兴作为培养锻炼干部的广阔舞台，对在艰苦地区、关键岗位工

---

① 张晓山：《推动城乡融合发展 促进乡村全面振兴——学习〈乡村振兴促进法〉》，《农业经济问题》2021 年第 11 期，第 4—11 页。

作表现突出的干部优先重用。"① 2022 年中央一号文件又指出："发挥驻村第一书记和工作队抓党建促乡村振兴作用""培养乡村规划、设计、建设、管理专业人才和乡土人才。鼓励地方出台城市人才下乡服务乡村振兴的激励政策。"② 2023 年中央一号文件指出："在国家乡村振兴重点帮扶县实施一批补短板促振兴重点项目，深入实施医疗、教育干部人才'组团式'帮扶，更好发挥驻村干部、科技特派员产业帮扶作用。""完善城市专业技术人才定期服务乡村激励机制，对长期服务乡村的在职务晋升、职称评定方面予以适当倾斜。引导城市专业技术人员入乡兼职兼薪和离岗创业。允许符合一定条件的返乡回乡下乡就业创业人员在原籍地或就业创业地落户。继续实施农村订单定向医学生免费培养项目，教师'优师计划'、'特岗计划'、'国培计划'，实施'大学生乡村医生'专项计划。实施乡村振兴巾帼行动、青年人才开发行动。"③ 每年的文件谈得都很具体，关键在于落实。

6. 四川有可能成为两种制度变迁有效结合的典型

四川有条件成为将以制度供给为主导的自上而下的制度变迁和以广大农民群众的需求为主导的自下而上自发性的制度变迁有效结合的典型。

（1）四川在历史上具有乡建的理论沿革。

在中国近代史上，位于西南一隅的川渝地区是乡村建设运动的重镇，不少乡村建设学派的代表人出生或工作在这片热土上，不少乡村建

---

① 《中共中央国务院关于全面推进乡村振兴加快农业农村现代化的意见》，《人民日报》2021 年 2 月 22 日第 1 版。

② 《中共中央国务院关于做好二〇二二年全面推进乡村振兴重点工作的意见》，《人民日报》2022 年 2 月 23 日第 1 版。

③ 《中共中央国务院关于做好二〇二三年全面推进乡村振兴重点工作的意见》，《人民日报》2023 年 2 月 14 日第 1 版。

设的学术成果和学术思想至今仍闪耀着曦光。晏阳初，祖籍四川省巴中市巴州区三江镇中兴村，致力于平民教育七十余年，被誉为"世界平民教育运动之父"。卢作孚，重庆市合川人，近代著名爱国实业家、教育家、社会活动家、乡村建设者。他独具特色的"以交通建设为先导、以产业建设为重点、以乡村城镇化带动、重视文化教育事业"的乡村建设之路，将重庆北碚这样一个贫穷落后、盗匪横行的乡场，变成具有现代化雏形的新型乡村。不久前去世的伊莎白·柯鲁克，1915年出生于成都四圣祠北街一个加拿大传教士家庭，成长于华西坝，中文名饶素梅。1940年，伊莎白只身前往重庆市璧山兴隆场从事人类学田野调查，历经数月，以日记形式写下了长达36万字的抗战时期四川农民生活的调查报告。2018年，《战时中国农村的风习、改造与抵拒：兴隆场（1940—1941）》正式出版。2019年，104岁高龄的伊莎白荣获中华人民共和国"友谊勋章"。

（2）四川在改革开放后拥有农村改革的宝贵实践经验。

改革开放后，四川在农村有不少制度创新，成为改革开放的排头兵。四川广汉金鱼公社"包产到组"与向阳公社"摘牌建乡"是四川农村改革最具历史意义的标志性事件。正如本书所述，四川此后开展了"天府粮仓""两项改革""川西林盘""道德积分制""一肩挑"等一系列具有四川特色的农村实践，形成了极具典型性、创新性和可复制性的"四川经验"。

本书通过对四川乡村建设行动的深度剖析，进一步深化了对乡村建设行动的理论研究，厘清了四川乡村建设行动的历史渊源，聚焦当下四川乡村建设行动的重点任务，从而提炼出乡村建设行动的价值意蕴。该书的理论探索与改革实践经验的总结，对正在掀起乡村振兴热潮的四川农村将具有较高的借鉴意义。在乡村振兴不断深化改革、促进发展的大潮中，四川完全有条件将供给主导型的自上而下的制度变迁和需求主导型的自下而上自发性的制度变迁有效地结合在一起，在四川乡村振兴的舞台上演出一幕幕有声有色的活剧来，这也将为本书作者进一步的理论与实践探索提供丰厚的土壤，我衷心期待他们有更多的佳作问世！

张晓山

2023 年 9 月 7 日星期四

推荐序二

民族要复兴，乡村必振兴。

在 20 世纪二三十年代的乡村建设学派看来，唯有走"由乡村建设以复兴民族"之路，才能自救。但是，乡村建设学派所指的乡村建设，并非一般意义上的"乡村中的建设事项"，而是指特定情势下"以乡村为本位"的民族—国家建设的思想理论。当时的乡村建设是想解决中国的整个问题，是与中国乡村社会的组织再造和文化复兴联系在一起的。可惜的是，乡村建设运动并没能持续多久。1937 年日本发动全面侵华战争以后，战争阴云笼罩全国，乡村建设运动也随之陷入停滞。另外，乡村建设学派赞成改良主义，而不赞成革命运动，认为中国农村的病症在于"愚、穷、弱、私"，而不在于帝国主义侵略和封建残余势力统治，这种主张也具有一定的历史局限性。

新中国成立以后，中国共产党领导农民开展互助合作，发展经济，大兴农田水利，大办农村教育和农村医疗，对改变农村贫穷落后面貌作了不懈探索，取得了了不起的成就。梁漱溟等乡村建设学派设想的重建农村社会团体、把农民组织起来发展生产的主张，在国民党统治的旧中国没有实现，而在共产党领导的新中国变成了现实。改革开放以后，我们实行家庭承包经营为基础、统分结合的双层经营体制，乡镇企业异军突起，延续两千多年的农业税得以废除，农业农村发生翻天覆地的变化。中国特色社会主义进入新时代后，我们坚决打赢脱贫攻坚战，乘势而上全面推进乡村振兴，加快建设宜居宜业和美乡村，乡村建设迈出了实质性步伐，农民越来越多地就地过上了现代化的生活。

尽管我们在乡村建设方面取得显著成就，但同时也应该看到，农村仍是四化同步的短腿，农业仍是建设社会主义现代化国家的短板。当前农业基础还比较薄弱，农村社会建设和乡村治理方面的问题尤为突出。一些村庄缺人气、缺活力、缺生机；一些村庄建设没规划、没秩序、没特色；一些村庄"形虽在，神已散"，优秀道德规范、公序良俗失效；一些村庄农民组织化程度低，集体意识弱。如此种种，暴露出现代化进程中的乡土问题和乡建危机。现在我们要做的事，是否和20世纪二三十年代乡村建设学派所做的努力相似？现代化大潮中的新乡土社会，是否还可以成为应对百年变局中的压舱石和着陆器？这些问题，需要"三农"学者时刻挂在心上，时常从灵魂深处进行拷问，并由此激发出大力加强乡村建设、助推中华民族伟大复兴的磅礴伟力。

站在祖国的广袤大地之上，吮吸着百年乡建的厚重成果，传承着川渝地区先哲们的薪火，我们必须把"建设什么样的乡村，怎么建设乡村"这一历史性课题总结好、研究好。在脱贫攻坚战役圆满收官，乡村振兴战略全面展开之际，四川大学马克思主义学院纪志耿教授带领的科研团队，以2021年四川省社科规划"脱贫攻坚暨乡村振兴"重大项目为依托，历时两年，深入开展调查研究，坚持把论文写在祖国的大地上，撰写了《我们的乡村——新时代乡村建设行动研究》一书。该书系统研究了新时代乡村建设行动的生成逻辑、实施路径和价值意蕴，并按照乡村建设行动"是什么—为什么—怎么办—怎么传"的逻辑理路展开，力图回答好乡村建设行动理论渊源、百年历程、时代背景、实施状况、突出矛盾、理念原则、行动路径、国际镜鉴、价值意蕴等方面重点难点问题，对新发展阶段的农业农村工作很有裨益，是一本兼有理论阐发和实践探索意义的学术著作。

概而言之，该著作有以下四个突出特点。

第一，该书深化了对乡村建设行动的理论研究。村庄作为一个社会场域，是一个地理概念，是乡村振兴的基本单元，更是糅合了生存与生活、历史与未来、个人与家族的人文概念。因此，乡村建设的理论研究须充分考虑村庄的现实情境，不能脱离村庄的共同体属性。该书的理论研究主要从"村庄共同体的变迁""工农立国的论争""小农逻辑延伸""城乡空间再造""文明型国家崛起"五个方面展开。关于村庄共同体的变迁，书中阐述了村庄共同体的多种类型，如社会学家斯科特提出的内聚型共同体因"权力文化网络"被打破而演变成的松散的开放型共同体；人类学家施坚雅提出的具有较高自给自足性的市场共同体；汉学家杜赞奇指出的自然经济状态下的内聚型共同体；社会学家迪尔凯姆强调的由被共同情感所支配的"机械共同体"转变而来的以集体经济为基础的"有机共同体"。关于工农立国的论争，书中指出以晏阳初、梁漱溟等人为代表的知识分子希望能用教育的方式来改造农民，而张培刚、吴景超和孙倬章等人则是"以工立国"的重要拥趸，他们对乡村建设的理论探索和社会实验，成为丰富和发展我国新时代乡村建设行动的重要理论源泉。关于小农的逻辑延伸，其中包括马克思关于小农生存方式和社会关系的论断，斯科特和恰亚诺夫基于农业生产中农民的行动策略提出的"生存逻辑"的观点，以及以舒尔茨为代表的学者提出的"理性逻辑"观点。关于城乡空间再造，书中关注"既要建设繁华的城市，也要建设繁荣的农村"，即重塑城乡关系，改善城乡空间，走城乡融合发展之路是乡村建设行动的重中之重。关于文明型国家崛起，书中提出我国的崛起是"文明型国家"的崛起，其"文明特质"来自数千年的历史，并以独特的创新型现代化方式来实现复兴，而国家的"崛起"则通过以农业农村现代化为支撑的不同层次社会结构的现代化得以实现。

第二，该书探寻了乡村建设行动的历史渊源。不知古，焉知今？不知历史，焉知现实与未来？不知我们从何处来，焉知我们要向何处去？该书根据中国共产党百年奋斗历程的四个历史分期，梳理和总结了中国共产党领导下的乡村建设实践演进历程。以新民主主义革命时期的乡村建设实践为例，在为数众多的乡村建设试验中，由知识分子主导最著名的有三家：梁漱溟主持的山东邹平模式，晏阳初主持的河北定县平民教育模式和卢作孚的北碚模式。其中最令人印象深刻的是，乡村建设运动的中坚人物——梁漱溟先生，他在1922年所发表的《东西文化及其哲学》一书中极力提倡孔子之道，"只有中国文化的路，是正常的路"。梁先生就是因这个缘故不得不反对西化，偏向复古，这是民族自救的新方向与最后的觉悟。到了社会主义革命和建设时期，中国共产党相继围绕着土地改革、农业合作化运动、人民公社化运动等主题开展乡村建设。这些举措是我国乡村管理在政治上的重新构建，广大农民实现了真正当家作主，成了国家的主人。正如毛泽东1936年在延安回答美国记者埃德加·斯诺关于革命、农民及土地等问题时说"谁赢得了农民，谁就会赢得中国"，"谁能解决土地问题，谁就会赢得农民"，这些话语精辟地概括出了革命中土地和农民问题所处的地位。步入改革开放和社会主义现代化建设的新时期，中国共产党为了解决"三农"问题，废除人民公社体制，确立了家庭联产承包责任制，推行村民自治制度，开展农村精神文明建设工作，使农民的文化素质和思想觉悟得到进一步巩固和提升。如今中国特色社会主义进入新时代，党对于乡村的价值有了更为全面、深刻的认识，习近平总书记强调："没有农业现代化，没有农村繁荣富强，没有农民安居乐业，国家现代化是不完整、不全面、不牢固的。"当前，中国共产党在发展特色产业、优化农村基础设施建设、改善农村人居环境、推进乡风文明建设等乡村现代化举措中实现了乡村振兴和脱贫攻坚等工作的有效衔接和探索。

第三，该书聚焦了乡村建设行动的重点任务。乡村发展、乡村建设、乡村治理三项"重点工作"的迭代更新与赓续发展，都是我国走向中国式现代化过程中非常重要的话题。该书结合"天府粮仓""两项改革""川西林盘""道德积分制""一肩挑"等四川特色实践，较大篇幅地阐述了乡村建设行动的重点任务，即在实现第二个百年奋斗目标的新征程中，要如何彰显乡村生产功能、优化乡村生活功能、挖掘乡村生态功能、重塑乡村文化功能、提升乡村治理效能，实现"五位一体"的总体布局。这不仅回应了乡村建设行动的时代要求，也是实现国家现代化和民族复兴目标的内在需要。乡村建设行动的基本前提是彰显乡村的生产功能。"手中有粮，心中不慌"，粮食安全是乡村农业生产的首要功能，是"国之大者"。在新时代打造更高水平的"天府粮仓"，建成保障国家重要初级产品供给的战略基地，是四川落实在全国大局中的地位作用的重要标志和具体体现。乡村建设行动的主要目的是优化乡村生活功能。广大农民安居乐业才有充足的获得感、幸福感、安全感，"两项改革"的举措不仅盘活了农村闲置资产，还拓宽了产业发展空间，丰富了人们的精神文化生活。乡村建设行动的着力方向是涵养乡村生态功能。"生态兴则文明兴"，川西林盘的保护性发展以"政府引导、群众主体、市场参与"为原则，不仅对林盘进行保护性升级打造，盘活了闲置农房和宅基地，还拓宽了农民的增收渠道。乡村建设行动的紧迫任务是重塑乡村文化功能。作者通过在四川省成都市、广元市、巴中市、德阳市和自贡市等地的调研，总结出当地实行的道德超市、道德银行和道德股份等道德积分制的新模式，这一探索实践在全国范围内来看都格外亮眼。乡村治理有效是乡村振兴的重要保障。在全国乡村治理典型案例名单中，四川省德阳市罗江区的"探索推行定向议事，提升村民自治能力"、四川省宜宾市珙县的"创新'四方合约'机制，破解农村养老难题"、四川省邛崃市的"全域'为村'助力乡村高效治理"等案例都榜上有名，创新了诸多乡村治理新模式。尤其是在贯彻落实"一肩挑"模式上，形成了极具典型性、创新性和可行性的乡村治理"四川经验"。

第四，该书凝练了乡村建设行动的价值意蕴。实施新时代乡村建设行动是新发展阶段我国推动乡村全面振兴、加快农业农村现代化的重要抓手和有力保障。作者在书中的结尾部分以四川省为例，提出了实施乡村建设行动的国内价值和国际价值。作者分别从历史、现实和未来维度，阐述了在四川省实施乡村建设行动具有的重大影响和价值。四川省是乡村建设运动的重要发源地，是美丽宜居乡村建设的西部示范田，是擦亮农业大省金字招牌的忠诚践行者。四川是全国农村改革的排头兵，四川广汉金鱼公社"包产到组"与向阳公社"摘牌建乡"是四川农村改革最具历史意义的标志性事件。其敢为人先、艰苦奋斗、勇于担当、戮力同心的农村改革精神对实施乡村建设行动也具有重大意义。四川省作为地理资源和文化资源丰富的地区，其乡村文化实践案例为世界的乡村建设提供了全景式调查的样板。该书通过对比近代海外学者研究视域下积贫积弱的四川乡村，审视新时代四川乡村建设取得的巨大成就和宝贵经验，告诉读者们应该坚定道路自信、理论自信、制度自信和文化自信，讲好中国故事、传播四川声音，向国际社会展示四川乡村建设行动的魅力。

凡是过往，皆为序章。本书的正式出版，必将有助于进一步深化对乡村建设的理论和实践研究，为建设宜居宜业和美乡村，实现农业强国奋斗目标贡献智慧和力量。

2023 年 7 月 13 日

目　录

第一篇

第二篇

第三篇

第一篇

第一章 乡村建设行动的理论基础

乡村建设是实施乡村振兴战略的重要任务，也是国家现代化建设的重要内容。自从20世纪20—30年代晏阳初和梁漱溟编撰乡村建设理论相关读物，并致力于解决乡村的平民教育和社会重构问题以来，乡村建设理论和实践已经走过了百年历程。百年华章，山河为证。乡村建设主题的百年巨变，既反映了中华民族从站起来、富起来到强起来的伟大飞跃，也发出了加强乡村建设理论研究的时代强音。一百年前，乡村建设亟需破解的主题是根除中国农民的"愚、穷、弱、私"问题，开展"文艺、生计、卫生、公民"四大教育，以实现国家的新生和民族的再造。一百年以后，乡村建设亟需破解的主题是举全党全社会之力推动乡村振兴，促进农业高质高效、乡村宜居宜业、农民富裕富足，不仅要让群众"住上好房子，过上好日子"，还要"个人养成好习惯，乡村形成好风气"。因此，实施乡村建设行动，必须把视线聚焦到田园乡村这个载体上来，从工农关系百年探索的大历史观出发，激发农民参与乡村振兴的积极性和主动性，统筹城乡发展，促进城乡空间的再造，为实现中华民族伟大复兴寻找乡村文化的基因和密码。

一 村庄共同体的变迁

作为农民生产生活的地理空间，同时也是农村社会整合与秩序建构的最小社会单元，村庄在中国的农村生活中一直发挥着重要作用，因此厘清乡村建设的理论渊源，必须从村庄共同体的探讨开始。有学者认为，村庄既是一个道义共同体，也是一个利益共同体和情感共同体，在自然经济条件下，由于村民长久地居住在同一场域内，他们共同劳作、共同生活、共同发展，从而在价值情感判断和思考行为习惯上逐渐形成趋同的村庄意识，这种村庄意识又会通过共同的村庄生活而不断内化于村民[1]，因此村庄成为农民社会生活极其重要和活跃的社会场域。由于村庄共同体具有独特的经济社会结构和文化结构，因此村庄同时兼具上述几种功能属性。也有学者谈到，在自然经济状态下村庄是一个内聚的共同体，但随着近代化和国家权力的下沉，共同体中的文化网络被打破，内聚型共同体就会演变成松散的开放型共同体。例如，社会学家詹姆斯·斯科特（James C. Scott）指出，村庄内部富农和贫农之间……出于风险共担和互惠互利原则，形成"依附-庇护"关系，内聚的村庄共同体帮助无产者度过风险和难关。人类学家施坚雅（G. William Skinner）谈到，交易半径决定市场结构，基层市场是由数个相邻的村庄共同组成的，具有较高自给自足性，因而这种内聚的村庄共同体也就是紧凑的市场共同体。但是，汉学家杜赞奇（Prasenjit Duara）关于村庄共同体的观点显然与上述观点不同，他认为自然经济状态下中国的传统农村是一个内聚型的共同体，村庄士绅阶层出于利益与共的考虑，在上级部门利益和村庄本地发展之间充当着保护型经纪人的角色；随着国家政权的下沉和财政汲取强度增加，村庄原有的文化网络消失殆尽，村庄精英纷纷外逃或消失，保护型经纪人演变成营利型经纪人。社会学家涂尔干（Émile Durkheim）也指出，共同体是机械式的团结，个体会被所谓的共同情感所支配，随着国家权力触角延伸到乡村社会，村庄共同体经历了重大转变，以往以家族血缘或是地缘认同为基础的村庄如今转向以集体经济为基础，村庄共同体也从原有的社会生活共同体变为生产和经济共同体[2]，因而村庄共同体或内聚或开放，与村民对共同体的认同感与归属感密切相关。

　　乡村建设理论研究须充分考虑村庄的现实情境，不能脱离村庄共同体属性。从传统性向现代性演进，村庄作为一个社会场域有其独特的经济社会结构和文化传统。凭借着这一特质，村庄成功维系了农村社会的价值追求，成为农民社会生活极其重要和活跃的场所，在乡村建设行动实施过程中，其仍然扮演着极为重要的角色。当前，我国农村社会的开放性和流动性不断增强，内聚型村庄共同体向开放型共同体演进的趋势愈发明显，乡村建设和村庄治理的难度有所加大，村庄共同体式微成为新时代实施乡村建设行动面临的主要困境。有学者认为，传统村庄共同体正在瓦解，伴随着中国农村改革和城镇化进程加速，村民流向城市、村屋变成空壳、村庄走向落败，村庄共同体的属性存在一定弱化趋势，但村庄共同体的作用并没有完全消失，无论是传承优秀乡土文化，还是凝聚乡村情感认同，都赋予了乡村建设文化价值意蕴。

　　村庄是中国农村的基本地域单位，是农村社会的组织细胞，在中国实现现代化的进程之中，不能一边是繁华的城市，一边是凋敝的农村。因此，乡村建设实践应以村庄为载体，激发村庄共同体的内生动力，从而加强乡村建设。具体而言：一是实施乡村建设行动必须凝聚精神力量。在加强农村基础设施建设和公共服务投入的同时，更要注重推进农村精神文明建设，要大力弘扬文明乡风、良好家风以及淳朴民风，积极培育社会主义核心价值观，加速推动融入农村发展和农民生活。二是实施乡村建设行动应坚持自治、法治、德治相结合。要超越竞争与"分治"思维，深化村民自治实践，引导村民全程参与乡村建设，保障其知情权、参与权、监督权，传承中华民族"守望相助、扶危济困"的文化传统，形成互惠互利、共谋发展的社会风尚。同时，要加强党的领导，不断完善乡村治理体系，推行网格化管理，矫正村庄共同体生产生活中的陈规陋习和不良现象。三是实施乡村建设行动，一方面要"抓关键"，坚决发挥出农民在乡村建设中的主体作用，另一方面也要"优服务"，塑造一批"懂农业、爱农村、爱农民"的新型干部队伍。要坚持五级书记（省、市、县、乡四级党委书记和村党支部书记）抓乡村振兴，汇聚社会一切力量抓乡村建设，推动农村善治和再组织化，从而推动乡村振兴，促进农业高质高效、乡村宜居宜业、农民富裕富足，使广大农民群众住上好房子、过上好日子、养成好习惯。

因此，建设一个强有力的村庄共同体，不仅有助于塑造悠久的农耕文明，更有利于缓和村庄内部矛盾、降低村民生活成本、提高村民应对生产危机的能力；不仅为新时代乡村建设实践的创新与发展指明了方向，也强化了个体与村庄共同体的利益联结纽带，实现了村庄共同体的重塑与再造。可以看出，村庄共同体在促进经济发展、维护社会稳定、弘扬农耕文化等方面有着不可小觑的作用，所以在乡村建设的具体过程中，必须要以村庄共同体建设为基础，把握好村庄共同体在当下的功能定位，把中国的乡村最终建设成为中国现代化进程中的稳定器和蓄水池[3]，助推乡村建设行动顺利实施。

二 工农立国的论争

中国的乡村建设既是近代以来国家的战略选择诉求，也是重构国家与基层社会关系、复兴中国传统精神和重启现代化进程的突破口。理清我国乡村建设的百年历程，可以从工农立国的论争开始探究。一百年前，乡村建设亟需破解的主题是解决中国农民"愚、穷、弱、私"的问题，通过开展"文艺、生计、卫生、公民"四大教育，从而实现国家的新生和民族的再造这一目的。

乡村建设行动具有壮阔的百年历程，在晚清民国时期，就有一些忧国忧民的知识分子开始对乡村建设进行探索实践。而自中国共产党成立以来，以毛泽东同志为主要代表的中国共产党人也始终将革命、建设及改革的目光投向乡村。

20世纪20—30年代，在国家内忧外患、民族危难之时，无数仁人志士就已经将拯救中国的希望投向乡野。如梁漱溟提到，中国的社会，其实质是建立在乡村的基础之上，并且乡村是整个中国社会的主体，要想解决中国问题，就必须率先解决中国的农村问题。晏阳初也坚信建设乡村就是救济中国，要想使中国不受外敌凌辱就必须将建设国家的视线转向乡村。因此，以晏阳初、梁漱溟等人为主要代表的知识分子致力于开展乡村建设运动。晏阳初将河北省的定县作为开展平民教育的实验点，以期通过启发民智，使中国人尤其是最大部分的农民能够成为拥有智识力、富有生产力、具有强健力以及内生团结力的新农民；与此同时，梁漱溟也积极在乡村组织创办乡学、村学，他希望能用教育的方式来改造农民，从而使农民具有焕然一新的面貌；卢作孚也认为农民在接受文化教育的同时，更应该接受现代化教育，这样才能达到乡村现代化的目的，因此他通过举办讲座、兴办工厂等方式提高农民素质，从而实现人的现代化。可以看出，中国的乡村建设既是近代以来国家的战略选择诉求，更是再构国家与基层社会互动关系、宣扬中华优秀传统文化以及加速现代化进程的突破口。而也有相当一部分学者，认为工业化才是实现民族复兴、国家富强、人民幸福的根本方法。张培刚、吴景超和孙倬章等人是"以工立国"的重要拥趸。吴景超认为只有实现工业化才能真正实现民族独立。张培刚立足中国是农业国的现实，在认识到农业发展"五大贡献"的基础上，也指出工业化的实现必然以牺牲一些农业利益为代价。孙悼章从社会进化的角度指出，只有工业化才是实现现代化的必要路径，宁牺牲农业，以贡献于工业。总体来看，20世纪忧国忧民的知识分子们积极投身于乡村建设中，他们对乡村建设的理论探索和社会实验，成为发展并丰富我国新时代乡村建设行动的理论源泉。

中国共产党对工农关系的探索与实践从未停止。新中国成立以来，为了恢复国内经济发展，中国以工业化为起点展开城市现代化建设，以统购统销制度与国家和集体两种所有制为抓手，初步形成了"以农支工"的城乡发展道路。[4] 1978年至2003年是以工促农、城市优先的阶段，随着党和政府在农村开展家庭联产承包责任制，改革开放的序幕以农村为起点缓缓拉开。国家层面上党和政府将构建新型工农城乡关系摆在突出位置，中国共产党以往关于农产品"统购统销"和工农产品价格"剪刀差"政策经历了一个过渡，转变为"坚持工业反哺农业、城市支持农村"的方针，不断加大对"三农"的支持力度，逐步缩小工农之间、城乡之间的差距，努力消除城乡二元结构。总体来看，中国共产党在农业政策的制定上也由过去农业服务于工业转变成以农业为基础、农村和城市相互配合的方针，逐渐形成了工农互促、城乡互补、协调发展、共同繁荣的新型工农城乡关系。2003年至2012年是以工补农、以城带乡的阶段。在经济方面，全国农村税费改革开始推开，对农业的支持力度逐步加大。在社会管理方面，户籍制度和土地制度改革逐步展开，农民福利水平逐步提升，这一时期是统筹城乡发展和城乡一体化的发展时期。

中国特色社会主义进入新时代以来，面对日趋复杂的国际国内环境和各种不确定因素，实施乡村建设行动，处理好工农城乡关系，对于应对国内外各种风险和挑战，促进社会平稳发展具有重大意义。新时代实施乡村建设行动，破解工农关系失衡难题就成为关键抓手，必须让农民找到生存和发展的新空间。新时代实施乡村建设行动既要在"四个现代化"建设过程中补齐农业现代化的"短板"，也要纵深推进农业供给侧结构性改革，确保农产品产得出、供得上和供得优，使中国人的饭碗牢牢地端在自己手上。新时代实施乡村建设行动既要漂漂亮亮的城市，也要绿水青山的乡村，补齐基础设施和公共服务短板，开展人居环境整治活动，使农村的乡情美景更加令人向往。新时代实施乡村建设行动既要高度发展的工业文明，也要历史悠久的农耕文明，在"富口袋"的同时也要"富脑袋"，在提升农民的物质生活水平的基础上，传承发展农耕文明，不断丰富并充实农民的精神生活。

【专栏 1.1】

晏阳初及其乡村建设理论

我国是一个农业大国，农村问题始终是国家发展重大战略问题。近代以来，许多仁人志士都致力于农村建设，探索改变农村落后面貌的各种途径，他们的努力值得人们尊敬，他们的经验值得总结与借鉴。

早在 20 世纪 20 年代，一位从美国耶鲁大学回国的高才生，通过开展平民教育和乡村建设，以期实现国家发展。1943 年他和爱因斯坦等人一起被评选为"现代世界最具革命性贡献的十大伟人"，他就是被誉为"世界平民教育运动之父"的晏阳初，与陶行知先生并称"南陶北晏"。

晏阳初，祖籍四川省巴中市，他是国际知名的乡村改造领导者，他对中国农村社会的美好未来怀有满腔热忱，对改变农民的贫穷落后状态锲而不舍。晏阳初早期开展平民教育运动时，认为中国的大患是民众的贫、愚、弱、私"四大病"，主张通过办平民学校对民众首先是农民，先教识字，再实施生计、文艺、卫生和公民"四大教育"，培养知识力、生产力、强健力和团结力，以造就"新民"，并主张在农村实现政治、教育、经济、自卫、卫生和礼俗"六大整体建设"，从而达到强国救国的目的。这就是以教育为工具，推动经济、政治、卫生、文化全面发展的乡村建设理论。

（根据晏阳初《平民教育概论》编写，高等教育出版社，2010年）

三 小农逻辑延伸

农民是乡村建设的根本性力量，实施乡村建设运动，关键就在于何以激发农民的主动性和积极性。20世纪30年代，梁漱溟在总结以往乡村建设运动的经验与不足时曾指出，乡村运动"运而不动"是乡村建设面临的主要困惑和危机，这句话道出了农民是乡村建设运动的核心与关键。实际上，乡村建设的政策制定者和主导者与乡村成员之间缺乏有效衔接，使得外部资源无法转化为农村建设和农民发展的内生性动力，这是百年乡村建设历程中突出的问题。因此，实施新时代乡村建设行动，必须破解农民"缺场"难题。在当前推进乡村建设行动的过程中，要防止农民出现保守心理、投机心理以及旁观心理，从而导致农民主体性缺失问题出现。乡村建设是为农民而建，因此探究乡村建设理论的微观基础，就必须要洞悉小农的行动逻辑。

一是马克思关于小农的论断。马克思认为小农长久处于受剥削和被压迫的境遇之中。在他看来，农民之所以面临生存困境，其根源在于不断恶化的生产条件以及愈发高昂的生产资料。马克思曾将19世纪中叶的法国农民比作"一袋马铃薯"，他提到，小农人数众多，他们的生活条件相同，但是彼此间并没有发生多种多样的关系。……法国国民的广大群众，便是由一些同名数简单相加形成的，就像一袋马铃薯是由袋中的一个个马铃薯汇集而成的那样。[5] 小农生产经营规模狭小，没有任何丰富的社会关系。与此同时，随着工业化和城市化进程加快，资本家牟利的目光投向农村，资本过度侵占农村资源，蚕食并挤压小农生存空间，使得农村成为资本的附庸，农民成为资本家牟利的工具。

二是一部分学者基于农业生产中农民的行动策略提出的"生存逻辑"的观点。其中，詹姆斯·斯科特便从另一个视角论述了小农面临的惨痛境遇，指出小农生产经营的动机在于满足家庭基本生存需要，他们遵循"避免风险，安全第一"原则。恰亚诺夫（A. B. Chayanov）在"劳动—消费均衡"理论中指出，农民之所以从事生产，其根本目的就是要满足自己家庭成员的消费需要，当一个农民家庭在辛苦劳动后能与其自身的消费水平达到均衡时，这一家庭的农业生产和消费便会保持止步状态。尽管停滞不前的耕种技术导致农业内卷化出现，精耕细作已经无法满足人们需求，夜以继日的辛勤劳动无法带来更多效益，然而农民在农业生产和日常生活中流露出的服从集体与权威的一面，使得农民生活长期处于生存线边缘。詹姆斯·斯科特指出，"农民长久以来都处于一种'齐脖深'的状况中，即使是细波微澜也会导致灭顶之灾"，这形象地说明了农民处于生存边缘的艰难境况，指明了小农不愿冒险的根本原因。

三是以西奥多·舒尔茨（Theodore W. Schultz）为代表的学者提出的"理性逻辑"观点。不同于"生存逻辑"中农民遵循"安全第一"原则的观点，一部分学者根据农业生产中农民愿意投资冒险的行为，指出农民在农业生产中既展现出服从集体与权威的一面，也流露出精打细算的一面。因此他们认为，没有接受过系统教育的农民或许会与一位精明的资本主义企业家一样具有经济理性，小农遵循"利润最大化"原则，会适时抓住机遇进而投资。例如舒尔茨认为，这种传统农业也以从事生产为特征，其实蕴含着一种"特殊类型的经济均衡状态"，农民会观察自己的收益情况，并以此为根据来不断调整他们的生产计划，从而优化要素配置，使得生产富有效率。而塞缪尔·波普金（Samuel L. Popkin）则认为，农民是理性的并且能使自己的家庭福利最大化，农民会考虑收益和评估风险，并做出维护自身利益的选择。实际上，"生存逻辑"观点和"理性逻辑"观点并不矛盾，这两者反映的其实是农民在不同的社会经济条件下，他们会作出的行为反应及相应决策。因此，农民既可以是辛勤劳作而维持生活的生产者，同时也可以是会敏锐察觉自身利益变化的利润追求者。两者辩证统一，我们不应厚此非彼，轻易否认任何一方。

社会主义市场经济下，小农的生存逻辑逐渐向理性逻辑转变，但两种行为逻辑在不同场景中协调统一的基本格局并没有变。然而在历次乡村建设运动中，农民作为乡村建设的获益者和参与者，却在乡村价值上呈现出多重主体性缺失。这主要表现为以下三点。首先是主体性不足。农民的主体性是实现乡村价值的关键，然而受到自身能力或制度政策限制，农民的自主性意识并未被彻底地唤醒和激活，这表现为农民对自身的定位理解不深，尽管乡村建设是为农民而建，但不少农民却对乡村未来的发展没有自己的主张和看法。其次是创造性不足。农民是乡村建设的主体，然而受到历史文化的影响，农民少有建言献策意识，对乡村建设的参与程度不够，自然无法理解或积极投入乡村建设运动中。比如村干部选举、投票参与等具体实践中，农民往往墨守成规，不愿也不敢提出自己的真实想法，他们往往会跟随村里有声望或有地位的"乡村精英"一起做决策。最后是积极性不足。乡村建设为农民而建，乡村是农民生活的家园。然而出于保守心理，农民更愿意支持大部分人的看法，即使建设计划与自身有关，也不倾向于发表不同意见。

乡村振兴为农民而兴，乡村建设为农民而建。乡村建设过程中要把握农民两种行为逻辑的作用机制，充分发挥农民的主体作用，使其积极投身于乡村建设。新时代乡村建设既要激活农民主体意识，又要教育引导农民，辩证看待农民保守与求富的矛盾心理，唤醒农民角色意识，塑造农民先进的生产方式和生活方式，把农村打造成幸福生活的美丽家园。新时代实施乡村建设行动既要坚持农民合作共赢，也要鼓励农民收益共享，充分发挥农民经济理性，努力克服"善分不善合"的合作难题，发展农村产业，壮大集体经济，使广大农村逐步实现共同富裕。新时代实施乡村建设行动既要激活农民创造意识，又要保留优秀乡土文化，尊重农民主动性和创造性，制定村规民约，实现乡村善治，提高农民的精神风貌。

【专栏 1.2】

波普金及其"理性小农"理论

塞缪尔·波普金，是美国加州大学圣地亚哥分校政治学系名誉教授，他关心东亚农民社会发展，并于 1979 年出版《理性小农——越南农村社会的政治经济学》（*The Rational Peasant：The Political Economy of Rural Society in Vietnam*）一书。在书中，他提出了理性农民行为模型，并展示了乡村生活形态下如何形成农民自利的行为模式。

与以往传统的道义经济视角相比，这种政治经济学视角对农民在日常生活中的理性逐利予以肯定。两者对农民何以生存进行了不同的论证，如斯科特认为，对于小农来说，其生产经营的主要动机在于尽可能安全地满足家庭基本生存需要，遵循"避免风险，安全第一"的行为逻辑。但是波普金则坚称农民是理性的问题解决者，农民不仅关心自身的利益，他们还会通过与其他人讨价还价以达到相互可接受的结果。

实际上，波普金继承了舒尔茨"农民贫穷但富有效率"这一观点，通过观察越南前殖民、殖民和（早期）工业革命时期的农业社会，得出结论：小农的生产行为仍然是"理性"的，并遵循"利润最大化"的行为逻辑。在书中，波普金希望读者既不是去怜悯农民，也不要企图重新找回假设的天真与简单，而是尊重农民在实践中解决资源分配、权威、冲突等复杂问题的智力，而这些问题是所有社会包括前资本主义农业社会都要面临的。

（根据塞缪尔·波普金《理性小农——越南农村社会的政治经济学》编写，加州大学出版社，1979 年）

四　城乡空间再造

马克思认为："城乡关系的面貌一改变，整个社会的面貌也跟着改变。"[6]城市和乡村是两种基本的空间存在形态。乡村发展之所以长期落后，其根源正是在于城乡二元结构对乡村空间的割裂与阻隔，从而使乡村长期处于"失血""贫血"状态，因而实施乡村建设行动需要实现城乡空间再造与融合。城市空间与乡村空间关系演变的历史逻辑是生产力发展与生产关系变革的统一。起初，城市和乡村之间的差异仅仅停留在自然空间意义层面，然而随着社会分工的出现以及产业革命的发生，城市作为一个空间，其功能和面貌得到了根本性和彻底性的改变，城市空间成为各种资源的聚集体，而乡村空间却主要表现为各种资源的外流地，城市与乡村之间愈发割裂。城市空间与乡村空间之间的矛盾从单一的经济层面渐趋延伸到政治、社会、文化以及生态等多个层面，使得农村沦为城市发展的附庸与陪衬，城乡之间产生严重失衡。与此同时，随着时间发展，城市内部"大城市病"日益严重，而乡村空间却因为缺少各种资源要素而发展乏力。因而，实施乡村建设必须推动城乡空间再造以实现城乡空间的融合发展。

"既要建设繁华的城市，也要建设繁荣的农村"[7]，城镇化不能以农业萎缩、乡村凋敝为代价。现代化进程中，如何处理好城乡关系，某种程度上关系着现代化的成败。因此，在实施乡村建设行动过程中，重塑城乡关系，走城乡融合发展之路就成为重中之重。推进城乡融合发展，必须推进城市和乡村在要素上的双向流动以及平等交换，这也是构建新型工农城乡关系的重要路径。总体来看，中国共产党在实践中不断探索并完善的城乡关系思想，本质是马克思主义城乡关系理论和我国城乡建设实践不断融合发展的产物。[8]起初，在城乡二元对立发展的过程中，乡村问题格外突显：一方面，农村产业凋零，乡村青壮年劳动力大量涌入城市，只剩下老人、妇女和儿童留守在农村，人员的流动使得农村老龄化问题严重。另一方面，乡村公共生活严重缺位，传统熟人社会逐渐解体，乡村社区的凝聚力也日趋减弱，加之乡村信仰和文化传统逐渐丧失，因而在乡村劳动力、资源、土地等要素流向城市的过程中，乡村再次被边缘化。[9]美国经济学家刘易斯就曾对这一现象有过研究，他提出了城乡二元经济中农村劳动力转移模型理论，认为在发展中国家里，他们的经济状况可以划分为现代工业部门和传统农业部门。由于两个部门劳动生产率和对劳动力的需求不同，在农业部门中存在着劳动力剩余的情况，农业部门中的剩余劳动力会不断向城市转移。

改革开放以来，党和政府高度重视乡村发展，面对城乡差距逐渐拉大的现实，中国共产党提出了城乡统筹政策，建立了"以城带乡、以工促农"的机制。为化解城乡对立矛盾，打破城乡二元结构，中国共产党通过出台一系列政策放宽对农民进城的限制，大量农民涌入城市，往返于城市与乡村之间，其中大部分农民选择半工半耕，成为兼业农民。城乡要素的双向流动，较好地处理了农村劳动力剩余的问题，不仅为农民提供生产生活秩序支持，同时对于推进高质量城乡互补具有关键意义。这不仅推进了城乡快速融合发展，更客观上促进了城乡一体化进程加快，使我国的城乡关系协调统一。新时代以来，我国格外关注乡村基础设施建设，县域建设成为城乡关系从"分割"走向"融合"的重要切入点和关键抓手。实施新时代乡村建设行动，推动城乡融合，就需要重点关注县域这个基本单元，深入研究何以构建新型工农城乡关系。在此过程中，党和政府不断加大对财政和资源的补贴力度，持续加强乡村的基础设施建设，使得农村人居环境得到显著改善，先前城乡间拉大的差距有所缓解。然而，城乡融合发展的新态势下，如何改善农村人居环境仍然是中国共产党在实施乡村建设过程中面临的一大难题。新时代乡村建设从美丽乡村到和美乡村，内蕴着人与人和睦相处，人与自然和谐共生，城与乡和合共美的价值理念，既保留了田园牧歌式的乡村特色，也汲取了城市先进的理念和技术，这不仅是城乡一体化的理想体现，也是实施新时代乡村建设行动的题中应有之义。

当前世界正处于百年未有之大变局，不确定性和不稳定性因素持续增加，去全球化思潮和贸易保护主义有所抬头，"两头在外、大进大出"的经济发展模式和贸易发展模式的动能已经式微。在这一背景下，实施乡村建设行动是应对大变局、塑造新发展格局的压舱石和稳定器。与此同时，在实施乡村建设行动过程中要推动城乡空间再造。既要实现城乡空间人本价值的回归，在推动城乡空间再造的具体实践中坚持以人为本的空间生产原则，也要加快以县域为重要载体的城镇化建设，在推动城乡空间再造的探索过程中大力促进新型城镇化建设。

五 文明型国家崛起

文化是民族的血脉，文明是维系中华民族的精神纽带。第一次工业革命以来，在资本逻辑的推动下，欧洲开辟了现代化的西方道路，创造了现代性文明的西方形态，铸就了现代性的西方传统，一切民族都被卷入西方文明主导下的世界秩序之中，形成了"现代化＝西方化"的基本认知，承受着西方现代性文明带来的"双刃剑"效应。而在世界历史的长河中，中华文明是世界上所有古老文明中唯一没有中断过的文明，具有自身的独特性与创造性。法国重农学派认为，国民财富的根基和底蕴在于土地的产品，而中国在这方面就具有突出贡献。魁奈（Francois Quesnay）所著《中华帝国的专制制度》（*Despotism in China*）一书是法国重农学派吸取中国文化的代表作，论述了当时中华文明对欧洲的影响以及欧洲人赞赏的中国经济与政体论。[10]因此中国的崛起不是西方中心主义下对西方现代文明的复制粘贴，而是一个具有五千年连绵历史的伟大文明的复兴，是一个五千年文明与现代国家重叠的"文明型国家"的崛起。而中华文明的根又在乡村，农耕文明守护着、蕴蓄着中华文明的根基，成为中华民族重要的心灵底色。一言以蔽之，中华文明根植于农耕文明。由此可见，文明型崛起的中国源于农耕文明，需要农耕文明复兴的助力，农耕文明的价值也需要在现代性视域中进行重构。

优秀农耕文明是中华文化之根，我国悠久的农业文明和延续的农耕历史塑造了乡村社会，助推我国城市化进程飞速发展。然而，随着工业化的不断深入以及城乡要素间的单向流动，由于农业天然的弱势属性，乡村成为我国发展不平衡不充分中最为突出和关键的地方。因此，传统村落的乡土风情和连绵不断的历史文化传承既要我们展示出"望得见山、看得见水、记得住乡愁"，还要我们把精美绝伦的农耕文明彰显出来。因此，实现农耕文明的现代复归，需要以乡村建设行动为载体和依托，守正创新，实现农耕文明的有机再造。因此，实施乡村建设行动，必须以村庄为载体，既要使村民对村庄具有一定的身份认同和情感归属，更要以村庄为依托实现乡土文化的传承发展。放眼全球，一个国家实现现代化绝不仅是经济发展能力和水平的提升，更是一种文明的赓续。因此，走中国式现代化道路不能仅对新的现代化发展模式做探索，更应该对更高文明形态进行创新。

中国特色社会主义的现代乡村文明，承载着大国小农的文化密码和文化基因，是在对中华民族数千年悠久农耕文明的传承创新中重建的，是在对近代以来中国乡村历史变革规律的深刻总结中走出来的。因此实施新时代乡村建设行动，我们既要保护好秀美河山，守护好绿水青山这一宝贵的生态环境，又要对农耕文明和浓浓乡愁做好传承工作。其中，实施乡村建设行动成为推进农业农村现代化的关键抓手，也是国家现代化建设的重要内容，可以看出，乡村建设行动是中国式现代化在当下中国乡村的具体实践。因此，我们就需要在坚持乡村文化的本体地位的基础上，坚持现代文明的指向，将乡村建设放置于中国式现代化的大背景之中，依托"中国式现代化"的五大特色，对乡村文化形态中的积极因素进行发掘并实现再创造，赋予乡村建设行动以新的现代性文明特征。其顶层设计蕴含了以农民为主体的乡村建设之路，以农民需求为导向，以农民力量为依靠，以农民满意为标准，充分处理好农民与资本、农民与国家、农民与土地的关系。此外，还包括走推进城乡融合发展的乡村建设之路，以融合发展为目标，既不能把城市凌驾于乡村之上，也不能让乡村成为城市的复制品，更不能仅仅把乡村看作孤立存在的空间，而应当跳出乡村建设来看乡村建设。也要走人与自然和谐共生的乡村建设之路，让人民"望得见山、看得见水、记得住乡愁"。还要走因地制宜的乡村建设之路，系统推进乡村经济建设、政治建设、文化建设、公共服务建设、生态文明建设，尊重文化差异，做到精准施策、因地制宜。

注释

[1] 鲁明川：《村庄共同体视角下的农村现代化路径思考》，《天府新论》2013 年第 2 期，第 101－106 页。

[2] 孙玉娟，孙浩然：《构建乡村治理共同体的时代契机、掣肘因素与行动逻辑》，《行政论坛》2021 年第 28 卷第 5 期，第 37－43 页。

[3] 浙江师范大学农村研究中心，浙江师范大学工商管理学院：《中国新农村建设：

理论、实践与政策》，北京：中国经济出版社 2006 年版，第 127 页。

［4］罗明忠，刘子玉：《要素流动视角下新型工农城乡关系构建：症结与突破》，《农林经济管理学报》2021 年第 20 卷第 1 期，第 10－18 页。

［5］《马克思恩格斯文集》（第 2 卷），北京：人民出版社 2009 年版，第 566－567 页。

［6］《马克思恩格斯文集》（第 1 卷），北京：人民出版社 1972 年版，第 123 页。

［7］《习近平在河北承德考察时强调：贯彻新发展理念弘扬塞罕坝精神 努力完成全年经济社会发展主要目标任务》，http://jhsjk.people.cn/article/32208649，引用日期：2022 年 11 月 20 日。

［8］吴丰华，张雨：《中国共产党城乡经济思想的百年流变与演进逻辑》，《西北大学学报（哲学社会科学版)》2021 年第 51 卷第 4 期，第 54－64 页。

［9］王宝升：《地域文化与乡村振兴设计》，长沙：湖南大学出版社 2018 年版，第 16 页。

［10］［法］弗朗斯瓦·魁奈：《中华帝国的专制制度》，谈敏译，北京：商务印书馆 2021 年版。

第二章　乡村建设行动的百年历程

　　党的十九届五中全会明确指出：实施乡村建设行动，深化农村改革，实现巩固拓展脱贫攻坚成果同乡村振兴有效衔接。作为新阶段全面推进乡村振兴战略的重要抓手，乡村建设行动虽是首次出现在中央文件上，却有着深厚的历史渊源和文化积淀。本章根据中国共产党百年奋斗历程的历史分期，重点梳理和总结了我国百年乡村建设实践演进历程，其主要包括四个阶段：新民主主义革命时期的乡村建设实践，分为知识分子主导的乡村建设运动和中国共产党领导下的典型乡村建设实践；社会主义革命和建设时期的乡村建设实践，分别是社会主义改造时期和人民公社化运动时期的乡村建设；改革开放和社会主义现代化建设新时期的乡村建设实践，包括改革探索时期和新农村建设时期的乡村建设；中国特色社会主义新时代的乡村建设实践，包含脱贫攻坚阶段和全面推进乡村振兴战略阶段的实践探索。

一 新民主主义革命时期的乡村建设实践

20世纪二三十年代，中国正处于内忧外患之际。一方面，帝国主义列强用坚船利炮打开中国国门，大量倾销商品，严重挤压手工业市场，致使农村经济日益凋敝、农民流离失所。另一方面，国内军阀割据，内战不断，加上连年的灾荒和沉重的苛捐杂税，使得农民收入锐减，生活苦不堪言。原本积贫积弱的乡村社会正逐渐走向衰竭。在这一时期，由知识分子主导的自上而下的乡村建设运动和中国共产党领导的自下而上的乡村建设实践先后登上了历史舞台，成为中国乡村建设的历史先声。

（一）知识分子主导的乡村建设运动

20世纪二三十年代，在西方思想观念的洗礼和冲击下，一大批知识分子逐渐认识到中国发展的短板在农村，并由此发起一场全国性的自上而下的乡村建设运动，以探寻救国救民之良方。其中以梁漱溟主持下的邹平模式、晏阳初主持下的定县模式、卢作孚主持下的北碚模式，规模较大且影响深远。

1. 梁漱溟主持下的邹平模式

在梁漱溟看来，乡村建设的真正意义是在中国"伦理本位"和"职业分途"的原有社会结构基础上，适当融合西方之所长——团体生活和科学技术，以创新社会组织构造，将一盘散沙的中国乡村组织起来。为此，他提出了乡村建设的理论方案，并在邹平实验区付诸实践，其主要做法如下：

首先，成立乡农学校，以村学、乡学教化组织农民。通过乡农学校及其组织形式乡约，自由散漫的农民得以组织起来共同行动，自觉参与到基层民主的各种实现形式中，切实提升了地方自治能力和水平。其次，建立合作组织，以干预式调节重振乡村经济。梁漱溟认为合作而非竞争，是应对迫切生存压力的有效途径。以乡农学校为平台，可以培育农民团队精神，提升技术应用能力，创造出理想的经济组织合作社[1]，以实现农村经济的联合，推动生产技术的进步。最后，注重移风易俗，从改造个人着手重塑乡村文化。梁漱溟认为中国问题的关键在于文化失调，要救活旧农村必须从文化改造开始。要通过村学、乡学广泛宣扬良好礼俗与传统美德，要采取各种措施努力革除乡村顽固陋习和封建迷信思想，从改造个人开始，进而推动乡村文化实现内部转化。

2. 晏阳初主持下的定县模式

作为中华平民教育促进总会的组织领导者，晏阳初提出以平民教育运动为依托，以"开发民力"为核心，以"民族再造"为目的的乡村建设方案。在晏阳初看来，中国社会面临"民族衰老、民族堕落、民族涣散"这一严峻形势，究其实质不是经济问题而是人的问题。[2]因此，解决中国问题的关键在于农民的改造，在于民族的再造。为此，他将理论与实践相结合，在河北定县进行实验。其主要做法如下：

在理论设计层面，晏阳初认为教育是实现民族再造的有效方法，要通过平民教育解决农村社会的基本问题。基于此，他提出通过"四大教育""三大方式"来启迪民智、启发民力、发扬民德，不断调动农民参与教育活动以及生产实践的积极主动性。在实践操作层面，一方面晏阳初基于对河北定县的社会调查结果，在农民群众中开展了广泛的扫盲教育，通过编写适用于农民的课本，帮助其快速有效提升识字水平，增强自身生存能力。另一方面，他围绕农业改进和农村经济建设作出了很多有益的尝试，尤其在推广农业新品种，组织和训练农民农技应用能力等方面取得了较为显著的成效。

3. 卢作孚主持下的北碚模式

与梁漱溟、晏阳初侧重于乡村建设的文化路向不同，卢作孚注重实业兴乡的经济路向，坚持走"乡村现代化"发展之路。卢作孚认为教育农民或救济乡村并不能彻底解决乡村普遍落后的问题，唯有以工业化为基础，加快推动农业农村的现代化，才能从根本上解决经济建设、政治建设以及文化建设的问题。为此，他从经济和文化两大方面设计了北碚现代化发展的宏伟蓝图，并在其实验区进行不懈的探索和尝试。其主要做法如下：

一方面，将实业民生与乡村现代化紧密结合，进行经济实业建设。在其组织筹划下，北川铁路公司、天府煤矿等工矿企业如雨后春笋般成立[3]，并由此带动了学校、医院、公园、水电等文化和社会公共事业的兴起。另一方面，破除旧的"两重集团生活"，进行"现代集团生活"建设。[4]他指出，正是由于人们被局限在以家庭为中心的狭隘生活圈中，看不到除此以外的道义和社会责任，才会造成闲散度日、碌碌无为的局面。而"现代集团生活"则是北碚实验力求达到的目的：以事业、社会和国家为核心，教育组织民众参与广泛的公共活动和社会工作，促进人与他人、人与社会的良性互动，实现社会秩序的现代化转型。

（二）中国共产党领导下的典型乡村建设实践

上述由知识分子主导，社会各界力量广泛参与的乡村建设运动，以挽救乡村危机和改造中国社会为目的，取得了一定的成效，成为中国乡村建设行动的历史先声。但由于运动主要聚焦文化教育，并没有直面农民最关心的土地问题，没有抓住当时农村社会的主要矛盾，因此复兴乡村的效果并不明显。正如梁漱溟所言，中国知识分子推动的乡村建设运动结果是"自己运动、乡村不动"[5]。而在同一时期，中国共产党的乡村建设实践坚持以土地革命为中心，围绕着没收地主土地分给农民而展开，[6] 直接用实际行动回应了农民最关心的土地问题，不仅推动了乡村建设实践向纵深发展，也赢得了广大农民的支持，为新民主主义革命的最终胜利奠定了坚实基础。其中，以中央苏区和延安时期的乡村建设探索最为典型。

1. 中央苏区的乡村建设

在这一时期，中国共产党基于对大革命失败的经验教训总结，深入广袤的农村地区，以革命根据地为依托开展乡村建设实践，组织发动农民。其主要做法如下：

首先，加强基层政权建设，广泛开展民主选举。[7] 为巩固新生政权的执政基础，突显工农民主专政的优势，中国共产党开始在以农村人口为主的中央苏区推行普遍的民主选举制度，由选民直接选举产生"乡苏代表"组成代表会议，作为全乡最高权力机关执行上级指示和人民意志。其次，开展土地革命，实现"耕者有其田"。土地是农民的命根子，也是能否调动农民革命热情的关键。中国共产党为此进行了不懈的探索和努力，从《井冈山土地法》的颁布到《兴国县土地法》的制定，再到《中华苏维埃共和国土地法》的最终确立，党不断调整土地革命的实施路线和具体政策，切实保障广大农民真正获得土地。再次，推进农业生产，组织农民互助合作。为解决中央苏区农业生产问题，打破国民政府对其实施的经济封锁，中国共产党通过组建劳动合作社、犁牛合作社、粮食合作社等方式，将各乡劳动力及其生产资料有机整合起来，以互助合作、义务劳动等形式，实现了农村有限资源的合理配置，推动了农业生产有序进行。并且，高度关注民生问题，提升社会服务与保障水平。中国共产党心系前方战事，也高度关注苏区人民疾苦，针对异常困难的家庭，专门设有互济会组织开展救济活动。同时，为解决红军战士的后顾之忧，党颁布了《优待红军家属耕田队条例》，派人协助耕种家中田地。最后，开展文化卫生教育，提高民众基本素质。中国共产党高度重视苏区文化事业建设，围绕扫除文盲这一中心任务，开设了列宁小学、夜学等教育机构，组织了戏曲等多种形式的文艺活动，为加强农村精神文化建设，提升民众文化素养作出了积极贡献。

2. 延安时期的乡村建设

在延安时期，中国共产党以陕甘宁边区为依托，开始重新探索新的乡村建设道路。同时，西北革命根据地在长期的斗争实践中极大地启发了民众的思想觉悟和革命热忱[8]，创造了实施乡村建设的有利条件。而当时土匪横行、灾害频发的混乱局面也一度使乡村建设成为现实的迫切需要。为此，中国共产党在尊重固有条件和民众实际诉求的基础上，着手推动乡村建设工作。其主要做法如下：

第一，重构社会秩序，为乡村建设的顺利进行提供前提条件。一方面，党在维护农民既得利益的基础上，也给予了地主一定的土地和政治参与的权利，为缓和农村社会关系，获得地主乡绅拥护，进而构建乡村统一战线作出了积极贡献。另一方面，党通过开展剿匪运动、改造边区二流子、查禁烟毒、安置灾民难民、移风易俗等一系列措施安定社会秩序，整顿社会风气，为乡村建设的顺利开展创建了良好社会环境。第二，实行村民自治，重塑乡村权力结构主体。中国共产党认为，只有使农民翻身做主人，才能真正促成乡村社会的有机统一，进而达成乡村建设的目标。为此，党在陕甘宁边区实行民主选举制度，通过议事选举、政治参与等各种乡村自治形式，使农民在这一过程中获得认同感和归属感，促使乡村建设深入人心。第三，开展合作化运动，促进乡村农业发展。为释放农村生产力，解决边区劳动力缺乏、生产效率较低等问题，中国共产党在维持原有个体经济的前提下组建了农业生产合作社，通过农民之间互助合作的形式，建立集体劳动规模，促进农业生产效率的提升和农民集体意识的形成。第四，普及乡村文化教育，推进农民政治社会化进程。一方面，中国共产党针对边区民众文化素养低下的现实情况，以乡间戏曲、小说、说唱等村民喜闻乐见的文化艺术形式为载体，开展普及教育。另一方面，党通过创办小学、中学、大学以及社会教育，并赋予其意识形态的内容和要求，促使乡村文化教育更好地为抗战救国而服务。最后，树立典型模范，以先进促后进。在乡村建设的过程中，党十分注重对于民众的精神激励作用，通过塑造先进个人、模范家庭、典型村庄，并在口头、会议、报纸等各种渠道加以宣传，激发民众的参与热情和积极主动性，以促进更大规模的建设运动。

【专栏 2.1】

20 世纪前叶的乡村建设运动

20 世纪二三十年代，一场由民国知识分子自觉发起的声势浩大、自上而下的乡村建设运动开始登上历史舞台，成为中国乡村建设的历史先声。这场运动是在旧中国农村经济日益凋敝的历史背景下兴起的，其主要目标是"改造乡村，改造中国"，并以此达到"民族自救"或"民族再造"的目的。其前后持续近 20 余年，在中国历史上产生了深远影响。

据南京国民政府实业部的统计，先后有 600 多个团体和机构参与这场运动，在各地设立的实验区有 1000 余处。参与的知识分子更是成千上万，其中有不少是取得硕士、博士学位的归国留学生，或是大学校长、教授和著名专家、学者等。梁漱溟主持下的邹平模式、晏阳初主持下的定县模式以及卢作孚主持下的北碚模式在当时规模较大且影响深远。

乡村建设运动的内容有政治、经济、文化、社会四大部分，具体包括：改善农村政权，组织乡村自卫；组建各种合作社，推广先进的农业生产技术；设立各种教育机构，推进基础教育；改善卫生和医疗状况，整治村容和道路，禁绝鸦片和赌博，破除迷信等。

正如梁漱溟所言，中国知识分子推动的乡村建设运动结果是"自己运动、乡村不动"。这场由知识分子主导、社会各界力量广泛参与的乡村建设运动，究其实质是具有补救性的、采用非激进和平手段的社会改良运动。其试图在不变更既有社会生产关系的前提下，探索农村发展乃至整个社会的出路，并没有直面农民最关心的土地问题，没有抓住当时农村社会的主要矛盾，因此复兴乡村的效果并不明显。

（根据梁漱溟《梁漱溟全集》（第2卷）编写，山东人民出版社，2005年）

二　社会主义革命和建设时期的乡村建设实践

新中国成立初期，整个乡村社会由于饱受战争的摧残与破坏，呈现出农业凋敝、民不聊生的衰败、落后境况。作为典型的农业大国，如何复兴乡村成为当时稳定社会秩序、恢复国民经济的重要环节和紧迫任务。为此，中国共产党带领着广大人民群众开启了对于乡村建设工作的不懈探索。一直到改革开放之前，党相继围绕着土地改革、农业合作化运动、人民公社化运动等主题，不断寻找乡村复兴的正确道路，虽历经坎坷和曲折，但最终促进了农村生产关系的改善和生产力的发展，同时也为中国的工业现代化建设、国防和科学技术现代化建设奠定了坚实的物质基础。

（一）社会主义改造时期的乡村建设

新中国成立初期，帝国主义势力已基本清除，地主阶级及国民党反动势力残余仍旧存在，农民与地主之间的阶级矛盾不断激化，成为农村社会的主要矛盾。这一时期，党领导下的乡村建设主要目标是在全国范围内开展土地改革，其主要做法包括：

首先，废除封建地主土地所有制，实行农民土地所有制。为完成民主革命遗留任务，恢复和发展国民经济，党继续在新解放区推行土地改革，通过颁布法律条文、派遣工作队下乡等方式组织发动贫下中农，将新解放区的土地进行重新分配。其次，助推农业发展，提高农业生产效率。为进一步改善农民生存条件，党带领农民集中力量提高农业生产效率，通过发展水利、增施肥料、推广丰产经验等一系列措施，促进了农产品单位面积产量的提高。[9]再次，加强乡村基层政权建设，提升农民政治地位。为巩固新生的人民民主政权，保障农民的主人翁地位，党在土地改革的基础上继续开展乡村基层政权建设，通过组织民主选举、废除保甲制与宗法制，肃清反革命势力等措施，打破了乡村传统权威，建立了农民当家作主的基层民主政权。最后，进行政治动员和意识形态宣传教育，启发农民的阶级觉悟。为确保土地改革的顺利推进，必须解构传统的血缘关系，唤醒农民的阶级意识。为此，党通过使用阶级话语对农民进行革命意识形态的宣传教育和政治动员，诉苦、斗地主与划成分成为党塑造农民阶级意识的重要仪式[10]。

农业合作化运动是中国共产党按照理想蓝图有计划地进行农村社会改造的又一次尝试。受苏联模式的影响，党自新中国成立以来就将农业生产合作化视为未来中国农业的发展方向。继土改之后，农民的生产积极性得到有效提升，但以个体经营为主的小农经济终究存在弊端，难以适应国家经济建设快速发展的需要。为此，党决定趁热打铁，加快农业社会主义改造的步伐，其主要做法如下：

一是有计划、分步骤地推进农业合作化进程。为降低农民的抵触情绪，实现农业向社会主义的顺利过渡，党结合各地实际情况将合作化运动分为有序衔接的三个阶段，即依次成立农业互助组、初级合作社以及高级合作社，从具有社会主义萌芽性质的低级组织形式逐步向高级组织形式过渡。二是实行农产品统派购制度。为稳定农产品市场，平衡供需关系，党在广泛征求意见和深思熟虑的基础上，决定用行政手段取代市场机制，采取粮食的统派购制度，并将其逐渐应用于其他农产品。三是改变农民传统观念，重塑乡村社会意识。在旧有的乡土社会，农民过着与世隔绝、自给自足的田园生活，其思想行为相对闭塞，很少与正在建设的现代国家打交道。而在参与农业合作化中，农民由小生产者的角色逐渐转变为集体社员，与国家的联系日益紧密，其国家观念和公民意识也逐步形成。

（二）人民公社化运动时期的乡村建设

随着三大改造基本完成，我国继续沿着集体化方向前进，逐步建立起以人民公社为组织形态的乡村社会，其主要做法如下：

首先，建立"政社合一""一大二公"的人民公社。一方面，将原有的农村集体经济组织——高级合作社合并为人民公社，促使其组织规模、人口数量、占地面积进一步扩充。另一方面，人民公社取代乡政权，由公社管理委员会、社务委员、社党委会分别承担原乡政府、乡人民委员会以及乡党委的职责。其次，建立"人民公社—生产大队—生产队"的三级生产及治理体系。[11]生产队作为人民公社下辖基本单位，承担着组织队内农民从事农业生产活动，并根据其劳动工分分配相应酬劳的职责。而作为集经济和行政组织于一身的人民公社，既要负责组织社员从事农林牧副渔等生产活动，还要管理生产建设、社会治安、文教卫生等各种乡务工作。

人民公社化运动是为了改变农村贫困现状，改善农民生活条件。为此，自1961年起，党中央调整了国民经济方针，重新提倡调查研究之风，扩大了人民公社的生产组织规模，还探索了包产到户、农民自留地以及农村自由市场等问题。同时，党高度重视农业科学技术的发展，根据农业经济发展规律，科学制定了农业科学技术发展规划，并通过物质奖励机制鼓励农业科技发明，推动了农业科学技术的发展。此外，为纠正干部作风问题，党对"党政干部三大纪律、八项注意"进行修正，以加强干部队伍的先进性和纯洁性，促使其与人民群众打成一片。

三　改革开放和社会主义现代化建设新时期的乡村建设实践

1978 年，改革开放拉开序幕，乡村建设实践进入新的发展阶段，不断迸发出生机与活力。早在改革开放前夕，农民要求尊重生产经营自主权的呼声便愈发强烈，在安徽、四川等地已经出现"包产到户""包干到户"等萌芽形态。为回应农民的迫切愿望和利益关切，党在深入调查研究的基础上，以家庭联产承包责任制为重要着力点，推动土地所有和经营形式的农村改革，不仅激发了农民的生产热情，也极大地改善了农民的生产生活条件。

（一）改革探索时期的乡村建设

在这一时期，乡村建设实践以农村经济体制改革为中心，陆续向农民和农业放权，其主要做法如下：

首先，确立家庭联产承包责任制，将农业生产的自主权逐步还给农民。家庭联产承包责任制兼顾了个体生产者的利益需求，通过扩大农民的自主经营权，有效调动其生产积极性，避免了吃"大锅饭"的弊端；同时充分发挥集体的优势，通过劳动力和生产资料的合理配置，为农田基建等大规模生产项目和经济活动提供有力支撑，切实提高了农业生产效率。其次，废除人民公社"政社合一"体制，将乡村治理权利还给村社。在乡村建设实践的进程中，党逐渐认识到人民公社体制中不适应农业生产特点的、生产力水平较低的单一集体统一经营和政社合一体制的弊端，开始进行改革试点。围绕村民自治、政社分离、乡政村治这一目标任务，探索建立党组织领导下自治、法治、德治相结合的乡村治理体系，巩固党在农村的执政基础。并在四川、吉林等多省陆续开始实施人民公社改革试点：一方面取消生产队、人民公社管理委员会，另一方面建立乡政府、行政村。[12] 这些做法适应了乡村生产、治理和发展的需要，也极大地响应了农民的自我意愿，将农业组织化权利归还于村社。随后，党和政府也通过修订宪法、颁布中央一号文件等方式逐步将人民公社体制改革推广到全国范围，促使人民公社逐渐退出历史舞台。再次，确立村民自治制度，将农村治理权利逐步还给农民。为适应农村经济体制改革步伐，满足农民日益强烈的政治参与愿望，党全面推进村民自治，探索新的农村基层管理体制。在不懈努力下，村委会选举日趋规范，村民代表会议制度日益普及，村民自治章程日渐完善，村务工作也朝着公开透明化的方向发展。由此村民的各项民主权利得到切实保障和有效维护。最后，推进农村精神文明建设工作，不断解放农民思想。随着农村经济体制改革向纵深发展，农村社会面临着许多新情况、新问题，农民也面临新旧思想交替、先进与落后思潮并存的困顿局面。为提升农民的道德修养和精神境界，确保农村经济体制改革的顺利进行，党带领着人民群众陆续开展"五讲四美三热爱"活动、社会主义思想教育工作、文化科技卫生"三下乡"活动等，持续推进农村精神文明建设工作，使人们的文化素质和思想觉悟得到进一步巩固和提升。

（二）新农村建设时期的乡村建设

社会主义新农村建设是中国共产党首次将乡村建设放在国家发展焦点问题的高度。[13] 尽管在改革探索时期，党领导下的乡村建设实践取得了较大成就，极大地促进了农业生产力的提高和农村经济的发展，但是进入 21 世纪，"三农"问题愈发突显，乡村建设仍然面临着诸多困难与挑战。基于此，以农村综合建设为主要内容，以统筹城乡发展为目的和归宿的社会主义新农村建设被提上日程，其主要做法如下：

首先，以农业现代化为首要任务。建设社会主义新农村必须由农业现代化来推进。为实现这一目标任务，党和国家着力推进国家农业保护体系、农产品市场流通体系、农村基本经营制度、新型农业经营体系、农业社会化服务体系等各项体系的完善，通过加强对农业、农村、农民的资金支持、制度保障以及技术支撑力度，不断加快现代农业发展的步伐。其次，以新型农民为建设主体。新型农民是与传统意义的农民相区别，具有一定的文化知识、专业技能以及经营策略的现代意义层面的职业农民。农业现代化和农村城镇化的实现和推进，都离不开新型农民的培育。为实现这一目标任务，党和国家大力加强农村人才队伍建设，通过完善相关政策和法律法规，加强教育经费投入力度，加大示范宣传引导力度，开展农民职业技能培训等多种方式，提高农民职业技能水平，培养农业科技人才和农村实用人才。再次，以新型农村社区为重要载体。作为农村向城镇转化的过渡形式，新型农村社区旨在通过村庄合并、旧村改造、产业带动等方式，整合农村现有资源，实现资源共享和效益最大化，同时在此基础上完善相应配套设施，以达到切实提升农村居住环境，逐步实现城镇化发展，进而不断缩小与城市发展差距的目的。最后，以城乡发展一体化为根本路径。推动城乡发展一体化与建设社会主义新农村具有内在的一致性。一方面，通过完善农村基础设施，强化农村基本公共服务，提升农村居住环境和农民文化素养；另一方面，通过推进土地流转制度改革、农村金融体制改革、户籍制度改革，着力破除制约农村经济发展的制度性障碍。由此逐渐补齐农村发展短板，实现农村和城市的良性互动、协同发展。

【专栏 2.2】

社会主义新农村建设

　　社会主义新农村建设主要指我国改革开放以来，特别是党的十六大以来，在科学发展观指导下，以统筹城乡发展为基本思路，从经济建设、政治建设、文化建设、社会建设、生态文明建设和党的建设六大方面全面、整体、协调推进的新农村建设。

　　十六大以来，我国进入全面建设小康社会的发展阶段，解决"三农"问题成为全党工作的重中之重。在新的历史背景下，社会主义新农村建设具有更为深远的意义和更加全面的要求，是在我国总体上进入以工促农、以城带乡的发展新阶段后面临的崭新课题，是时代发展和构建和谐社会的必然要求。新农村建设以"生产发展、生活宽裕、乡风文明、村容整洁、管理民主"为目标要求。其中"生产发展"是新农村建设的物质基础，"生活宽裕"是新农村建设的核心目标，"乡风文明"是新农村建设的精神内涵要素，"村容整洁"是新农村建设的人居环境内涵要求，"管理民主"是新农村建设的内部治理要求。

　　社会主义新农村建设的基本思路包括：统筹城乡经济社会发展，推进现代农业建设，促进农民持续增收，加强农村基础设施建设，加快农村社会事业发展，全面深化农村整体改革，加强农村民主政治建设，加强组织领导，统筹规划社会主义新农村建设。社会主义新农村建设的原则包括：坚持中国特色社会主义道路，坚持整体推进、全面发展，坚持求真务实、因地制宜，坚持尊重农民愿望、发挥农民主体作用，坚持党的领导。

　　社会主义新农村建设是我们党在改革进入攻坚阶段，发展进入关键时期提出的重大战略部署，是贯彻落实科学发展观的重大举措，是全面建设小康社会的内在要求，是构建社会主义和谐社会的必然内容，是统筹城乡发展、实现共同富裕的根本途径，也是实现农村全面发展进步的有效措施。

（根据邱勇《社会主义新农村建设的理论与实践》编写，云南人民出版社，2014年）

四　中国特色社会主义新时代的乡村建设实践

党的十八大以来，乡村建设实践开启了崭新的篇章。在这一时期，党对于乡村的价值有了更为全面、深刻的认识，乡村建设在我国现代化建设中的地位也愈发突显。党的十九大报告中提出实施乡村振兴战略，既是对于社会主义新农村建设目标的继承以及建设成果的巩固，也体现了新时代党和国家在乡村建设领域的顶层设计和谋篇布局。而十九届五中全会首次提出实施乡村建设行动，在新发展阶段进一步聚焦农村的突出问题，明确了全面推进乡村振兴的重要抓手。

（一）脱贫攻坚阶段

自社会主义新农村建设以来，乡村获得了前所未有的发展机遇，加速了农业农村现代化进程。但与此同时，新农村建设带来的变化在广袤的农村地区存在着明显差异，乡村与城市的差距依旧突出，发展不平衡不充分成为这一阶段乡村建设亟待解决的主要问题。为此，党和国家先后提出了美丽乡村建设、乡村振兴战略，旨在实现乡村建设和脱贫攻坚等工作的有效衔接。

为解决传统农业日益衰弱、农村呈现边缘化和空心化、生态环境逐渐恶化等问题，党和国家在新农村建设的基础上，提出"努力建设美丽乡村""推进农村生态文明建设"的目标任务。其主要做法如下：

首先，注重发展特色产业。以产业促发展是美丽乡村建设永葆生机活力的关键。在政策的支持引导下，结合本土优势与当地发展实际，各地通过整合现有资源，优化空间布局，着力打造特色产业链，促进了乡村产业的可持续发展。其次，加强农村基础设施建设。完善的基础设施是实现农业农村现代化发展的基本前提。在科学规划的基础上，党和政府着力推进农村基础设施建设，通过兴修农田水利设施、改造农村住房、硬化农村道路、兴建饮水工程等，农村的生产生活条件实现了质的飞跃。再次，努力改善农村人居环境。人居环境的持续改善是农民生活品质提升的重要标识。在尊重各地实际和农民需求的前提下，党和政府通过修建垃圾处理设施、加强农村污水治理、开展农村厕所革命以及实施农村绿化工程等，着力解决农村生态环境恶化问题，推动农村整体环境质量得到进一步改善。最后，加快乡风文明建设。乡风文明是美丽乡村建设的内在美，充分展现了乡村独特的精神风貌。党和政府通过建设具有乡村特色的文化工程，举办村民喜闻乐见的文化活动，不断提升村民思想文化素质，使得乡村人民的精神面貌焕然一新。

为解决农业农村发展不平衡不充分问题，不断缩小城乡差距，构建城乡一体化发展新格局，党和国家在科学把握世情国情农情深刻变化的基础上，作出乡村振兴的战略部署。其实施路径如下：

第一，产业振兴是基础。要围绕发展现代农业，确保国家粮食安全，调整优化农业结构，推进农业由增产导向转为提质导向；同时也要围绕农村一、二、三产业融合发展，构建乡村产业体系，实现产业兴旺，把产业发展落到促进农民增收上来。第二，人才振兴是关键。要尊重农民主体地位和首创精神，加强新型职业农民培育与乡村人才队伍建设力度，畅通城乡人才沟通交流渠道，搭建人才返乡创业平台，促使乡村能吸引人才也能留住人才，能培育人才也能用好人才。第三，文化振兴是基石。乡村有着深厚的文化土壤，要深入挖掘优秀传统农耕文化，大力弘扬社会主义先进文化，通过移风易俗逐步革除乡村陈规陋习恶俗，营造睦邻友好、积极向上的良好风气，为乡村振兴战略注入强大的精神动力。第四，生态振兴是支撑。乡村是生态文明的重要承载地，要自觉遵循乡村发展规律，充分挖掘乡村生态价值，大力推动绿色农业发展，着力解决农村突出环境问题，进而为乡村永续发展注入持久动力。最后，组织振兴是保障。办好农村的事情，关键在党。要加强农村基层党组织建设和党员队伍建设，深化村民自治实践，完善村民自治制度，确保广大农民安居乐业、农村社会安定有序。

（二）全面推进乡村振兴战略阶段

2020年，在全面建成小康社会即将胜利收官之际，"乡村建设行动"首次被写入中央文件，成为"十四五"时期全面推进乡村振兴的重点任务和主要抓手。乡村建设行动的提出有其深厚的历史背景和深刻的现实原因。从历史渊源来看，发轫于20世纪20—30年代的乡村建设运动不仅是中国百年乡村建设的历史先声，更为乡村建设行动的实施提供了历史观照与现实关切。其与乡村建设行动既有相似之处，也有本质区别。一方面，两者都是为应对社会转型产生的社会问题和风险挑战而采取的建设性策略[14]，都看到了乡村建设在民族复兴和国家富强方面的重要意义。另一方面，乡村建设行动是对于中国共产党领导下的以往各历史阶段乡村建设实践的继承和发展，是乡村建设实践在新时代新阶段的最新表述。其不同于乡村建设运动对农村社会的改良，而是对于农村社会面貌进行彻底改造的系统性、综合性工程。从现实原因来看，首先，党的十八大以来，党中央高度重视"三农"工作，通过实施一系列强农惠农富农政策，加快了农村基础设施建设步伐，也促进了农村公共服务水平提档升级。其次，相比城市而言，农村的基础设施薄弱、公共服务落后等问题仍旧没有得到彻底解决，成为城乡发展不平衡最直观的表现，也是制约满足广大农民群众日益增长的美好生活需要的痛点堵点问题。因此，实施乡村建设行动，是缩小城乡差距，适应实施乡村振兴战略和推进现代化国家建设的迫切需要。目前，乡村建设行动正处于起步和探索阶段，既面临重要发展机遇，也面临严峻时代考验。如何转危为机、化险为夷成为新发展阶段推进乡村建设行动亟待解决的现实问题。基于此，党和政府要充分吸取百年乡村建设实践提供的合理养分与经验教训，切实把握乡村建设百年历程的变迁特征与演进趋势，深刻洞察潜藏于乡村建设实践并贯穿始终的规律特质，进而在变与不变之间寻求动态平衡。由此才能在严峻的时代考验面前时刻保持清醒认知、坚守正确发展方向，在继承乡村建设实践积极成果的基础上，在合理规划和科学布局的前提下，有力有序推动乡村建设行动进程，逐步攻克乡村建设沉疴痼疾，助力乡村全面振兴、农民全面进步以及农业可持续发展。

五 乡村建设行动的基本经验

对百年乡村建设实践的梳理，既呈现了清晰的演变脉络，又凸显了深层的历史演变规律；而对百年乡村建设实践的经验总结，则是对建设实践中一系列战略、政策、措施的理论概括，其中包含着对中国乡村发展问题及解决方法所形成的具有独特性、规律性的认识，积累了要坚持党的领导、坚持农民主体、坚持协调发展、坚持改革创新和坚持共同富裕的宝贵经验教训。深入而系统地总结和梳理这些宝贵的经验教训，对新时代更好地诊断和解决乡村建设为了谁、依靠谁、向何处去等问题具有重要的借鉴和启示意义，从而为新时代开展乡村建设行动提供重要支撑与明确指引。

（一）坚持党的领导是开展乡村建设行动的根本保障

"党政军民学，东西南北中，党是领导一切的。"[15] 回首百年乡村建设，党都是处理好农村事情的关键。2018 年中央一号文件明确提出坚持党管农村工作，2022 年中央一号文件指出要充分发挥农村基层党组织领导作用。由此可见，我国乡村建设工作及乡村建设行动开展以来取得的阶段性成果离不开党的领导。在新时代，继续发扬党管农村工作的传统，是开展乡村建设行动的根本保障。

从历史上看，中国共产党的领导贯穿百年乡村建设历史。我们发现从新民主主义革命时期以农村革命根据地为基础的"乡村改造"，到社会主义革命和建设时期以农村社会主义道路为主题的"乡村建设"，再到改革开放新时期以解决"三农"问题为主题的"乡村改革"以及中国特色社会主义新时代以来的"乡村振兴"，中国共产党领导农民群众开展了波澜壮阔的乡村建设工作。中国共产党作为领导核心不断努力，带领农民建设乡村，农民生活有了翻天覆地的变化，不断实现了农民群众对美好生活的需要。[16] 从现实来看，新时代农业农村工作千头万绪，为推动实施乡村建设行动，必须坚持党的领导，形成治理合力，重要途径就是必须进一步激发基层党组织的活力，不断加强农村基层党组织建设，从而不断提升基层党组织自身的带动力、组织力、号召力以及贯彻中央精神的影响力。为此，就要不断配齐、配强高素质的干部队伍，采用多种方式教育培训党员，不断促进基层党员干部宗旨意识的强化、业务能力的提升，打造服务型基层党组织，从而更为充分地发挥基层党组织的统筹、抓总能力。同时要不断落实责任，完善各项工作考核等机制，推动完善五级书记抓乡村建设的工作格局，以不断增强基层党组织的领导力、凝聚力和战斗力，为乡村建设行动的实施指明正确方向，推动农业农村高质量发展，并缩小城乡之间的差距，满足农民日益增长的精神文化需要，提升他们的获得感和幸福感。[17]

（二）坚持农民主体是开展乡村建设行动的重要保证

要稳步、高质量推动乡村建设行动既离不开党的领导、政府和社会组织发挥的作用，更离不开农民。马克思指出"最强大的一种生产力是革命阶级本身"[18]，他认为无产阶级要取得革命的胜利就必须要团结农民。从历史来看，中国共产党领导下的百年乡村建设实践都充分尊重农民，从土地革命到乡村社会主义改造、家庭联产承包责任制再到社会主义新农村建设及乡村振兴战略，都坚持发展依靠农民、发展为了农民。2022年中央一号文件特别强调，"落实乡村振兴为农民而兴，乡村建设为农民而建的要求，坚持自下而上、村民自治、农民参与，启动乡村建设实施方案，因地制宜、有力有序推进。"[19]由此可见，实施乡村建设行动的最终目的是要不断满足农民的需求，提升他们的幸福感。因此就必须要聚焦于农民主体自身的根本需求，只有瞄准农民的根本需求，激发他们的内生动力和伟大创造力，乡村产业才有支撑，乡村文化才有活力，乡村治理才有动力，乡村生态才有保障，乡村才能够实现真正持续的发展，而这只有在坚持农民主体地位时才能够得以真正实现，其他组织任何时候都不能越俎代庖。[20]由此可见，乡村建设行动的有效性取决于农民主体性的发挥。

为此，就需要从以下两方面下功夫。一方面，要尊重农民的现实需要和真实意愿。不管是编制村庄规划，还是建设基础设施，要尊重农民群众的想法，通过入户走访、调查问卷、实地访谈等多种方式，问清楚、搞明白农民群众的真实想法。另一方面，要为农民参与乡村建设提供支撑条件。要注重挖掘新乡贤、农村能人，充分把人力资源用起来，调动其工作的积极性，为乡村建设出谋划策；也要注重培训新农民，通过开展短期学习培训班、参观考察等方式，增长农民群众的见识，提高其工作能力；还要注意提高农民的文化素质和道德水平，基础设施养护得好不好、农村环境保护得好不好，归根究底离不开农民群众，提高农民文化素质和道德水平也有利于保护乡村建设成果。总之，要让农民自觉参与乡村建设的全过程，要充分相信农民、依靠农民，不要以他者的角度忽视或轻视农民，更不能把农民变成在乡村建设中无关紧要的"局外人"。[21]

（三）坚持协调发展是开展乡村建设行动的重要理念

实施乡村建设行动以来，广大农村地区一直贯彻新发展理念，尤其注重协调发展理念，不仅注重城乡协调，也注重村村协调。2022年中央一号文件多次提到"县域"一词，强调要以县域为载体，推动城乡融合发展，以县域发展带动农民实现就地就近就业创业。这些举措有利于缩小城乡差距，协调城乡关系。从历史上看，新中国成立后，我国在较长一段时期坚持"农业支持工业、农村支持城市"方针，为中国经济快速增长作出了巨大贡献。但这种发展方针下的城乡二元结构固化，也导致乡村陷入发展不平衡不充分的困境。这主要体现为：实现农业农村现代化的积累较少，进程较慢，并且城市与乡村的公共供给存在差距，农村整体的公共服务水平与城乡差距较大。[22]

当前，我国已经迈入工业反哺农业、城市支持农村的发展阶段。实施乡村建设行动就要补齐农村发展的短板，把农村建设好、发展好。新时代乡村建设，要打破城乡二元对立的传统发展格局，加快农村传统基础设施提档升级和新型基础设施建设覆盖，加快推进城乡基本公共服务均等化，推进城市优质的医疗、养老、教育、文化等公共资源向农村基层下沉，改善农村人居环境，建设乡村和发展乡村。除了协调城乡发展，新时代乡村建设还要注意村村协调，不能单村独干，要进行跨村联合，推动乡村抱团式发展，携手打造公共空间，完善基础设施，以共建共治共享提高乡村经济社会发展水平，建设美丽乡村。同时，也要从整体性和系统性出发，把乡村看作是一个复杂的多元体系，强调政治、经济、社会、文化、生态、技术等整体的发展进步。

（四）坚持改革创新是开展乡村建设行动的强大动力

回顾乡村建设的百年历史，中国共产党总是从实际出发，依据时代及社会发展实际不断调整乡村建设的方式方法及手段，正是这种坚持改革创新的精神推动着乡村的不断发展。改革作为中华民族伟大复兴的关键一招，创新作为推动社会进步的不竭源泉，为新时代实施乡村建设行动提供了强大动力。习近平总书记指出："创新是一个民族进步的灵魂。"[23]实施乡村建设行动也应当坚持创新发展，把它放在核心位置。乡村建设行动涵盖的内容之丰富、要求之严格，如果没有强有力的政策支持，没有基层的务实行动，没有改革创新的精神，是难以实现的。因此，从现实来看，坚持改革创新，始终根据时代社会发展的具体情况特点，既要做到与时俱进，又要坚持不断创新，才能够稳步且高质量推进乡村建设工作。

坚持改革创新，要做到坚持市场导向，遵循市场规律。一方面，要通过市场化手段培育实施乡村建设行动的主体。实施乡村建设行动以来，农村产业高质量发展稳步推进，不少村庄"钱袋子"鼓起来了，因此需要探索新的农民收益分配方式，共享建设成果。此外，除了乡贤能人，越来越多的高学历高素质人才返乡创业，并通过市场化手段培育更多建设乡村的人才。另一方面，要探索设立县域各类农业投资公司，要充分发挥市场在资源配置中的决定性作用，为此就要深化对市场逻辑的认识，同时注重实际运用，以此来不断深化农业供给侧结构性改革，实现农业全产业链的拓展，增强乡村产业竞争力，建设富裕乡村。[24]

（五）坚持共同富裕是开展乡村建设行动的重要原则

"一花独放不是春，百花齐放春满园。"实施乡村建设行动，推动县域城乡融合发展，是促进城乡共同富裕的重要体现；坚持共同富裕也是开展乡村建设行动的重要原则。共同富裕的实质就是让全体人民共建共享幸福美好生活，体现在社会生产力的高度发达、经济社会的高水平发展以及收入、城乡和区域三个差距的明显缩小等方面。共同富裕思想在我国由来已久，古代就有关于"小康社会""大同思想"的阐述。近三十年来，从"逐步实现共同富裕"到"走共同富裕道路"再到"扎实推动共同富裕"，我国对共同富裕的认识和实践不断深化。改革开放后，我国允许一部分人、一部分地区先富起来，推动解放和发展社会生产力，[25] 取得了一定成绩。目前，促进共同富裕，最艰巨最繁重的任务仍然在农村。为此就需要通过实施乡村建设行动瞄准农村中发展不平衡不充分的问题，破除实现共同富裕的各类难点堵点问题，不断助力农业高质量发展，推进农村基础设施和公共服务体系建设的普惠性与共享性，让农民共享发展成果。

乡村建设行动不仅为集体致富，也为农村低收入群体致富提供了契机，不仅要先富带动后富，也要区域共同富裕。以四川明月村、浙江安吉县为代表的地区，在乡村建设过程中，大力盘活农村闲置资源，发展集体经济，为集体增收和农民致富创造了有利途径。乡村建设过程中注重扶持农村低收入群体发展，优先吸纳低收入农户就业，提供了村庄保洁员、森林看护员等公益性岗位，并将其优先安排给低收入农户，提高了低收入农户家庭的收入。此外，乡村建设也注重区域共同富裕，如浙江东阳市花园村，2004 年以来相继合并周边 18 个村，并村后的新花园村，实行了财务统一、福利统一、村庄规划建设统一等。

注释

[1] 李善峰：《民国乡村建设实验的"邹平方案"》，《山东社会科学》2020 年第 12 期，第 32—38 页。

[2] 宋恩荣：《晏阳初全集》（第 1 卷），天津：天津教育出版社 2013 年版，第 294 页。

[3] 郭剑鸣：《试论卢作孚在民国乡村建设运动中的历史地位——兼谈民国两类乡建模式的比较》，《四川大学学报（哲学社会科学版)》2003 年第 5 期，第 103—108 页。

[4] 同［3］。

[5] 韩园园，孔德永：《乡村建设百年探索与未来发展逻辑》，《河南社会科学》2021 年第 7 期，第 29—38 页。

[6] 同［5］。

[7] 鲁可荣：《中央苏区乡村建设思想及其历史经验》，《广西民族大学学报（哲学社会科学版)》2011 年第 4 期，第 104—108 页。

[8] 杨东：《乡村建设的延安道路》，《社会主义研究》2014 年第 6 期，第 128—137 页。

[9] 龚梦：《中国共产党乡村治理的百年演进及基本经验》，《湖北大学学报（哲学社会科学版)》2021 年第 3 期，第 10—22 页。

[10] 李伟，杨芳：《新中国成立之初的乡村社会改造》，《东岳论丛》2014 年第 4 期，第 143—147 页。

[11] 同［9］。

[12] 刘文耀：《四川广汉向阳人民公社撤社建乡的前前后后》，《中共党史研究》2000 年第 2 期，第 95—97 页。

[13] 郭海霞，王景新：《中国乡村建设的百年历程及其历史逻辑——基于国家和社会的关系视角》，《湖南农业大学学报（社会科学版)》2014 年第 2 期，第 74—80 页。

[14] 萧子扬：《迈向 2035 的乡村建设行动：何谓、为何与何为？——基于百年乡村建设连续统的视角》，《农林经济管理学报》2021 年第 1 期，第 1—9 页。

［15］中共中央宣传部：《习近平新时代中国特色社会主义思想学习问答》，北京：学习出版社，人民出版社 2021 年版，第 430 页。

［16］王婷：《中国共产党百年乡村建设实践与启示》，《新西藏（汉文版）》2021 年第 11 期，第 38－41 页。

［17］李艳菲，张双双：《乡村建设行动的历史脉络、生成逻辑及实践进路》，《甘肃理论学刊》2021 年第 5 期，第 121－128 页。

［18］《马克思恩格斯选集》（第 1 卷），北京：人民出版社 1995 年版，第 157 页。

［19］《中共中央国务院关于推进社会主义新农村建设的若干意见》，http://zqb.cyol.com/content/2006-02/22/content_1320090.htm，引用日期：2022 年 11 月 20 日。

［20］朱启臻：《关于乡村建设行动的几点思考》，《农村工作通讯》2020 年第 22 期，第 22－23 页。

［21］同［17］。

［22］胡伟斌，黄祖辉：《实施乡村建设行动 促进实现共同富裕》，《中国社会科学报》2021 年 11 月 10 日，第 6 版。

［23］《习近平谈治国理政》（第 1 卷），北京：外文出版社 2014 年版，第 59 页。

［24］秦国伟：《实施乡村建设行动的战略任务与实现路径》，《中国发展观察》2021 年第 23 期，第 61－63 页。

［25］习近平：《扎实推动共同富裕》，《求是》2021 年第 20 期。

第三章　乡村建设行动的时代背景

农业农村农民问题是关系国计民生的根本性问题。其中，农业是国民经济的基础性产业，农村是国家的战略大后方和战略纵深，农民是建设农村的主体。把农业发展好、把农村建设好、提高农民收入水平历来是我们的重点工作任务。这是实现现代化不可缺少的重要环节。当前，我们要把解决好"三农"问题作为全党工作重中之重，加快补齐我国农村建设的短板，提升农业发展水平，让我国广大的农村地区发展得更好更美，让我国的农民群众生活得更加幸福快乐，为全面建成社会主义现代化强国添砖加瓦。

一　实现中华民族伟大复兴战略全局的必然要求

从中华民族伟大复兴战略全局来看，民族要复兴，乡村必振兴。改革开放以来，我国工业化进程加速推进，经济发展取得了重大成就。同时，我国城市化和城镇化发展迅速，涌现出了以长三角、珠三角、京津冀、成渝等地区为代表的城市群，城市发展日新月异，建设水平越来高。然而，与此形成鲜明对比的是，在我国广大的中西部地区还有许多经济欠发达的农村。因此，大力建设乡村，改变乡村落后面貌，推动我国乡村建设再上一个新台阶，是实现中华民族伟大复兴的题中应有之义。

（一）深化百年乡村建设实践的应有之义

党的十九届五中全会提出实施乡村建设行动，对乡村建设的突出地位和重要性进行了阐释。虽然乡村建设行动这一核心词汇是首次写入中央文件，但是乡村建设在我国有着深厚的历史渊源和实践基础。

新中国成立之前，我国就曾开展过乡村建设运动，并在农村地区进行了实验，提出了一系列农村改革措施，涵盖了经济、科技、教育、卫生等方面。这些改革举措在当时的历史背景和条件下具有一定的先进性，也在农村地区的实验中取得了一定的积极成果。然而，当时的中国社会内忧外患、民不聊生，乡村经济发展和建设工作困难重重，改革探索难以持续深入下去，也未能产生广泛的影响。中国共产党成立之后，我们党把广大农民群众当作主要同盟军，紧紧依靠农民群众，通过打土豪、分田地等措施，为农民着想，为改善农民经济地位、政治地位，促进农民幸福而不懈战斗。改革开放以后，我们党开始大刀阔斧地在全社会进行改革，在农村地区实行了家庭联产承包责任制，提升了农民种地的积极性，大力解放和发展了农村生产力，促进了农村经济发展。党的十八大以来，习近平总书记对"三农"工作发表了一系列重要论述，强调把解决好"三农"问题作为全党工作重中之重。乡村振兴战略提出以来，我国乡村更是得到了史无前例的发展，农业更强、农村更美、农民更富的目标不再遥不可及。2020 年，乡村建设行动首次被提出，乡村建设工作的重要性已不言而喻，为大力建设我国乡村地区提供了重要遵循。当前，如何建设好农村，让城市反哺好农村，是我们必须解决的重点和难点问题。实施乡村建设行动既是深化百年乡村建设实践的应有之义，也是实现中华民族伟大复兴中国梦的必然要求。

（二）破解发展不平衡不充分的有效举措

党的十九大以来，我国社会的主要矛盾已经转化为人民日益增长的美好生活需要和不平衡不充分的发展之间的矛盾，不平衡主要是指各区域各领域各方面发展不够平衡，包括经济、社会发展存在"一条腿长、一条腿短"的失衡现象。其中，最大的发展不平衡是城乡发展不平衡，这一现象有着深厚的历史渊源。

中国共产党成立于民族危难之际，从成立之初就坚持为人民谋幸福和为民族谋复兴的初心使命，一百年来带领中华儿女为创造美好生活进行了艰苦卓绝的奋斗。新中国成立之初，百废待兴，各行业各领域都饱受战争的磨难；国际形势变化诡谲，我国发展的外部形势严峻。在这样的现实情况下，我国制定了优先发展工业、农村支持城市的政策。工农业产品价格的剪刀差，一方面使工业和城市得到了迅速发展，另一方面也造成了我国农村发展长期滞后于城市。

党的十八大以来，以习近平同志为核心的党中央统筹"两个大局"，带领全国各族人民迎难而上，啃下了脱贫攻坚这块硬骨头，在我国全面建成了小康社会，中华民族伟大复兴向前迈出了坚实的一大步。但是，在看到发展成果的同时，我们也要清醒地看到不足。当前我国城乡发展仍不平衡，工农业布局不够合理，城乡居民收入差距大、消费差距大。因此，我们需要扎实有力实施好乡村建设行动，弥补当前发展的不足之处，着力解决好城乡发展不平衡问题，提升农村发展的水平和质量，为实现中华民族伟大复兴奠定坚实基础。

（三）实现农村农民共同富裕的必由之路

中华优秀传统文化承载着"大道之行，天下为公"的社会理想。中国共产党自成立以来，就将为人民谋幸福作为自己的初心和使命。共同富裕作为衡量人民幸福的重要指标，始终是中国共产党人的奋斗目标。改革开放之初，邓小平同志就曾指出，可以通过先富带动后富，逐步实现全体人民的共同富裕。

党的十八大以来，我们党带领全体人民接力奋斗，努力解决农村相对落后的问题，促进农村农民共同富裕。当前，我国已如期打赢脱贫攻坚战，正处于乘势而上奋力开启乡村全面振兴新征程的关键时期。农村经济作为国民经济的"压舱石"，依然面临基础薄弱、产业发展水平低、区域发展差距大等现实问题，农业农村问题仍是我国迈向第二个百年奋斗目标进程中最重要的挑战之一。

实现全体人民共同富裕，最大的短板在农村，主要表现在：农民收入不够多、增长不够快，农村基础设施、公共服务、人居环境建设等配比不足，广大农民群众的获得感、幸福感有待提升。因此，面对中华民族伟大复兴战略全局，我们必须以促进农民收入增长、改善农村基础设施条件、提升农民文化素质和道德水平为目标，组织实施好乡村建设行动，使得共同富裕取得阶段性进展。

二　应对世界百年未有之大变局的必然选择

当前，世界正经历百年未有之大变局，逆全球化的声音此起彼伏，经济从依赖全球大市场转变为更多依赖国内市场，拉动内需成为促进经济增长的重要举措。因此，实施乡村建设行动，稳住农业基本盘，守住"三农"战略后院，事关我国经济社会发展大局，有利于为开新局、应变局、稳大局提供坚实支撑。

（一）保障后疫情时代我国乡村稳步发展的必然举措

新冠疫情全球大流行给人们的生命和财产安全造成了极大的伤害，

其负面影响在社会、经济等众多领域都有深刻的体现。一方面，突如其来的新冠疫情对我国经济发展和脱贫攻坚任务带来了较大的影响和挑战。同时，在短时间内对我国农业农村发展的影响也难以消除。另一方面，新冠疫情作为重大突发公共卫生事件暴露出了我国在乡村医疗方面的短板。新冠疫情导致农产品流通受阻、乡村旅游业和服务业受到冲击、农民外出务工受到影响。这些不良影响极有可能导致农民收入减少，甚至发生返贫情况。

实施乡村建设行动既能够缓和新冠疫情带来的不利影响，又能够保障后疫情时代我国"三农"工作的可持续发展。更重要的是，实施乡村建设行动有利于重塑乡村共同体，保护乡村安全。乡村共同体具有一致对外、抵御外部侵害的文化传统，农村的宗族和姻亲关系使其在面对外部危险时，能团结起来共同抵御危险。由此可见，实施乡村建设行动是保障后疫情时代我国乡村稳步发展的必然举措。

（二）稳住农业基本盘是筑牢粮食安全屏障的重要保证

习近平总书记历来重视我国粮食安全问题，他多次去到田间地头考察调研，看庄稼长势，听农民心声，对粮食安全问题发表了一系列重要论述，为加强党对粮食安全工作的领导、确保国家粮食安全提供了重要遵循。但我们也要看到，我国经济发展态势复杂。一方面，全球食品价格不断上涨，涨幅过大、涨势过急，增长远远超过通货膨胀和收入增长速度；另一方面，国内钢铁、煤炭等大宗商品价格大幅上涨，由供给约束转向需求不足。国内国际两个市场、两种资源稍有动荡，就容易引发民众对粮食安全的担忧。

在世界百年未有之大变局和新冠疫情交织影响下，不少国家意识到，农业安全是国家安全最起码的底线，粮食是最稀缺的资源。2021年我国粮食产量再创新高，实现"十八连丰"，初步掌握了粮食安全的主动权。但我们同时也应看到，我国粮食生产容易受到病虫害和自然灾害的影响，需要树立忧患意识和底线思维，确保粮食安全。国以民为本，民以食为天。面对世界百年未有之大变局，我们必须切实实施好乡村建设行动，稳住农业基本盘，筑牢粮食安全"压舱石"。

（三）应对全球不稳定不确定性因素增加的重要策略

当前，世界形势风云突变，进入加速调整期。我们正处在历史发展的十字路口，不稳定性和不确定性因素增加既是现实情况，也是世界各国无法逃避的重大挑战。总体来看，新冠疫情给全球带来了深刻的影响，加剧了各领域发展的不确定性；全球经济复苏困难重重，走势具有不确定性；全球供应链的稳定具有不确定性；地缘政治具有不确定性。虽然物质财富不断积累，但是冲突此起彼伏，世界面临的不稳定性和不确定性上升。外部政治和经济环境恶化也会给我国建设带来全方位挑战。

面对国际形势，我们更要保持战略定力，抓紧时间发展自己。实施乡村建设行动就是恢复稳定、解决问题的重要出路之一。一方面，实施乡村建设行动有利于建设我国乡村，促进我国经济总量的增长；另一方面，实施乡村建设行动有利于改变以传统工业化为导向的发展范式，向新发展范式转变，促进农村经济发展进步。由此可见，实施乡村建设行动有利于充分利用后疫情时代全球产业链调整的契机，是应对全球不稳定性和不确定性因素增加的重要策略，有利于把乡村建设成为宜居宜业的美好家园。

三　建设社会主义现代化强国的必要部署

在分析当前国际发展形势和我国现实发展条件的基础上，党的十九大指出，到 21 世纪中叶，把我国建设成为富强民主文明和谐美丽的社会主义现代化强国。从我国当前各方面的发展情况来看，确保实现社会主义现代化，重点和难点在"三农"。当前，必须深化我国农村体制机制改革，激活农村发展活力和动力，向改革借力，推动我国农业农村实现现代化，让亿万农民群众在现代化的道路上加快步伐，让美丽乡村成为现代化强国的标志、美丽中国的底色。

（一）补齐农业农村现代化短板的重要途径

党的十八大以来，我国不断改善农村生产生活条件，重点建设和完善农村公共基础设施，农村面貌发生了巨大变化。打响脱贫攻坚战之后，我国乡村建设也取得了突飞猛进的发展。但是，我们必须清醒地认识到，我国农村基础设施和公共服务体系还不健全，部分领域还存在一些突出短板和薄弱环节；农业生产方式单一、传统，农村产业发展滞后；农民收入增长慢、渠道窄、可持续性不强；农村空心化、老龄化等问题仍然存在。可见，当前农村的建设水平与农民群众日益增长的美好生活需要还有较大的差距。

党的十九届五中全会提出实施乡村建设行动，着力强调要加强县域综合服务能力，在编制村庄建设规划、改善农村基础设施、提高农村医疗教育水平和提升人们居住环境方面下功夫。切实实施好乡村建设行动有利于吸引当地农民留下来，吸引外来人才投资农村产业，促进农村发展进步，最终有利于我国加快实现农业农村现代化，进一步提升农村宜居宜业水平。

（二）应对我国现代化进程中风险的必然举措

当前，我国已经进入新发展阶段，改革也进入了攻坚期和深水区。几十年的改革历程积累了不少风险挑战亟须解决，加强社会治理现代化的重要性愈发凸显。我国治理体系和治理能力正面临诸多严峻挑战。总体来看，我国当前的社会治理体系还不完善，治理能力还有待提高，社会治理水平是相对滞后的，还跟不上社会主义现代化建设的步伐，不能满足人民群众日益增长的各种需要。当前，下大力气解决存在的治理难题已经迫在眉睫，是国家发展安全和经济社会平稳运行的必要举措。

党的十九届五中全会提出，国家治理效能得到新提升是"十四五"时期经济社会发展的主要目标之一，要防范和化解我国现代化进程中遇到的各种风险，筑牢国家安全屏障。打响脱贫攻坚战以来，我国历史性地解决了 9899 万农村贫困人口的脱贫问题，为实现共同富裕的中国式现代化奠定了坚实的基础，这就是国家治理体系和治理能力现代化在乡村建设行动中的具体实践。由此可见，实施乡村建设行动有利于提升乡村治理能力，是实现乡村振兴的必由之路。

（三）避免依赖西方现代化路径的创新之举

工业革命以来，英美等西方发达国家借助工业化发展成果，一跃成为世界上举足轻重的大国，并逐渐在许多领域完成了现代化建设，形成了西方现代化建设经验。长久以来，许多后起发展中国家把西方现代化经验奉为圭臬，照搬照抄。这种不顾本国实际情况，生搬硬套的行为不仅没能使其走上正确的发展道路，反而使国家发展陷入了泥淖。当今世界发展形势瞬息万变，许多国家在探索现代化的道路上逐渐形成了自己的方案；而西方现代化道路却因其难以克服的局限性，在时代发展的潮流中逐渐落后、偃旗息鼓。我国实施乡村建设行动、重视农村发展就是避免走西方现代化重视工业、轻视农业的路径。

从世界各国的现代化发展历程来看，工农关系、城乡关系是一个重大问题，关系着能否实现国家的现代化。20 世纪中叶以来，一些拉美国家在现代化进程中没能正确处理好工农关系、城乡关系，采取了歧视农业的政策，导致农业发展丧失了良好的机遇。这一举措造成了十分深远的影响，表现在：农业发展放缓，农产品数量有限，市场供应不足，农民收入减少，农村劳动力涌向城市贫民窟，最终导致农村发展明显滞后，城市发展陷入"城市病"的泥淖。城市和农村不协调、工业和农业不平衡，严重影响国民经济发展，最终使国家陷入"中等收入陷阱"。虽然我国当前尚处于社会主义初级阶段，但是现有经济地位证明我国应该有能力、有条件在世界百年未有之大变局的背景下处理好工农关系、城乡关系，实现城乡融合发展。由此可见，实施乡村建设行动是我国避免西方现代化路径依赖的创新之举，有利于协调好城乡关系，推进我国社会主义现代化建设。

【专栏 3.1】

城乡关系与"中等收入陷阱"

世界银行《东亚经济发展报告（2006）》提出了"中等收入陷阱"这一概念，其基本涵义是指：鲜有中等收入的经济体成功跻身高收入国家，这些国家往往陷入了经济增长的停滞期，既无法在人力成本方面与低收入国家竞争，又无法在尖端技术研制方面与富裕国家竞争。

以拉丁美洲为代表的地区，在现代化进程中，没能正确处理好城乡关系，将 GDP 增长奉为圭臬。在 1950 年代中期至 1972 年，拉美国家实施了不利于农业发展的政策，致使农业增长放慢：1950 年农业约占国内生产总值的 18%，1973 年降至 12%，1980 年再降至 11%。农业作为国民经济的基础，一旦发展跟不上去，就会导致农村经济发展滞后和农民贫困等问题，大量的失业农民必然涌入城市贫民窟。由此可见，实施好乡村建设行动、正确处理好城乡关系是重要和必要的，有利于促进农村经济发展和农民稳定，为国家实现现代化提供产业基础保障和人力支持。

（根据高谦《拉美为何落入"中等收入陷阱"》编写，《学习时报》2018 年 9 月 17 日 A2 版）

四　扩大内需构建新发展格局的必要路径

实施乡村建设行动是新发展阶段构建新发展格局的必要路径，有利于扩大内需和畅通国内经济大循环。当前，我国广大的农村地区还有近五亿人口。实施乡村建设行动提升农村产业发展水平之后，农民的收入将有所增加，农民的消费能力将得到提升，消费潜力将进一步得到释放。这有利于畅通城乡经济循环、扩大农村消费需求、满足城乡居民消费升级需求。此外，加强农村基础设施和公共服务建设也有利于形成较大的投资空间，加快构建新发展格局。

（一）促进城乡资源要素流通的关键举措

实施乡村建设行动，要加强县域综合服务能力、编制村庄规划。2022 年中央一号文件多次提到"县域"一词。县域是连接城市与乡村的重要场域，是城乡连接的重要支点，县既是现代城市的"尾"，又是传统乡村的"头"。县域经济是乡村繁荣稳定、农业富强壮大、农村美丽现代化的蓄水池。县域是城乡融合发展的重要切入点，大力发展县域经济，能够促进县域资源往农村流动，带动我国乡村发展，畅通国内经济大循环。

乡村建设行动强调完善农村基础设施建设，补足公共服务短板，改善农村人居环境质量。大量的乡村基础设施建设如果仅仅依靠村与乡镇政府是难以解决的，需要从县域层面统筹考虑，以县域带动促进农村基础设施建设。强化县城综合服务能力，推进县、乡、村公共服务一体化，在县域内优化配置教育、医疗等公共资源，有利于为农民提供公共服务，促进公共品等要素在城乡之间的流动和交换；大力发展县域产业，有利于助推县域产业振兴、人才回流、资金下乡，促进城乡要素双向交换和流动，增加农民收入渠道，促进农民收入增长。由此可见，大力发展县域经济，切实实施好乡村建设行动，是促进城乡资源要素流通的关键举措。

（二）拓展城乡生产消费空间的关键一招

实施乡村建设行动，有利于乡村产业振兴，带动当地农民就业，增加农民经济收入，挖掘农民消费潜力，提高农民消费水平，这为构建新发展格局提供了更加有力的支撑。目前，乡村是国民经济发展的重要增长极和新的动力源，广大的农村市场和农村消费能够不断满足农民群众美好生活的需要，有利于扩大内需、全面推进乡村振兴，为我国经济增长带来强劲持续的动力。

一方面，农村拥有广阔的消费市场，打赢脱贫攻坚战以来，农村经济持续发展，农民收入不断增加，农村居民消费潜力不断释放。乡村建设行动的实施将进一步促进农村消费水平的增长，缓解结构性生产过剩难题。另一方面，农村拥有高质量的供给能力。随着农业供给侧结构性改革和农村产业结构调整，绿色农产品、休闲旅游、文化体验、康养服务等都将会更好满足城市居民对田园生活的向往，吸引城市居民下乡消费。切实实施好乡村建设行动既可以带动工业品下乡和农产品出村进城，实现城乡两大产品的相互交换、良性互动，也可以促进农民消费增长和农村消费环境改善，为城乡两大部类良性循环创造有利条件。

（三）扩大农业农村有效投资的重要方式

构建新发展格局，必须在扩大内需、畅通国内经济大循环上下功夫，我国广大的农村地区有着巨大的投资空间，可以大有作为。当前全球经济低迷、国际进出口贸易市场萎缩、逆经济全球化现象时有发生。要想改变我国经济对于国际市场的高依赖度，让发展更具自主性、独立性和包容性，就必须畅通国内经济大循环，加快构建国际市场和国内市场相互调节和促进的新发展格局。因此，实施乡村建设行动是扩大我国农村地区投资空间、改善投资效率和畅通国内经济大循环的迫切需要。

在我国中西部广大的农村地区，投资空间仍然很大，投资需求十分旺盛。要增加对农村地区的资金投入，培育新的经济增长点。比如大幅增加农村基础设施和公共服务建设资金，激活农村发展潜力，实现城乡双向联动，这有利于拉动内需，提升农村市场活跃性，畅通国内经济大循环。由此可见，用好乡村建设行动这个政策契机，既可以更好地发挥投资的关键作用，实现去库存、去产能，同时又能弥补乡村硬件短板，显著提升农民生活条件，改善民生，造福于民。

五　巩固拓展脱贫攻坚成果同乡村振兴有效衔接的必要保证

全面建成小康社会之后，尽管绝对贫困现象在我国被历史性地消除，但是面对相对贫困问题和新冠疫情叠加的影响，短期内脱贫群众仍然有返贫风险。在过渡期内必须始终做好巩固脱贫攻坚成果，平稳地将我国"三农"工作的重心转移到全面推进乡村振兴上来。由此可见，实施乡村建设行动有利于为二者有效衔接提供政策、产业、人才方面的保证。

（一）提供政策衔接、形成长效机制的重要中介

当前脱贫攻坚战已经取得了决定性胜利，习近平总书记在庆祝中国共产党成立 100 周年大会上的讲话中庄严宣告，我国已经全面建成了小康社会，正向第二个百年奋斗目标进军。解决好"三农"问题仍然是未来全党工作重中之重，只是其侧重点发生了变化。2021 年中央一号文件指出，要在脱贫县设立 5 年过渡期。这一举措表明未来几年我们仍要重点关注脱贫群众，要增强脱贫群众的致富造富能力，对于容易因灾因病发生返贫的群众进行监测，及时帮扶，使其真脱贫，从而为后续推动乡村产业、人才、文化、生态、组织振兴提供重要保证。

近年来，《农村人居环境整治提升五年行动方案（2021—2025 年）》《乡村建设行动实施方案》等文件的相继发布，为脱贫攻坚任务完成后，如何做好乡村振兴"后半篇文章"提供了政策依据和文件导向。脱贫攻坚，任重道远，绝非一日之功，不仅要使贫困群众生活改善，还要保持现有帮扶政策的稳定。脱贫攻坚任务刚完成，支持政策还将延续，要把握好政策的衔接和后续工作的落实，平稳度过衔接期，为继续推进乡村全面振兴奠定基础。由此可见，稳定推进乡村建设行动，有助于推动"三农"工作重心历史性转移，促进我国农村建设水平提高和经济社会发展，增加脱贫群众收入，让脱贫群众过上更加美好的生活。

（二）筑牢产业衔接、实现产业兴旺的重要方式

贫困地区脱贫摘帽后，许多经济欠发达地区发展动力仍然有限。这些地方一般都有许多不利因素，如自然条件脆弱、基础设施较差、公共服务不足、治理水平滞后、农民收入较低。特别是在我国西部一些刚脱贫摘帽的山区，虽然通过易地扶贫搬迁等多种方式实现了脱贫，但是当地的发展条件在短时间内仍然无法改善，特色优势产业稀少或带动能力

较弱。打赢脱贫攻坚战之后，就需要接续推进乡村振兴，实现产业兴旺，推动我国农村地区经济社会发展。

切实实施好乡村建设行动有利于改善脱贫地区基础设施，弥补公共服务短板，改善农村人居环境，有利于满足脱贫群众日益增长的高质量生活需求。此外，切实实施好乡村建设行动有利于筑牢产业衔接、实现乡村产业振兴和"造血式"发展，为脱贫地区提供源源不断的发展动力，从根本上改善脱贫地区农民群众生产生活水平，常态化长效化做好乡村振兴工作。

（三）实现人才衔接、培育振兴队伍的重要前提

人是生产力要素中最活跃的因素，人才振兴是乡村振兴的重要方面。切实实施好乡村建设行动有利于为乡村建设提供人才衔接，培育乡村振兴队伍。当前，根治"空心化""空巢化""老龄化"等"乡村病"，需要更多的年轻人，要让乡村能吸引来人才、留得住人才、培育好人才和用得好人才。

着力实施好乡村建设行动需要大量的人才建设乡村。首先，要加强县域发展，提升农村基础设施水平，实现农村产业发展，这有利于畅通城乡人才交流渠道，吸引外出进城务工人员等农村青壮年返乡创业。其次，对农村的支持和帮扶政策也有利于发展乡村产业和壮大乡村集体经济，搭建好人才返乡、留乡、来乡的各种平台，吸引各类人才投身乡村建设，为农民提供就业岗位，让农民在家门口实现就业，充分发挥农民在乡村建设中的主体作用。再次，持续开展乡村建设行动加大了人才培养力度，一方面，通过在线学习、现场培训等多种途径培养人才进行乡村建设；另一方面，通过鼓励机制，支持乡村能人示范引导，培育乡村振兴人才队伍。可见，实施乡村建设行动是实现人才衔接、培育振兴队伍的重要前提。

第四章　乡村建设行动的实施状况

2020 年，党的十九届五中全会首次提出乡村建设行动。虽然这是乡村建设行动第一次被明确且系统地提出，但是我国的乡村建设工作却一直在推进。党的十八大以来，我国乡村建设工作取得了实质性进展，各级政府出台了一系列政策举措，加快改善农村的村容村貌、基础设施、公共服务、人居环境和乡风文明，使得乡村规划得到精心编制、乡村基础设施不断健全、乡村公共服务不断完善、人居环境整治全面展开、乡风文明得以切实提升、各地乡村建设典型涌现。但是乡村建设是一项长期任务，当前还有许多难点和不足。例如，一些地方乡村建设缺乏整体谋划，盲目行动，大拆大建；农村基础设施"重建设、轻管理"现象时有发生；农村基本公共服务短板明显，医疗、教育等方面仍需改善；农村卫生厕所、生活垃圾、生活污水等人居环境还需下功夫改善。

一　乡村规划得到精心编制

凡事预则立，不预则废。新中国成立以来，我国城市发展水平高于农村建设水平，人口在较长时期内都是从农村流向城市。党的十九大提出实施乡村振兴战略，强调要大力发展农村，政策的导向吸引了一大批进城务工人员和技术能人返乡就业、创业。照此趋势，未来我国的乡村会聚集更多的人和产业，建设什么样的乡村、怎样建设乡村、如何吸引人才返乡并留住人才，成为一个重要问题。因此，需要加强村庄规划，让农村建设得更加宜业、宜居，能够留得住人。

过去，一些地方由于没有意识到村庄规划的重要性和引领作用，在建设过程中没有注重发挥村庄的特色优势，发展定位也不明确。自乡村振兴战略实施以来，以浙江为代表的省份，立足自身发展实际和特色，科学编制乡村规划，建设美丽宜居乡村，取得了一定的进展，形成了"丽水样板"和"安吉模式"。而实施乡村建设行动以来，我国在编制乡村规划方面又积累了更多的经验。

首先，编制村庄规划注重"两个尊重"，即尊重农民和尊重现状。乡村是农民的家园，乡村建设为农民而建。实施乡村建设行动以来，编制村庄规划更加注重保障农民的发展权益，尊重农民的意愿，做到以人民为中心，不因乡村建设规划给农民添堵、添乱。此外，编制村庄规划尊重农村当地现状和实际情况，做到一切从实际出发，实事求是，主要依据农村当地已有的基础增添、修补和完善，而不是推翻一切，搞大拆大建。其次，从布局上，规划注重优化乡村的生活、生产、生态空间，做到合理布局村庄，充分发挥村庄的各种功能。再次，从时间先后上，乡村建设规划注重时间顺序，把需要建设的、定位明确的村庄确定下来，先编制规划便于建设；而不明确的村庄规划可以等一等、放一放。总之，在村庄原有发展基础及分类布局的条件下，有重点地先规划一批村庄。最后，编制村庄规划注重保留当地特色和乡土味道，对于传统村落和特色风貌，注重边开发边保护。

二　乡村基础设施不断健全

要想富，先修路。农村基础设施被形象地称为"硬件"，对于农村经济发展的必要性和重要性不言而喻，也是农民生活获得感和幸福感的"试金石"。当前，人民群众的需求日益增多，呈现多样化的特征，但是城乡发展不平衡不充分问题仍然比较突出，城乡利益格局的非均衡演化使得城乡发展机会不均等。城镇拥有较好的基础设施、良好的投资机会和发展空间，而农村基础设施建设严重滞后，发展空间狭小，已经成为民生痛点。

实施乡村建设行动以来，各级政府出台了一系列政策举措，大力建设农村基础设施，提升农村基建水平，为农村发展奠定了基本的"硬件"条件。2021 年中央一号文件提出实施农村道路畅通工程、农村供水保障工程、乡村清洁能源建设工程、数字乡村建设发展工程、村级综合服务设施提升工程等五大工程，努力弥补城乡差距，推动实现城乡居民生活基本设施大体相当。2022 年中央一号文件指出，要扎实开展重点领域农村基础设施建设。总体来看，当前全国各地农村基础设施建设提质升级，建设水平显著提升。

首先，农村基础设施建设注重从"少"到"多"。狭义上的农村基础设施主要指传统的水、电、路、气、房，但是随着经济发展水平的提高，通信、冷链物流等新基础设施建设也迫在眉睫。当前农村基础设施建设更加完善和全面，全方位保障农民的生活生产需要。其次，农村基础设施建设注重从"有"到"优"。从通村公路到通组公路，从"村村通"到"户户通"，着力推进基础设施往村覆盖、往户延伸。再次，农村基础设施建设注重从"重建设、轻维护"到"建设、维护并举"。基础设施不仅要建得起，还要管得住，并长期使用下去，一边建设，一边管理，有效管护。

三　乡村公共服务不断完善

"软硬兼施"，宜业宜居。当前，在我国中西部广大的农村地区，不仅需要提升基础设施的"硬件"水平，也需要提升公共服务的"软件"水平。我国城乡公共服务差距历来较大，农村教育、医疗、养老等基本公共服务发展滞后，农村精神文化生活单调匮乏，已经成为农民群众反映强烈的民生痛点。实施乡村建设行动以来，我们把城乡公共服务均等化作为基本要求和目标，对各类农村公共服务做出了发展部署，为推动农村公共服务发展指明了方向。

首先，在农村教育方面，保留并办好必要的农村学校，改善乡镇寄宿制学校的设施设备和办学条件；增加农村学前教育资源供给，满足农村学龄儿童入园需求；同时办好特殊教育，保障农村特殊教育顺利进行。其次，在医疗健康方面，注重加强农村卫生室标准化和规范化建设，以巡诊、专家坐诊等方式提高基层医疗服务水平；完善新型农村医疗合作保障制度，不断提高"新农合"参保率和覆盖率，不让一人掉队；加强农村老年人和儿童等重点人群健康服务。再次，在养老保障方面，注重完善城乡居民基本养老保险制度，探索农村新型养老方式，保障老年人晚年能够生活得有尊严、有幸福感；加强对农村留守儿童、空巢老人、低保户及五保户的关爱服务，切实保障困难农民群众基本生活，兜住底线。最后，在就业创业方面，注重开展农民技能培训及返乡创业支持，为返乡农民和人才提供资金和机会，满足其发展需求，为乡村振兴提供人才支撑和智力支撑。

四 人居环境整治全面展开

"绿树村边合，青山郭外斜。"农村人居环境质量与每一位农民息息相关，农村居住环境优美不优美是衡量农民生活幸福不幸福的重要指标。近年来，我国农村人居环境状况持续改善，但是仍有较大的进步空间。我们还需下大力气治理农村生活污水和垃圾，脏乱差问题在部分农村地区还比较突出，且东部、中部和西部地区发展不平衡，当前我国农村的人居环境还无法满足农民对美好居住环境的向往和需求，极大制约了农村发展的空间。

2018 年 2 月，《农村人居环境整治三年行动方案》出台，经过近几年的贯彻落实和整治行动，我国人居环境改善工作取得了显著成效。但是，囿于我国各地区经济社会发展水平差异，各地进展情况和发展速度有所不同。此外，改造卫生厕所、治理污水、处理生活垃圾这三大任务之间的进展也不均衡。总体来看，生活垃圾处理工作进展较好，当前在我国大部分农村地区，已经有了村庄保洁员、分类垃圾桶、垃圾集中处理点；改造卫生厕所也取得了一定的进展，改厕成效显著；但是污水治理的进展比较缓慢，农村生活污水和化肥、农药用水乱排乱放现象屡禁不止。2021 年 12 月，《农村人居环境整治提升五年行动方案（2021—2025 年）》出台，表明人居环境的改善不是短期的任务，而是长期的任务；不是局部的改善，而是全面的改善。总之，实施乡村建设行动以来，我国农村人居环境在改厕、改水、治污等方面取得了明显进展。

首先，在农村改厕方面，尊重我国农村各地的实际情况和农民需求，因地制宜推进"厕所革命"。在具备条件的地方建设水冲式厕所，在不具备条件的地方建设卫生旱厕，对人畜粪便进行处理和有效利用，为建设美丽乡村添砖加瓦。其次，在生活污水处理方面，先对有治理条件的地方进行管理改造，再逐步扩大治理范围，由点到面。不仅治理生活污水和生产污水，也治理农村黑臭水体。再次，在生活垃圾处理方面，深入实施村庄清洁行动和绿化美化行动。在村庄设置分类的垃圾桶，对垃圾进行集中清运和处理；设立村庄垃圾清理管理员，定期清扫，维护村容村貌。

五　乡风文明得以切实提升

"两手抓、两手都要硬。"加强农村精神文明建设、提升农民道德素质水平是巩固我国当前乡村建设行动成果的重要措施。乡村建设行动正在我国广大的农村地区如火如荼地开展，基础设施建起来了，公共服务改善了，人居环境优美了，但是精神文明建设仍然滞后。只有物质文明和精神文明两条腿走路，才能使广大农民追求更高层次的精神生活，弥补当前农村地区精神文化建设的短板，增强农民的获得感和幸福感。乡村建设行动实施以来，我国农村地区乡风文明不断提升，凝心铸魂不断推进和夯实乡村建设成果，以思想文化的自觉保护了基础设施，巩固了人居环境整治成效。

首先，不断提升村民思想文化素质。农民群众思想文化素质较低导致农村生活垃圾乱丢乱扔、生活污水乱排乱放现象时有发生。由于村民文化程度较低，对国家政策和精神了解得少、学习得少、理解得不到位，对环境保护法律法规的接受程度普遍较低，因此农村人居环境整治困难重重。当前开展的乡村建设行动，关键一环就是要抓好农村精神文明建设，改善农民的观念，提升其认识水平和思想素质。其次，要推进农村移风易俗，打造善治乡村。通过对四川广元和雅安一些村庄的调研，可以发现当前农村地区开展了一系列卓有成效的新举措，如建立"道德银行""道德超市"，采用积分制的形式吸引农民从小事做起，从提升自身素质做起，用积分换取日常生活用品，让道德更有含金量，最终达到建设文明乡风的效果。再次，制定完善村规民约，加强村民的道德修养。通过在农村地区树立典型、宣传先进、学习模范，营造健康文明、积极向上的文化氛围；创建形式多样的文明评比活动，提升村民参与的积极性和主动性，倒逼农民提升自身素质，在乡村获得更多认可。

六　各地乡村建设典型涌现

实施乡村建设行动以来，全国各地深入贯彻落实党中央精神，大力推进乡村建设工作，涌现出了不少特色做法与经验启示，为持续深入推进乡村建设树立了鲜活的样本，起到了带动示范作用。近年来，农业农村部先后评选出了全国乡村产业高质量发展"十大典型"、首批全国村级"乡风文明建设"优秀典型案例、第二批全国村级"文明乡风建设"典型案例、第三批全国农村公共服务典型案例等，为我国当前的乡村建设提供了丰富的经验借鉴。

（一）四川蒲江：坚持农旅融合，推进产业发展

明月村位于四川省成都市蒲江县，当地生态环境优越，森林植被茂密，有着大片的雷竹和茶园；加之距离成都市区较近，地理位置良好，是一个自然资源条件和地理位置都比较优越的地方。此外，该村还具有历史悠久、丰富多彩的文化，明月村自唐宋以来就是民用陶瓷的重要生产区。近年来，当地依托良好的生态环境和陶瓷文化，大力发展乡村休闲旅游业，促进农旅融合，不仅提升了当地乡村休闲旅游的收入，也带动了村民增收致富。

挖掘地域文化，明确市场定位。优美的生态环境和建窑、烧窑的传统是明月村的特色与优势。当地陶艺文化底蕴深厚，陶艺手工艺发展基

础好。对资源与优势进行摸排了解后，当地坚定"竹海茶山明月窑"的发展思路，始终坚持特色化的发展方向，以"文化＋创意＋旅游"为市场定位，着力打造特色文化品牌，连续举办春笋艺术月、中秋诗歌音乐会等特色文化活动，大力发展文创产品、文创项目和文创产业，促进了乡村旅游和生态农业的健康发展。

进行乡村建设，保障发展条件。基础设施方面，明月村积极争取财政支持，整合项目资金，完善乡村配套基础设施，已建成文化广场2300余平方米、旅游环线8.8公里、绿道7.7公里，为农业强、农村美、农民富提供"助推器"。公共服务方面，当地建设"明月书馆""陶艺博物馆"等公共文化场所，提供产业、文化方面的培训，每年惠及1.5万人次，增加了农村公共文化服务的供给。人居环境方面，明月村注重生态保护与开发，统筹推进"七改七化"，不断改善乡村宜居宜业宜游发展环境。

吸引各类人才，助力乡村建设。人才是乡村发展的重要因素。明月村依托自身发展前景吸引了150余名村民返乡创业就业，其中不乏高学历的"领头羊"，为外引和内培人才提供了强力支撑。采用招才引智政策，吸引100余位知名艺术家和非遗传承人入驻，引进策划、运营等经营人才，入村创作、创业和生活；搭建明月书馆、明月讲堂、明月夜校等培训载体，为明月村发展提供"孵化器"，实现了新村民与本地村民互助共享。

【专栏 4.1】

全国乡村产业高质量发展"十大典型"

2021年3月1日，农业农村部召开全国推进乡村产业高质量发展视频会。会议强调，围绕"保供固安全，振兴畅循环"，加快构建现代乡村产业体系，提升乡村产业链供应链现代化水平。会上推出了乡村产业高质量发展"十大典型"，包括山西云州黄花产业、辽宁十家子村电商产业、浙江安吉乡村旅游产业、河南漯河食品产业、四川明月村农旅融合休闲产业等在内的 10 个省份的乡村产业案例入选。

乡村产业高质量发展是实施乡村建设行动带来的综合效应，也是全面实现乡村振兴的内在要求。乡村建设是前提和基础，把农村的基础设施等硬件改造好了，将农村医疗和教育等公共服务配置好了，将人居环境改善好了，必然吸引人才返乡创业就业，促进乡村产业高质量发展和乡村经济稳步提升。因此，学习借鉴乡村产业高质量发展典型案例，有利于全国各地结合发展经验，因地制宜促进当地经济发展。

（根据农业农村部官网新闻《农业农村部召开全国推进乡村产业高质量发展视频会》编写）

（二）江西横峰：升级基础设施，打造秀美乡村

横峰县位于江西省东北部，是曾经的国家扶贫开发重点县。住房、交通、饮水等问题长期制约着当地的发展，难以满足农民群众对美好生活的需要。近年来，横峰县推动农村基础设施改善，对道路、自来水、住房、厕所等基础设施进行改造和建设。通过升级基础设施，横峰县的面貌和整体环境得到了较大提高，有效保证了道路硬化、饮用水安全、住房安全和网络通信便利。"横峰实践"经验丰富，例子鲜活，做法有效，为全国各地乡村建设树立了样板示范和典型作用。

建设乡村，规划先行。过去在我国广大农村地区，由于缺乏对村庄建设的合理规划，许多村庄的建设进展缓慢，农村群众身处其中，生活的获得感和幸福感不足。"横峰实践"注重与高校智库合作，规划先行，按规行动。横峰县与高校签订了合作协议，编制了详细的乡村发展规

划,设计了具体的乡村建设行动方案,为打造秀美乡村提供了规划指导。村庄规划注重分类创建、优化布局和建设次序,横峰县将县域范围内的村庄分为几大类,如普及村、亮点村、景点村,对不同类型的村庄分类开展整治建设,实行分级分类管理。现已打造亮点村、景点村100多个,创建3A以上乡村旅游点28个。

党建引领,模范带头。解决乡村建设问题,首先要解决"人"的问题。归根结底,乡村建设为农民而建。农民是乡村建设的生力军,不能置身于乡村建设之外。"横峰实践"注重通过党建引领,连接人民群众,发挥人民群众力量,依靠人民,为了人民。横峰从党员入手,通过支委、党员、入党积极分子、群众各类主体传帮带,积极动员党员和群众参与乡村建设和管理。此外,依托村党支部,充分发挥社会组织、村民自治组织的作用,组建各种监督组织,搭建议事、处事的平台,真正发动群众、依靠群众,让农民群众自我建设、自我管理、自我教育、自我服务,避免了"党员干部在干,广大群众在看"的现象。

(三)安徽青阳:补齐公共服务,满足群众需求

青阳县隶属于安徽省池州市,在皖南国际文化旅游示范区中处于重要核心区,旅游资源丰富。长久以来,青阳农村的发展水平比较低,导致医疗、教育、养老等公共服务跟不上,无法满足当前人民的需要。补齐农村公共服务短板既有利于满足农村群众高质量发展需求,又有利于推动乡村建设行动持续深入。加强农村公共服务也有利于提升农村公共服务水平,推动城乡公共服务均等化建设。青阳县借实施乡村建设行动的契机,大力推进卫生厕所、污水处理设施、垃圾收集点等农村公共服务建设。青阳进行乡村建设的经验主要有:

培育人才,全员参与。一方面,要吸纳一批人才,形成乡村建设人才库。青阳不断利用优惠政策和宣传示范,带动了进城务工人员、大学

生、创业者返乡建设乡村。青阳全县此前聘用了65名农村"能工巧匠"加入乡镇公共服务工作队伍。另一方面，要培育乡村人才，不断充实人才库。青阳县逐步创立了东九华乡村振兴创研院，与当地高校合作，推进农村专业人才、实用人才队伍建设。此外，还与安徽农业大学达成战略合作，围绕乡村振兴发展的人才需求，统筹发展"学历教育"和"非学历教育"，为当地乡村建设行动的开展提供充实的人力基础。

资源整合，变废为宝。乡村建设行动包含的建设基础设施、改善人居环境、提升公共服务等并不是孤立的个体，而是相互联系、互为支撑的整体。乡村建设工作不能单一而论，要一起发力，形成治理合力。青阳县改厕后，注重厕污处理。通过农户自用、大户利用、村企共用等举措，实现厕污还田，既解决了卫生环境问题，又实现了资源的最大化利用，变废为宝，一举多得。

【专栏4.2】

全国农村公共服务典型案例

2019年12月9日，农业农村部、国家发展改革委、中国经济信息社联合发布首批18个全国农村公共服务典型案例。此后，经过地方推介、专家评审、实地核查等环节，每年遴选推介一批全国农村公共服务典型案例。截至2022年9月，已经推介产生了3批累计62个典型案例。这些案例涉及农村公益医疗、养老服务、学前教育、人居环境、乡村文化等多个领域，反映了各地加强农村公共服务建设实践的新探索和成功实践，是统筹推动农村公共服务发展的宝贵经验，旨在引导各地从实际出发，加快补齐农村公共服务短板，涌现出更多典型。

全国农村公共服务典型案例表明，以改善农村公共服务为代表的乡村建设举措，在全国广大农村地区如火如荼地展开，在改善农村医疗、教育、养老等方面产生了积极作用，有利于促进城乡公共服务均等化，增强农民的获得感和幸福感。

（根据农业农村部官网新闻《关于推介首批全国农村公共服务典型案例的通知》编写）

（四）浙江安吉：护美"绿水青山"，变现"金山银山"

安吉县位于浙江省湖州市，地处浙江北部。十余年来，安吉以建设生态文明为抓手，以实现绿色发展为目标，不断推进美丽乡村建设。由于安吉发展得比较好，形成的基本经验被称为"安吉模式"，对全国各地践行"两山"理念，护美"绿水青山"提供了重要的参考和借鉴。安吉自然资源条件较好，加之地处长三角城市群之中，人民群众购买力强，当地充分利用良好的生态环境，大力发展生态旅游，促进"绿水青山"转化为"金山银山"，实现了经济社会发展和生态环境保护的协调发展。实施乡村建设行动以来，安吉在改善人居环境、建设美丽乡村的道路上阔步前行。

打造美丽乡村，做强"生态牌"。安吉通过多种举措推进美丽乡村建设，对村庄进行统一规划，建设良好的基础设施，推动当地环境整治和污染治理全覆盖，打造县域大景区。安吉不仅注重县域大自然生态的治理和改善，还注重将传统文化和农耕文明纳入生态建设，将田园风光、村落建筑等乡土元素与自然景观融为一体，做美"绿水青山"。

编制发展规划，做强"经济牌"。发展规划起着领航和指导作用。安吉县从制定目标开始，将发展思路写下来，将发展目标树立起来，相继编制了安吉乡村旅游、休闲农业等发展规划，统一规划，统一运营，强化产业融合，实现第一、第三产业融合发展。安吉在尊重自然、顺应自然、保护自然的前提下积极推进生态资源经济化、价值化，做大"金山银山"。

（五）福建上杭都康村：传承红色基因，塑造文明乡风

都康村位于福建省龙岩市上杭县南部，全村总面积 6.2 平方公里，下辖 3 个自然村，总人口 122 户 495 人。都康村于 2015 年入选第四批全国文明村镇，这里民风淳朴、崇文重教、文风鼎盛、人才辈出。都康村历来重视家风建设，良好的家风为当地乡风文明的提升奠定了重要的基础。在 2021 年，都康村入选第二批全国村级"文明乡风建设"典型案例，并连续三届蝉联全国文明村。都康村依托乡村建设行动，传承红色基因，加强该地精神文明建设，大兴文明乡风，不断提升"软"实力。

移风易俗，保持淳朴民风。都康村注重对村民进行道德教育，提倡移风易俗。从与村民息息相关的婚丧嫁娶入手，倡导婚事新办、简办，抵制大操大办、"天价彩礼"、份子钱高等不良习俗，倡导"厚养薄葬"、文明祭扫。破除陈规陋习既减轻了村民的经济负担，又弘扬了健康向上、文明清朗的淳朴民风，树立了文明新风。

村规民约，维护公序良俗。"没有规矩不成方圆。"都康村定期召开村民代表大会，并制定了村规民约和《都康村村民议事会章程》《都康村红白理事章程》《都康村禁赌协会章程》等规范，用制度管人管事，转变村民的思想观念，加强村民的自我管理能力，为当地乡风文明建设树立了规范章程。

第五章 乡村建设行动面临的突出问题

树立问题意识，坚持问题导向。在对乡村建设行动的发展现状进行梳理之后，我们要找到乡村建设行动存在的突出问题，为进一步实施乡村建设行动提供现实依据。当前乡村建设行动主要存在着以下几个方面的突出问题：一是乡村建设行动中行政主导有偏失，二是乡村建设行动中农民的内生动力不足，三是乡村基础设施水平不能适应农业农村现代化的需要，四是乡村公共服务能力不能满足人民美好生活需要，五是农村人居环境整治中的不平衡不充分现象依然存在，六是乡村建设行动的体制机制有待完善。

一 乡村建设行动中行政主导有偏失

资源是发展的前提和基础。物质、资本、技术、文化、人才等各类要素构成了乡村发展的基本支撑。以税费改革为界，我国乡村资源的供给来源发生了转变。原本由农民负担的农业税费逐渐退出，乡镇行政权力逐渐从农村回缩，村委会的行政功能逐渐减弱，但是乡村自身难以有效实现提高生产力水平、提升公共服务能力、补足基础设施建设短板的任务。而与乡村的发展滞后相伴随的是城镇化的快速推进，在城乡长期分割的发展格局之下，不仅资源配置更加偏向城市，而且乡村原有的优质资源也逐步向城镇汇聚。

在此背景下，各级政府的财政投入成为乡村建设资金的主要来源，发挥着明显的主导作用。国家与农村之间由此形成"资源输入"的关系[1]，并发挥了两方面的主要作用：一是基础保障作用。在各项投入中，财政投入所占的比重最高，中央和地方省市政府通过转移支付和支农项目资金等形式，不仅维持了基层组织的正常运转，也试图解决乡村基础设施建设和公共服务投入资金不足的问题。二是示范带动作用。财政资金大多采取项目的形式，强调专款专用、专职专责，资金投入领域多集中于乡村生产、生活等基础设施设备，如通村公路、卫生室、文化场所等，以更好发挥财政资金四两拨千斤的关键带动作用。然而，这种自上而下的资源输入方式在实践中产生了诸多问题，突出表现在以下几个方面：

第一，乡村建设过程中资源供需不匹配。"十四五"规划指出，乡村建设要把优化生产生活生态空间、改善村容村貌、建设美丽宜居乡村作为重点任务[2]，巩固成效，持续推进，增进农民福祉。坚持以人民为中心的发展思想也要求我们在实施乡村建设行动时，必须充分了解广大农民的愿望、回应广大农民的需求。措施的制定和行动的展开都要以增强广大农民的获得感、幸福感、安全感为根本目的。但是，在当前自上而下的资源输入方式之下，资源供给与需求不匹配问题依然存在，主要表现为：其一，只建"盆景"，不育"森林"。一些地方政府从政绩考核角度出发，脱离农民真实需求，片面追求示范效应，致力于打造"景点村""示范村"，盲目上马项目，集中有限资源，轰轰烈烈打造建设亮点。这导致资源分配严重不均，收效甚微，沦为"形象工程"。例如，福建省住建厅公布的美丽乡村建设负面案例，反映了当前乡村建设存在的脱离发展实际打造"形象工程"的突出问题。一些地方偏离整治重点，不在农村生活污水垃圾治理、裸房整治等人居环境整治方面"下苦功夫"，却在建设大牌坊、大公园等方面"枉费心思"。其二，忽视自身实际，过度超前建设。我国乡村点多面广，自然条件千差万别，发展水平各不相同，决定了乡村建设行动是一个兼具普遍性和特殊性的系统工程，必须做到通盘考虑，进行科学规划，注重加强普惠性、兜底性、基础性民生建设。当前，一些地方基本人居环境还未整治到位，却超前建设村史馆等，耗巨资购置高水平的教育、医疗设备。部分设施设备既不符合老百姓的真实需求，又缺乏专业人员指导使用，最终导致利用率低、闲置率高。在造成资源浪费的同时，又耽误了乡村发展的时机，甚至可能滋生腐败。例如，据《中国青年报》报道：湖南省长沙市岳麓区某贫困村 8 名村干部，由于缺乏对乡村发展规律的正确认识和群众需求紧要程度的精准把握，忽视乡村发展实际，盲目照搬他人的"成功"经验，打着"为招商引资创造条件"的名义，不惜举债，花巨资建设豪华办公楼，而且配置高档设施设备，远超现阶段实际需要，造成浪费。

第二，农民差异化需求无法得到满足。农民在收入状况、生活方式、教育背景、个体意识等方面存在差异，导致他们渴望获得的公共产品的种类、渠道和强度不同。在向农村进行资源输入的过程中，当前的自上而下的资源输入方式无法精准且低成本地瞄准农户的需求偏好。流程化、标准化和单一化的供给与村民多元化、个性化的需求之间的矛盾突显，农民群众合理的差异化需求难以得到有效满足。

在推进乡村建设过程中，乡村所获得的资源主要分为两种类型：一种是普惠性的资源，可以实现与农户的直接对接，如农村厕所改造和厨房改造补贴、养老保险。这类资源由于具有特定的受众群体，无需竞争和专门识别，可以达到较高的瞄准率。另一种是竞争性的资源，以提高乡村整体利益为目标，主要包括乡村基础设施和公共服务类建设项目，如通信、道路等。这类资源的分配和布局涉及村庄利益协调，个人收益程度往往存在差异，因此瞄准率相对较低[3]。

有学者认为，由于地理环境和文化基础存在差异，我国现存的村庄按照资源丰富程度大致可划分为四类，包括：种养、自然与人文景观资源均丰富型（A类），种养资源丰富但自然与人文景观资源稀缺型（B类），种养资源稀缺但自然与人文景观资源丰富型（C类），种养、自然与人文景观资源均稀缺型（D类）。不同村庄对于乡村发展资源的需求存在显著差异[4]。一方面是在不同村庄之间发展需要的差异化。随着市场经济和城镇化的持续推进，乡村布局不断分散化和小型化，利益诉求的差异化逐渐明显。如种养资源稀缺、人文景观丰富的村落，需求主要集中在乡村道路和生态环境改善方面。而分布在我国东北、华北、长江中下游平原地区的村庄，种养资源丰富、人文景观稀缺，迫切需要在良种、技术、机械、水利等方面得到支持。在进行乡村建设时，自上而下的资源输入方式无法精准对接村庄差异化需求，农民"主位者"心态缺失，最终出现建设因缺乏群众支持而进展不顺的状况。另一方面是村庄内部需求的差异化。随着分散经营占据主流，农民逐步脱离集体束缚，凭借自身的能力，在城市与农村社会中追求个体发展，分散的家庭和个体农民利益多元化趋势加剧[5]。在自上而下的资源输入方式下，村民的差异化需求无法充分满足。农户会基于自身需求满足的状况，采取相应的行为反应。当需求满足不充分时，可能会影响村民的积极性，甚至出现阻碍项目建设的行为，影响乡村建设的有效推进。

第三，项目实施过程监督机制不完善。得益于分税制改革的顺利实现，国家税收的集中能力迅速提高，使得以财政手段从总体上调节和平衡城乡发展差距成为可能。我国逐渐建立起了"项目制"的乡村资源投入模式。乡村建设"项目制"一方面可以不断强化国家体制对乡村经济社会发展的引导和规制，另一方面能够实现规范、适度、有序地向乡村输送建设和发展所需的资源，并在实践中逐渐形成一整套严密的技术系统和运行程序。然而在实际中，一方面，设项目部门在项目的设立、申报、审核、成果评估等方面占据绝对主导地位，并形成了严密的制度，但一些部门和机构在设立、审批阶段没有立足乡村实际情况，使得乡村建设偏离实际。同时，建设项目往往分属于不同的部门，各项目之间可能缺乏沟通与统筹。乡村为了获取尽可能多的资源，可能存在申报上的侥幸心理，导致出现巧立名目、多立名目以获取更多的项目经费的情况。项目虚设、项目重叠、项目嵌套等情况时有发生，导致乡村建设资源的错配和运行效率低下[6]。另一方面，在现行的项目制运转机制下，乡村需要在项目推进时配套部分资金，当出现资金缺口或需要追加后续资金等情形，乡村将不得不采取"举债式发展"的策略。因而，公益性建设与经营性建设如何有效结合十分重要，事关乡村各项建设活动的有效运转和长远发展。另外，受到绩效考核和还债压力的影响，乡村对项目产生即时性和长效性经济收益的愿望十分迫切，可能使得项目原先设定的目标难以有效落实，偏离上级政府保增长、促民生的发展理念。在项目实施过程中，由于相应的技术手段、制度基础和经济条件存在不足，农民作为各项乡村建设事业的受众群体往往难以充分发挥对项目的落成和运转的监督作用[7]。如此，不仅公共服务供给和乡村基础设施建设的成效难于保证，还会引发村庄社会的内部矛盾，削弱乡村基层组织的权威性和公信力。

二 乡村建设行动中农民的内生动力不足

党的十八大以来，党中央从国家现代化和中华民族伟大复兴的高度，始终把解决好"三农"问题作为全党工作重中之重，基础设施建设和公共服务投入持续加大。如在资金安排上，在 2016 年至 2019 年的四年间，农业农村相关支出以超过全国一般公共预算支出平均增幅的速度增长，累计达到 6.07 万亿元。在组织保障上，确立了"五级书记"抓乡村振兴的工作机制。在政策安排上，推动实施了"脱贫攻坚""农村厕所革命""农村饮水安全工程""四好农村路"等强有力措施。然而，当前一些地方在推进乡村建设时存在着"上热中温下冷"、推进力度层层递减等问题。

农民是乡村建设的主要力量，发挥农民的主体作用，实现政府主导与农民主体的有机统一，是推动乡村建设行动的重要保障。然而在乡村建设实际中，农民的主体性和能动性发挥尚不充分。究其原因有三：

一是农民群体经济能力处于相对弱势，导致话语权式微。一方面，农业生产经营的小型化和分散化使得单个农户的经济实力弱小。据国家统计局数据显示，2021 年我国城乡居民人均可支配收入的倍差为 2.50，差距仍然较大。农户倾向于将有限的资金用于改善生活和实现自我发展，缺少主动支撑乡村建设的动机和能力。加之大量经济实力较强的农民长期"不在场"，更加剧了农民群体在乡村建设中经济主体性的缺位。另一方面，随着工商企业下乡、农业产业化的提速和农业规模化经营的发展，小农户的生存空间受到进一步挤压。2022 年出台的《关于引导农村土地经营权有序流转发展农业适度规模经营的意见》明确了"发展适度规模经营已成为必然趋势"。分散农户个体发展能力较差、收入来源单一，在工商企业和规模经营主体的对比中更显弱势。经济地位弱势势必导致话语权式微，农民在乡村建设的规划制定和落地实施方面缺乏谈判能力。乡村在进行利益分配和协调时，与农民切身利益相关的诸多权利也未得到充分保障。典型的案例如一些地区推行的"合村并居"工程。原本是为了提升乡村公共资源配置效率，但由于在项目设计时缺乏通盘考虑，配套方案不完备，使建设偏离了预期目标，最终适得其反。

二是青壮年农民外流导致农民组织合力弱化。城镇化浪潮客观上导致了城市对人力资源需求的急速扩张，为了追求更高水平的经济收入和生存环境，农民加速流入城市。根据《中国的全面小康》白皮书的数据显示，2016 年至 2020 年，在城镇落户的农民数量约为 1 亿左右，这其中又多以青壮年劳动力为主。[8] 在此背景下，更多的农村老人、妇女成为乡村主要的建设者和农业生产者。数据显示，2020 年，农村居民家庭户主中，受教育程度为高中程度的占比为 11.2%，大学本科及以上的占比仅 0.2%。文化水平和认知有限、知识技能缺乏，限制了农民在乡村建设行动中主体力量的有效发挥。在农村"空心化""老龄化"的表象之下，实现乡村的集体行动变得愈加困难，村庄公共性逐渐丧失。乡村建设由此缺乏自下而上、由内而外的推动力量，只能通过国家体制的力量来推动。原本作为乡村建设主体的农民群体则因青壮年骨干力量的丧失，在组织动员时缺乏"当家人"和"接头人"，组织合力弱化，难以发挥应有的作用。

三是乡村集体意识弱化，农民主动建设乡村的认同机制失灵。中央发布的《乡村建设行动实施方案》指出，要进一步增强农民参与乡村建设的积极性[9]。聚村而居是我国乡村的基本特征，村落是农民活动的基本单位和空间。不管是基础设施改善、乡村景观再造，还是公共服务水平提升都是作为村庄内部公共品而存在的。因此，若没有农民群体的集体行动和主体作用的充分发挥，乡村建设行动的有效性就无法保证。在改革开放以来乡村社会近半个世纪的巨大变迁中，农民的生活方式、消费习惯、文化理念发生了巨大变化。以地缘和血缘为基础的乡村社会结构不同程度地消解[10]，原有的"出入相友，守望相助"的集体意识日趋弱化。与此同时，随着城乡联系日益密切，市场经济的趋利性传入乡村，原有的关系纽带被冲击，农民开始将经济实力作为衡量权威的标准。传统的乡村道德观念被个体利益观所影响，村庄归属感和认同感减弱，直接导致在进行乡村建设时，由于乡村缺乏足够的经济能力，"各人自扫门前雪"现象突出。在建设项目的资金统筹、规划编制、利益协调时，对农民进行组织和动员存在一定的困难。

【专栏 5.1】

农村公共产品供给的项目制

习近平总书记指出："应对各种风险挑战，必须着眼国家战略需要，稳住农业基本盘、做好'三农'工作，措施要硬，执行力要强，确保稳产保供，确保农业农村稳定发展。"农村公共产品供给是稳住农业基本盘、做好"三农"工作、改善农村落后面貌的关键措施，是促进农村社会发展的主要手段。项目制是现阶段有效解决我国农村公共产品供给短缺的重要制度安排，旨在通过国家财政的专项转移支付等项目手段，突破以单位制为代表的原有科层体制的束缚，遏制市场体制所造成的分化效应，加大民生工程和公共服务的有效投入。

"项目"是项目制运转的核心，它原本是指一种事本主义的动员或组织方式，在限定时间和限定资源的约束条件下，利用特定的组织形式来完成一种具有明确预期目标的一次性任务，如新中国成立初期由中央政府推行的旨在尽快配备完整工业格局的各种工业化项目。

得益于分税制改革的顺利实现，国家税收的集中能力迅速提高，使得以财政手段从总体上调节和平衡社会分化、引导和规制自由市场成为可能。一段时间以来，城乡发展差距大，乡村发展不充分，已经成为我国现代化进程的突出短板。项目制适逢其时，逐渐成为向农村供给公共产品的主要方式。具体而言，中央政府通过"发包"项目，自上而下地向地方政府传达改善民生、推动农村经济社会发展的意图，依托项目输入动员地方财政完成专项投入。地方政府可以借助国家提供的专项财政资金，以"打包"的方式将多个项目进行整合和捆绑，促进地方经济发展。在项目实施的"最后一公里"，村庄通过"抓包"的方式自下而上地争取项目资源，响应国家的战略意图和政策取向。如此，便呈现出中央"发包"—地方"打包"—村庄"抓包"的运作机制。

（根据刘世炜、孙明茜《项目制下央地政府农村公共产品供给行为及对策研究——基于随机演化博弈模型》编写，《四川轻化工大学学报（社会科学版）》2022年第 37 期）

三　乡村基础设施水平不能适应农业农村现代化的需要

基础设施是推动经济发展的基本因素，诸多学者都对农村发展中基础设施的作用予以高度重视。马克思用"固定资本"[11]的概念来描述铁路、建筑物、农业改良、排水设备等基础设施在社会生产过程中的重要作用，并称其为"一般的共同的生产条件"。例如道路，它对社会集体是十分重要和必要的，对共同体中的每个人都具有使用价值，必须重视道路建设，"因为共同体无论如何都需要它"[12]。罗斯托也强调了基础建设投资对社会发展至关重要，它是整个社会变革和促进经济稳定增长的前提。[13]与此同时，农村基础设施建设的完善能够实现对发展资源有计划的分配，帮助区域内的农民拥有更多获取经济收益的方向，减少农村富余劳动力资源浪费的情况。

当前，我国已经进入加快农业农村现代化的新阶段。党和国家继续坚持把公共基础设施建设的重点放在农村，大力实施乡村建设行动，推动农村公路、饮水、能源等传统乡村基础设施建设。同时，加快布局数字乡村、智慧农业、农业气象综合监测等领域，推动乡村新型基础设施建设。基础设施在乡村发展中为农民生产和生活提供了基本保障，为农村企业发展提供了必要物质条件。农田水利等设施可以带动农业生产专业化、规模化、高效化、精细化。交通、冷链等设施能有效加强农产品的通达性，降低农产品运输的成本。电信、网络等基础设施的发展，减少了因信息不对称而带来的寻找销售市场的盲目性，降低了交易成本。水利、电力、道路、供水等基础设施能有效改善农民的生产生活条件。经过"十二五""十三五"的大力建设，我国传统基础设施水平有了很大发展。然而，不少研究表明，当前我国基础设施建设仍然存在诸多短板和不足，基础设施竞争力与世界第二大经济体的地位还不匹配。

农田水利设施抵御自然灾害的能力不强。数据显示，从 2012 年至 2019 年，我国农田有效灌溉面积增加了近 1 亿亩，达到 10.37 亿亩。近 20 年来乡村水电站个数从 29962 个上升到 45445 个，增长约 50％，到 2019 年已建成水库 9.88 万座。建设力度持续加大，农田水利条件显著改善。但是，由于对农村水利投入的历史欠账较多，目前我国在水利设施建设方面仍然存在着水利设施布局不够优、预测能力不够高、管理体制和投入体制不够完善等问题。据统计，2020 年，我国洪涝灾害受灾人数和经济损失仍高达 6346 万人次和 1789.6 亿元。"十四五"规划明确提出加快农业农村现代化的奋斗目标，对水利建设的现代化水平提出了更高要求，必须持续推动建成与现代化要求相适应的水利基础设施。

农村交通基础设施建设总体滞后。改革开放 40 多年来，我国交通基础设施建设创造了从无到有，再到里程世界第一的壮举。截至 2020 年年底，全国高速铁路营业里程、高速公路通车里程分别达到 3.8 万公里、16.10 万公里，实现具备条件的建制村 100％通硬化路。截至 2021 年 6 月，全国 98％的乡镇建设有快递网点[14]。然而，也应当看到，当前我国乡村道路仍存在路网布局不完善、单路质量不高，资金保障不足、管护机制不健全等现实问题。乡村快递网点覆盖率有待提升，快递进村工作进展缓慢，寄递物流"最后一公里"问题尚待破除，乡镇快递"二次收费"问题突出。受制于农产品规模化、标准化、品牌化水平低，物流成本高，冷链设施建设滞后等因素的影响，农村电商陷入"工业品下乡易，农产品进城难"的尴尬境地。农业农村部的数据显示，2020年全国农产品网络零售额为4158.9亿元，仅占全国农村网络零售额的23.2%。

城乡"数字鸿沟"依然存在。通信基础设施建设方面，农村地区仍然存在诸多"数字盲区"。突出表现为信号覆盖不全，部分农村信号极差，网络时常掉线。农村因地形与人口分布等问题，基站的规划和建设比较困难，基础设施保障水平有待完善。现有设施设备缺乏常态化的检修，服务质量与城镇差距十分显著。数据显示，截至2021年6月，我国农村地区互联网普及率为59.2%，仅占网民整体的29.4%。到了2021年12月，我国农村地区互联网普及率为57.6%，全国互联网普及率达73%，数据直观显示了我国城乡间通信基础设施建设的明显差距，城乡之间的"数字鸿沟"有待化解。

农村电力设备不足，用电成本高。一方面，农村电力供给相对短缺。近年来，我国农村地区的电力供给和输配能力实现极大提升，但是随着农民生活水平提高，农村用电需求增速远大于供给增速，电力供应能力有待提高。到2019年年底，全国共有乡村办水电站45445个，乡村办水电装机容量8144.2万千瓦，仅占全国水电总装机容量的22.8%，占全国电力总装机容量仅为4.25%。在遭遇极端天气等突发事件时，极易因电力供给短缺而停电。2022年夏天，受到连日高温天气影响，河流水量减少，水力发电量不足，四川多地乡镇不定时停电，对秋收造成了一定影响，也影响到了村民的生活。另一方面，农村电力设备陈旧落后，在影响输电效率的同时也存在安全隐患。受到农村地区面积广阔、居住分散的影响，乡村电力在供电半径、用电时间、用电强度等方面存在明显的不稳定性，无形中增加了农村电网建设维护的成本。多数电压器件老化严重，高能耗、低性能。部分电线杆受到自然腐蚀和地质灾害的影响，遇到极端天气时无法正常供电，而且容易引发安全事故。诸多因素共同导致乡村电价高于城镇，间歇性用电等现象突出。

"十年喝不上放心水"现象在个别地区仍然存在。安全的饮水是农村居民生产生活最基本的物质保障，也是重要的民生福祉。经过持续的投入和建设，到 2020 年年底，全国农村集中供水率和自来水普及率分别达到了 88％和 83％，农村居民饮水安全的保障水平得到极大提升。但与此同时，受水源短缺、农村居民生活和社会活动分散、规划布局不合理、管理维护不到位等因素的影响，农村安全饮水的保障水平还有待提升。第一，城乡供水一体化进程整体较慢，农村供水质量总体水平与城市相比还有较大差距。例如，实现规模化供水的人口仅占农村居民总数的 50％左右[15]。第二，已有的农村供水工程的人均可供水量、供水水质达标率偏低。我国农村在地形、地势、气候、水资源分布等方面千差万别，当出现干旱等极端情况时，缺水现象时有发生。第三，部分地区饮用水输送距离过远，又缺乏水质管护措施，极易导致二次污染[16]。第四，工程运行管理困难，维修养护经费缺乏，运行管护水平较低。部分工程年久失修，亟待巩固提升。合理的水价制定和收取机制还未形成，农村供水工程的建设和运营片面依赖财政投入。

【专栏 5.2】

"数字鸿沟"与乡村建设短板

城乡"数字鸿沟"，指的是城乡居民在拥有和使用信息技术方面的差距。突出表现在城乡通信基础设施建设、互联网普及率、居民数字技能、数字资源质量等方面。在数字化深入发展的时代背景下，数字技术在促进乡村生产方式转型升级、激发乡村社会发展内生动力、增强农民信息获取能力和发展机会等方面发挥了越来越重要的作用。

近年来，我国乡村经济社会发展的网络化、信息化和数字化水平不断提高，城乡互联网基础设施和服务应用的均等化加速推进，农村居民的网络信息能力和数字化素养显著改善。据《第49次中国互联网发展状况统计报告》显示，截止到2021年12月，我国农村网民规模已达2.84亿，农村地区互联网普及率为57.6%。较2020年12月提升1.7个百分点，城乡地区互联网普及率差异较2020年12月缩小0.2个百分点。但总体而言，乡村的网络化建设水平与互联网普及率，与城市相比还存在一定的差距，存在着顶层设计缺失、资源统筹不足、基础设施薄弱、区域差异明显等问题。如城市用户已经用上5G和千兆光网，而农村的网络在速度和稳定性方面跟城市比还有不小的差距。农民数字素养亟待提升，安全合理地使用数字技术实现自我提升、创造价值的能力不高。因此需要着眼信息通信技术发展趋势，积极构建高速、高质量农村网络，使其与农业高质高效、乡村宜居宜业、农民富裕富足相适应。

（根据张家平、程名望、龚小梅《中国城乡数字鸿沟特征及影响因素研究》编写，《统计与信息论坛》2021年第36期）

四 乡村公共服务能力不能满足人民美好生活需要

提升乡村公共服务供给能力和增强公共服务均衡性、可及性水平是推进乡村建设行动的重要组成部分，同时也是实现区域之间协调发展、改善人民生活品质、实现共同富裕的重要抓手。"十四五"规划从推动实现共同富裕的高度，对提升公共服务能力做出了部署，要加大对欠发达地区的财力支持，朝着实现公共服务均等化的目标扎实推进农村公共服务体系建设[17]。《国家基本公共服务体系"十二五"规划》对基本公共服务的定义指出，基本公共服务是以社会普遍共识和经济社会发展水平为依据，由政府主导提供的教育、就业、医疗卫生、住房等旨在保障全体公民基本民生需求的公共服务[18]。在实践中为了更加贴近乡村地区的基本特征和发展规律，还应当包含农资集贸市场、农技服务机构、粮食晾晒场等设施和服务。

实施乡村建设行动，必须把提升乡村公共服务能力摆在十分重要的位置。党的十八大以来，党和国家瞄准乡村教育、养老、安全、医疗卫生等农村居民急难愁盼的问题，持续增加农村民生投入，加快补齐农村公共服务短板，乡村基本公共服务供给能力和供给质量持续提升[19]。然而，从发展现状来看，农村公共服务供给总量不足、供给结构不优、供给效率不高等问题仍然突出，已经成为满足人民美好生活需要的主要制约因素。当前我国乡村公共服务存在的问题是多重因素共同作用的结果：一方面，快速的城镇化进程导致农村人口持续外流，原有乡村经济与社会结构经历剧烈变动，乡村地广人稀的特征更加显著。农民对公共服务的需求加速更迭，日益呈现多样化、个性化的特征，客观上给乡村公共服务供给、配置与升级带来较大挑战。另一方面，长期以来的城乡二元经济结构导致对农村公共服务投入的历史欠账较多，财政资金支持力度不足。供给体系的不健全、不稳定、不完善造成供需之间存在着结构性的矛盾，农村公共服务供给主体单一，投入不足与重复建设问题并存。

乡村公共服务供给总量不足。农村公共服务供给缺失，主要在于资金支持力度不足。作为农村公共服务供给资金的首要来源，财政资金几乎完全承担了农村教育发展、村社医疗点建设等公共服务供给内容。农村基本公共服务的供给主体单一，缺少市场、第三方部门以及村社集体

085

等多元供给主体的有效参与。仅仅依靠政府补助，已无法满足农村基本公共服务设施的建设和发展需要。如在医疗保障方面，"新农合"尽管在一定程度上缓解了村民因病致贫现象的发生，但医疗条件差、服务能力低、卫生技术人员水平有限等使整体的农村公共医疗保障体系还很脆弱。数据显示，2019 年我国有 94.8% 的行政村设有卫生室；每千农村人口村卫生室人员数为 1.56 人，远不能满足农民对于健康的需求，"看病难，看病贵"问题依然突出。城乡间的教育发展差距则更加明显。农村地区的生源分散，偏远地区办学条件受现实环境制约；教育资源和师资力量薄弱，教学水平整体偏低；留守儿童数量较多，家庭教育不健全，缺乏有效的教师激励机制；等等。这些问题导致乡村教育仍是我国教育事业发展和实现公共服务均等化的短板。长期以来，我国公共文化资源多集中于城镇地区，尽管近年来乡村文化建设投入的力度不断加强，文化事业经费逐年增加，然而实际投入的力度依然较小，农村地区的文化生活仍较为匮乏，文化基础建设不到位、服务人才缺乏，农民对公共文化服务的享有一直处于不利境地；麻将扑克、串门闲聊、电视广播等娱乐消遣方式依然是主流。

乡村公共服务的供给结构不优。乡村公共服务供给的不均突出表现在城乡之间、村集体之间和供给内容的选择等方面，这些方面的不足降低了农村居民的满意度、获得感和幸福感。其一，城乡间、区域间公共服务供给不均衡，不同地区公共服务供给在数量和质量上存在显著差别。以文化事业经费的投入为例，根据文化和旅游部发布的统计数据，1995 年至 2019 年间，城市文化事业经费投入强度一直大于乡村。博物馆、艺术馆、图书馆、文创基地等公共文化设施的供给主要集中在县级以上的城市，农村地区则十分有限。其二，地区之间的文化建设经费投入力度差异则更为明显。长久以来，东部地区在文化建设经费投入总量和比重上遥遥领先于中西部地区。以 2019 年为例，东部地区的经费投入是西部地区的 1.72 倍，直接导致西部地区公共文化服务的供给滞后于群众的文化需求。其三，乡村公共服务供给在村集体之间不均衡。村庄之间在人口规模、自然资源、经济实力等方面存在差异，导致基础设施和公共服务的建设难度和投入强度不尽相同。例如，一些地处深山、荒漠或草原的边远农村，受地形、人口规模等因素制约，缺乏承载公共服务的足够空间和需求，加之村庄交通闭塞，缺乏对外的社会联系，往往不易获取足够的政策支持。而离公路较近、地段较好的村庄，由于交通便利、土地平整，人口相对集中，能够更好发挥规模效益，具备建设完备的乡村公共服务设施的条件，不仅可以发展相应产业，如建设蔬菜大棚、乡村旅游场馆等，也更有可能被选择作为典型，而承担起村镇"面子"和"形象"的任务。其四，乡村公共服务供给内容不均衡。基础设施等物质形态的公共服务供给明显多于非物质形态的公共服务供给。例如在医疗卫生方面，更注重医疗设施的供给，而对医疗人员素质和能力提升关注不够。在养老保障方面，更关注是否建设敬老院、养老院等，而对老人需要的陪伴和关怀重视不够。在公共文化方面，更注重建设体育和休闲娱乐设施，而对农民精神文化的服务供给力度不足。普遍性的公共服务供给明显多于特殊性的农村公共服务供给。例如，公共教育、医疗卫生和基础设施等属于普遍性的公共服务，在供给数量上明显大于最低生活保障、养老保障以及就业保障等针对特殊群体的服务供应[20]。因此，解决好农村公共服务供给不均衡问题，不仅十分重要，而且十分紧迫。

乡村公共服务的供给效率不高。当前我国主要通过各级财政以自上而下的资源输入方式为农村地区居民提供公共服务，供给模式较单一，具有明显的统一性和指令性。由于无法低成本地准确了解农民的需求，又缺乏相应的偏好表达、意见反馈的机制和渠道，政府与农民之间常常出现信息不对称的问题，加上相关机构若监管不到位，很容易出现供给与需求错位的现象。以农家书屋工程为例，从 2005 年试点开始，经过十数年的持续投入，如仅在 2007 年至 2012 年间就投入资金 120 多亿元，建成了 60 万家农家书屋，实现了具备条件的行政村全覆盖[21]。但是也应看到农家书屋工程建设和运行中存在的问题。例如，与现有的图书馆体系功能重合，存在重复建设的问题；图书供给的内容、类型、品种单一，可选择范围小，无法充分满足民众的多元化需求；管理员补贴、书屋维护和书籍更新缺乏保障，利用率逐渐降低[22]；等等。大量的实证研究表明，当前的农村公共服务供给存在着脱离农民需求的情况，也缺乏相应的反馈机制，限制了农民获得感和幸福感的提升。并且，个别地方为了彰显政绩，在公共服务供给中贪大求洋、华而不实，使得公共服务供给偏离了服务属性，沦为"政绩工程"，导致资源浪费。例如，错误借鉴他人经验，不顾自身自然禀赋和比较优势，盲目跟风，热衷于打造特色小镇，村庄内景观带、停车场、游乐设施等一应俱全，但由于后续维护及运行成本问题，特色小镇最终变成了糟蹋钱的工程。

五　农村人居环境整治中的不平衡不充分现象依然存在

优化乡村人居环境，建设生态宜居美丽乡村，实现"农村美"，是重要的民生工程。习近平总书记也强调了良好生态环境的重要性，把它比作最公平的公共产品和最普惠的民生福祉。2018 年《农村人居环境整治三年行动方案》明确了建设美丽宜居乡村的整治重点，即生活垃圾治理、厕所粪污治理、生活污水治理、村容村貌提升等方面。经过持续努力，方案所要求的目标任务全面达成。数据显示，到 2020 年年末，全国农村卫生厕所普及率、生活垃圾收运处理的自然村比例、生活污水治理率得到快速提升，分别达到 68%、90%、25.5%，建成了 5 万多个美丽宜居村庄。通过梳理可以发现，在三年整治行动收官之际，乡村的人居环境与生态宜居美丽乡村的要求相比，还存在着生活垃圾治理、农村"厕所革命"、生活污水治理、村容村貌整治等方面问题，有待进一步改善和提升。

生活垃圾治理水平有待提升。生活垃圾是影响村容、传播疾病、污染水土资源的重要因素。乡村自然环境的破坏将直接威胁到广大农村居民的生产生活和身体健康。农村生活垃圾排放量随着农民收入水平提高而快速增加。据调查，每位农村居民每日产生的生活垃圾量平均为0.8千克，全国农村一年大约产生3亿吨左右，如此大规模的生活垃圾若无法实现有效处理，势必成为农村环境污染的首要污染物。总体而言，我国农村生活垃圾分类处理还处于起步阶段，面临诸多的困境和障碍。首先，个别地方治理理念不当。主要表现在两方面：一方面，突出运用"运动式"的工作方法，缺乏战略性规划。另一方面，没有认识到农村人居环境的独特性，盲目照搬和模仿城市垃圾的治理路径。我们应采取辩证的眼光，对于农村生态系统可以分解的部分应就地处理，实现生态循环，对于塑料袋、废弃家电、电池等输入性工业品垃圾借助科学的措施加以降解和无害化处理。但一些地方存在急功近利的错误思想，追求立竿见影的效果，"一股脑"对所有垃圾采取相同的处理方式，不仅增加治理的成本，也难以产生持久效用。其次，资金短缺，缺乏足够的物质支撑。城乡在发展水平、资源投入、建设力度上存在显著差异，"重城市，轻农村"的现象依然存在。近年来，虽持续加大资金投入，但由于历史欠账太多，缺口仍然很大。比如，在垃圾回收箱、转运车、保洁人员等基础配置的质和量方面都存在明显不足。同时，农村人口居住地点分散、范围广，使得在进行垃圾运输与处理时运营费用、管理费用高昂。再次，社会层面的建设力量"缺场"。长期以来，国家与公众垃圾治理的关注点常常聚焦于城市。乡村在大众视野中多是"田园牧歌式""山清水秀"的形象，对农村严重的垃圾污染情况缺乏认知。最后，农户环保意识弱，参与垃圾治理的主动性低。一方面，在城镇化的大背景下，农村常住人口以老年人居多，传统习惯难以摒弃，垃圾治理和环境保护方面的知识非常欠缺，加之对保护生态环境的重要性认识不足，环保意识和主体责任感不强。要从源头出发治理生活垃圾的难度较大，农户尚未养成垃圾分类和科学处理的健康生活方式。另一方面，急剧变化的农村社会结构和社会关系，使得农民组织合力不断弱化。村庄逐渐由原子化的个体农民组成，农村公共事务开展的组织基础变得薄弱，在推进乡村垃圾治理过程中，集体行动困难成为一大阻碍。

农村"厕所革命"还需进一步推进。人类排泄物是传播肠道传染病和寄生虫病的主要媒介。长期以来，我国农村主要采用的是露天式、临时性、简易型传统厕所，忽略了粪尿的收集处理和防渗。这会导致虫卵、病菌的繁衍，危害农村居民身体健康。厕所改造是农村生态环境建设的重要内容。有数据显示，到 2020 年年底，全国农村卫生厕所普及率达 68％以上。然而在实际中依然存在质量不过关、发展不平衡、机制不健全、重改轻治、区域差距大、资金使用不规范等突出问题。第一，治理模式重改轻治。当前治理模式片面注重增加卫生厕所数量和"改"厕所内部的使用环境，而对于粪污的"治"则重视不够。治理程序止步于粪污的收集和集中，没有实现对化粪池中的粪污的科学处理，整改尚未"改到位"。第二，治理水平地区差异大。在卫生厕所建设数量上存在着明显的地区差异，呈现出"东高西低、南高北低"的分布特征[23]。东部地区大多数省份超过 95％的农户拥有卫生厕所，而西部省份卫生厕所普及率偏低。例如，截至 2020 年年底，云南省拥有卫生厕所的农户比重仅为 57.49％[24]。第三，缺乏整体性思维。当前的厕所粪污治理立足于单一问题的解决，缺乏通盘考虑粪污治理、垃圾治理和生活污水治理等农村环境问题的整体性思维，往往是"摁下葫芦浮起瓢"，不利于农村人居环境的整体改善。第四，治理成效整体不高。片面追求建设的量化目标，"重数量轻质量""治标不治本"的情况在一些地区依然十分明显。如一些地区收集到化粪池内的大小便没有得到有效治理，且密封不严，随着气温升高，卫生条件堪忧。第五，农村居民对卫生厕所的重视不够。当前，我国乡村"空心化""老龄化"现象日益突出，受到固有思想观念和生活习惯的影响，即使有了卫生厕所，老人也不愿意拆除旱厕，"一户两厕"现象普遍存在。第六，重建轻管的问题有待解决。农村粪污治理投入大、周期长、见效慢。仅靠财政资金的投入，缺乏对市场的作用和农户主体力量的有效动员，会导致农村厕所粪污治理缺乏持续性。

生活污水治理水平无法满足农民生产生活水平进一步提高的要求。农村饮水安全工程的实施与完善，极大方便了群众生活，改善了农村居民的饮水条件，但也导致了生活污水排放量的急剧增加。农村生活污水主要由厨余污水、洗浴污水、生产污水等组成，具有来源广、成分复杂、缺乏分类、排放时间分散、不易收集、污染面广等特性。无序排放的污水渗入水土中，不仅破坏了乡村生活环境，更会造成河流、土壤污染。近年来，我国农村污水治理取得了一定的成效，但仍面临着环保基础设施严重不足、体制机制不够完善、监管能力薄弱等突出问题。首先，污水处理设施严重不足，覆盖率低，分布不均。一方面，城乡差距较大。《全国农村环境综合整治"十三五"规划》提出，到2025年新增完成全国三分之一的建制村的环境综合整治。经过整治的村庄，生活污水处理率不低于60％。但相比于2020年城市污水95％的处理率，我国农村污水收集率和处理率仍偏低。另一方面，地区差距明显。东南沿海地区明显好于中西部及北方地区，国家水污染防治重点流域的饮用水源地治理及输水线路明显好于其他省份。其次，适用性强的建设和运营模式有待形成。我国住房和城乡建设部发布的《2020年城乡建设统计年鉴》数据显示，截至2020年我国有50.9万多个行政村和236.3万个自然村，多数村庄的污水量都在几十吨至几百吨之间，千吨级规模的村庄相对较少。数量众多，排水量相对较小的特点决定了传统城市污水治理模式在农村落地难、成效差、成本高。探索形成兼具高标准稳定达标与低运行成本的农村污水处理模式是现阶段亟待解决的问题[25]。再次，普遍面临缺运行经费和缺人员的难题。城市集中建设的大型污水处理厂的运行成本多数在 0.8~1.4 元/吨，而适用于农村的小型设施的投资和运行成本在成倍增长。我国大部分农村人均收入相对较低，由农民缴纳污水处理设施建设和运行费用存在一定的实施难度。同时，专业的管道巡查养护和设施检测维修技术人员短缺，缺乏对专业技术人员扎根农村的激励机制，探索建立合理的收益补偿机制是未来推进农村污水治理的重点任务[26]。最后，治理技术有待提升。与城市相比，以平房为主的农村住宅相对分散，厨房、厕所和洗浴排水相对分离，农户用水量相对较小并具有明显的分时段排水特征，污水收集管网建设运行难度较大。另外，我国农村人口平时外出务工、节假日返乡的现象比较普遍，增大了高峰期的运维难度。因此，迫切需要实现技术创新，探索建立适合农村地区，尤其是居住相对分散地区的污水处理技术和模式，实现农村污水处理技术及设备的无人化和小型化。

村容村貌与"美丽乡村"的建设目标相比还有较大差距。村庄是人类最原始的生存空间，各个乡村都有着独特而宝贵的传统文化资源，村容村貌的建设情况也不尽相同。村容村貌整治提升是一项系统性的复杂工程，涉及村庄建设规划、生态环境保护、村落文化传承等多个领域。近年来，伴随农村人居环境整治有力推进，我国村容村貌得到了显著提升，扭转了农村长期以来存在的脏、乱、差的局面，但仍存在诸多问题。首先，村庄规划编制率较低，区域发展差距较大。当前我国村庄建设规划还处在早期发展阶段，村庄规划编制率不高，并且存在明显的地区差异。在已完成规划的村庄中，也存在诸多问题。一方面，村庄在编制规划时盲目追随城市的发展模式，简单套用城市规划的编制方法处理村庄空间布局和用地问题。如把城市小区规划、园林绿化的经验简单套用到村庄规划中，导致村庄规划"千村一律"，丧失了农村应有的个性和特色。另一方面，"就村庄论村庄"情况明显，简单地将村庄规划理解为"农村居民点"规划，重点关注拆迁、安置、修路、铺设管道等具体建设行为，而对村庄产业、风貌、文化以及整个村域范围内山、水、林、田、湖、草组成的生态系统缺乏整体考虑和长远眼光，指导效力明显不足。其次，在村容村貌整治提升中忽视对生态环境的保护。良好的生态环境是乡村生产生活的根本依托。在当前的村容村貌提升中，存在片面追求农房美化、治污改厕、垃圾处理，而忽视对村庄的生态保护与建设的现象，加之没有整体性的绿化规划与技术指导，村庄的绿化水平不高。甚至个别村庄存在为了基础设施建设而砍伐古树、破坏植被等违背绿色发展理念的情况。再次，忽视对历史文化资源的保护和利用。传统文化资源是村庄风貌的集中体现，也是村庄发展的宝贵财富。但一些地区为了获得短期的经济利益而破坏古建筑、名木古树等文化遗存，导致村庄的历史传承功能逐渐消逝。还有一些地区在进行乡村建设时，片面追求现代化的"城市型住宅"，强调新式与潮流，导致新建的设施与房屋在风格、构造、色彩等方面与乡村原有住宅风格很不协调，对乡村原有传统文化底蕴造成严重破坏[27]。

六 乡村建设行动的体制和机制有待完善

推动乡村建设，离不开体制和机制的保障。现阶段我国乡村建设行动的目标是实现城乡基础设施的协调性和公共服务的均等化，构建符合时代发展要求的乡村建设的体制和机制已刻不容缓。破除体制和机制弊端是发挥市场在资源配置中的决定性作用，更好发挥政府作用的本质要求。

公共资源配置机制需要进一步改革和完善。长期以来，以城乡户籍制度为代表的二元体制，在特定发展阶段发挥过重要作用。然而，随着市场经济巨大发展和城镇化进程的快速推进，城乡二元结构日益成为乡村发展的壁垒。近年来，我国对二元体制进行了相当程度的改革，土地、资金、人才、信息、技术等市场要素在城乡之间自由流动的壁垒有所缓解，但是在资金投入规模、建设力度、发展水平、功能定位等方面仍然存在着差别，"重城轻乡"的倾向尚未得到根本扭转。这些差别不仅直接制约着资源要素从城市流向农村的主动性和积极性，而且加速了农村各类人才、资金、土地等要素流向城市的进程，加剧了城乡差异。例如在农村投入历史欠账较多的情况下，国家公共财政依然将基础设施建设和公共资源配置的重点放在城镇。乡村特别是偏远地区，在水、电、路、污水处理、垃圾治理等公共基础设施建设上仍然存在薄弱环节。城乡居民在公共服务的享有程度上仍然存在差别，农村居民在看病、养老、出行等方面还存在一定的困难。优质师资力量高度集中在城镇，城乡学校在硬件设施和软件服务的配置上"城强乡弱"[28]。在医疗保障方面城乡居民之间也存在一定差距，如医保异地结算、大病保险、智能养老等在乡村的实施还存在一定难度。在发展规划和功能定位方面，乡村更多以"稳定器"和"蓄水池"的角色出现。以移动通信基站、充电桩、特高压等为代表的新型基础设施已在城镇基本普及，但在乡村却严重不足。城乡二元结构仍未消除，阻碍了乡村建设的速度和质量。

乡村建设长效机制不健全。《乡村建设行动实施方案》指出，推进乡村建设，重点在于完成"制定一个村庄规划"，实施道路、供水、能源、物流、信息化、综合服务、农房、农村人居环境"八大工程"，健全基本公共服务提升、基层组织建设、农村精神文明建设"三大体系"，这充分体现了乡村建设是一个"多位一体"的复杂系统。因此，相对于"四好农村路""数商兴农"行动等"单一化"的建设项目，乡村建设行动更强调常态化的长效治理，必须通盘考虑，建立长效机制。然而，在当前的乡村建设中，存在着长效机制不健全的问题。突出表现在以下几个方面：一是在个别地方，仍然存在着缺乏长久之策，建设时急功近利的问题。例如，为应对"政绩考核"的"运动式"的环境整治；轻视提升内涵，为表面光鲜的"面子式"村容村貌整改；只为实现数量上"达标"的"针对性"设施设备建设行动；缺乏全盘谋划，忽视人与自然和谐相处的"大美观"，只为昙花一现的"消耗型"生态文明建设。二是重建轻管、重建轻用，乡村建设项目无法长期稳定发挥效用。宜居宜业美丽乡村不仅需要构建，更需要管护。随着乡村建设行动的持续推进，乡村道路交通条件、垃圾分类设施、优质教育资源投入不断增加，各类建设项目持续推进。但相关设施设备、服务场所使用效率和群众满意度较低，根本原因在于管护机制不健全，管理效率较低。目前，乡村建设管护机制存在标准不统一、缺乏专门的管护队伍、管护经费不足等问题。

乡村建设的农民参与机制亟待创新。农民是村庄的主人，也理应成为建设行动的主体力量、建设成果的主要受益者。搞乡村建设关键是要把农民组织动员起来，建立自下而上、广泛动员、精心组织、合力推进的实施机制。但是，当前物质力量薄弱、积极性和动力不足、意愿表达渠道不畅、缺乏组织限制了农民建设力量的迸发，制约了乡村建设行动的有序进行。首先，乡村建设中缺少对农民思想观念的宣传与引导机制。在广大农村地区，长期的封闭生活状态、小农生产生活方式以及对传统地缘和血缘的高度认同和依赖，"安分守己""小富即安"等思想意识根深蒂固。在不少农民眼中，乡村建设是"公家"的事。现阶段，推进乡村建设，迫切需要建立起对农民思想观念的宣传与引导机制。其次，农民参与乡村建设的机制亟待创新。农民群众整体文化水平和综合能力较低，对于乡村建设的政策法规、技术手段和内容流程不了解，导致"被动参与的多，主动参与的少""流于形式的多，深入实践的少""动作参与多，思维参与少"，因此，建立起适宜农民群众能力素养的乡村建设的参与机制刻不容缓。最后，乡村建设有效的农民诉求的表达机制仍不够健全。当前的乡村建设决策程序多是自上而下命令式的，农民诉求集中难、传达难、利益关系协调难。

注释

[1] 赵成福，田杨：《论乡村治理中项目制的优势与限度——基于马克思主义国家理论的视角》，《社会主义研究》2022年第2期，第110-116页。

[2] 《中华人民共和国国民经济和社会发展第十四个五年规划和2035年远景目标纲要》，http://www.gov.cn/xinwen/2021-03/13/content_5592681.htm，引用日期：2022年9月2日。

[3] 王海娟，贺雪峰：《资源下乡与分利秩序的形成》，《学习与探索》2015年第2期，第56-63页。

[4] 郑风田，杨慧莲：《村庄异质性与差异化乡村振兴需求》，《新疆师范大学学报（哲学社会科学版）》2019年第1期，第57-64页。

[5] 肖平，周明星：《新时代乡村社会治理创新：基础、困境与路向》，《云南民族大学学报（哲学社会科学版）》2021年第4期，第110-117页。

[6] 吴映雪：《乡村振兴项目化运作的多重困境及其破解路径》，《西北农林科技大学学报（社会科学版）》2022第1期，第23-33页。

[7] 杜春林：《农村公共服务项目制供给的监管问题研究——以棉县土地治理项目为例》，收录于《公共事务评论》（2019年），湘潭：湘潭大学出版社，第64-80页。

[8] 中华人民共和国国务院新闻办公室：《中国的全面小康》，北京：人民出版社2021年版。

[9] 卢丛丛：《行政替代自治：乡村振兴背景下乡村建设的实践困境》，《地方治理

研究》2022 年第 2 期，第 41－52＋79 页。

[10] 王慧斌，董江爱：《乡村振兴战略背景下农民公共精神的培育路径研究》，《社会科学论坛》2020 年第 1 期，第 107－114 页。

[11]《马克思恩格斯全集》（第 46 卷 下），北京：人民出版社 1980 年版。

[12] 同 [11]。

[13][美] 罗斯托：《从起飞进入持续增长的经济学》，贺力平等译，成都：四川人民出版社 1988 年版。

[14] 中国互联网络信息中心： 《第 48 次中国互联网络发展状况统计报告》，2021 年。

[15] 邬晓梅：《农村供水水质安全保障研究》，《中国水利》2022 年第 3 期，第 21－23 页。

[16] 田坤：《农村人饮供水工程运行管理存在的问题及对策》，《农业科技与信息》2021 年第 20 期，第 107－108 页。

[17] 同 [2]。

[18]《国务院关于印发国家基本公共服务体系"十二五"规划的通知》，http://www.gov.cn/zhengce/content/2012-07/19/content_7224.htm，引用日期：2022 年 9 月 2 日。

[19]《国家基本公共服务亮清单》，《人民日报》2017 年 3 月 2 日，第 2 版。

[20] 钱勤英：《我国农村公共服务供给存在的问题、影响因素及对策》，《乡村科技》2020 年第 16 期，第 32－33 页。

[21] 许吴飞，马衍明：《乡村振兴背景下农家书屋助力乡村文化发展研究》，《图书馆工作与研究》2022 年第 1 期，第 122－128 页。

[22] 阳清，郑永君：《乡村文化振兴进程中农家书屋的定位、缺位与补位》，《图书馆工作与研究》2022 年第 3 期，第 121－128 页。

[23] 王永生，刘彦随，龙花楼：《我国农村厕所改造的区域特征及路径探析》，《农业资源与环境学报》2019 年第 5 期，第 553－560 页。

[24]《全力抓好农村"厕所革命" 云南完成惠民实事任务》，《云南农业》2021 年第 2 期，第 97 页。

［25］柴喜林：《乡村振兴战略下农村生活污水治理模式优选之思考》，《中国环境管理》2019 年第 1 期，第 106－110 页。

［26］檀雅琴：《我国乡镇污水处理模式的探讨》，《净水技术》2021 年第 3 期，第 88－91 页。

［27］胡杨：《基于文化治理视角的乡村美育发展：价值、困境与路径》，《重庆社会科学》2022 年第 6 期，第 47－58 页。

［28］郁彩虹：《制约城乡资源要素合理自由流动的体制机制研究》，《农村经济与科技》2020 年第 13 期，第 245－246 页。

第二篇

第六章　乡村建设行动的基本框架

　　党的十九届五中全会首次提出实施乡村建设行动，并把其作为实施乡村振兴战略的重要任务和国家现代化建设的重要内容。笔者梳理了现有的研究成果，发现目前学界对乡村建设行动的相关研究主要集中在以下四个方面：一是回溯和总结乡村建设的百年历程，二是讨论和梳理乡村建设与乡村振兴的内在联系，三是介绍和研究西方国家的典型做法和基本经验，四是初步探讨乡村建设行动的科学内涵。

　　明晰乡村建设行动的科学内涵是搭建乡村建设行动基本框架的重要前提。整体来看，目前学界尚未形成对乡村建设行动科学内涵的统一认识。我们还需在乡村建设的百年历程对比中，进一步厘清新时代乡村建设行动的科学内涵，明了乡村建设行动的核心理念，明确乡村建设行动的总体目标，明白乡村建设行动的基本原则，以及明晰乡村建设行动的重点任务。

一 乡村建设行动的科学内涵

乡村社会在整个中国的历史进程中都扮演着重要角色。近代以来，中国国门被迫打开，传统农业大国无力承受西方资本主义和工业化的浪潮冲击，乡村社会逐渐萧条和衰落。一百多年来，各党派和社会力量进行了不同的探索和实践，试图挽救乡村于衰败之境。整体来看，以知识分子主导的乡村建设运动和中国共产党领导的百年乡村建设实践最为典型和突出。乡村建设行动立足于中国特色社会主义新时代的社会主要矛盾，是全面推进乡村振兴战略的重要抓手，厘定乡村建设行动的科学内涵必须要在梳理百余年来乡村建设实践之中展开。

（一）乡村建设行动是对乡村建设运动的历史超越

回溯历史，乡村建设有着逾百年的探索历程。早在 20 世纪二三十年代，基于"三农"问题对解决中国问题的重要性，各种社会力量掀起了一场声势浩大的乡村建设运动。参与其中的社会团体、组织和机构达600 多个，建立各种实验区 1000 处[1]，呈现"群体化"和"多样性"的特点。整体来看，乡村建设运动主要试图以文化建设、发展教育、兴办实业等举措来拯救乡村于危难之际。由于缺乏有效的组织管理和对社会主要矛盾的视而不见等问题，乡村建设运动不可避免地走向了失败。

实施乡村建设行动是对乡村建设运动的历史超越，主要表现在以下几个方面：第一，乡村建设行动是在党的领导下集合社会全部力量的重要行动。中国共产党是乡村建设行动的领导主体。实施乡村建设行动必须坚持中国共产党的领导，构建"五级书记"一起抓的组织领导体系，形成齐抓共管的工作局面。政府是乡村建设行动的主导主体。政府在乡村建设行动中发挥着统一规划、政策引领和组织保障的重要作用。因此，要充分尊重政府的主导主体地位。社会组织是乡村建设行动的服务主体。实施乡村建设行动要把社会组织作为重要的补充力量，激发社会工作者和志愿者参与进来。农民是乡村建设行动的核心主体。实施乡村建设行动要充分尊重农民的主体地位，充分尊重农民意愿，合理保障农民的各项权益，激发农民的内生动力，使其积极参与乡村建设行动。第二，乡村建设行动是在城乡融合发展视域下的重要行动。乡村建设运动是就乡村谈乡村，没有运用全局观和系统观，注定是不会成功的。新时代实施乡村建设行动是在城乡融合发展视域下的重要行动，县域城镇化建设是其重要内容。一要加强乡村规划建设。实施乡村建设行动，要在尊重城乡功能差异的基础上，坚持发展规划先行，使乡村承载的生产、生活、生态、文化和治理功能更加突出。二要强化县域综合服务能力。以县域城镇化为城乡之间的联结点，确保农民对教育、医疗和卫生等公共服务的可及性。三要加强乡村基础设施建设。不断完善乡村水、电、路、气、网等基础设施建设，使农村居民获得便捷的生活服务，享受乡间美景。第三，乡村建设行动是解决我国当前社会主要矛盾的重要行动。乡村建设运动失败的根本原因在于忽略了近代中国社会的主要矛盾，抓小放大，终是蚍蜉撼大树。实施乡村建设行动是以马克思主义为指导，立足于新时代社会的主要矛盾，解决城乡发展不平衡和农村发展不充分这一突出矛盾的重要行动。

（二）乡村建设行动是对社会主义新农村建设的全面升级

中国共产党自成立以来就高度重视农民问题和农村工作。中国共产党领导的乡村建设在不同历史时期以土地革命、乡村改造和乡村改革等为核心，极大地激发了农民的生产热情，逐步改善了农民生活。[2]进入新世纪以来，"三农"问题被广泛关注。2005年，党的十六届五中全会提出了建设社会主义新农村的战略任务，中国共产党开始从国家层面正

103

式开展乡村建设，开启了乡村建设的新阶段。社会主义新农村建设是一项综合性的系统工程，主要包括四个层面：第一，经济建设。社会主义新农村的经济建设主要指的是通过加强农业基础设施建设、发展现代农业和提高农业综合生产能力等举措，促进乡村生产力的提升，从而最终指向生产发展的根本目标。生产发展是社会主义新农村建设的物质基础，只有物质基础打牢了才能持续促进农民增收、有效提升农民生活水平，从而使农民生活更加宽裕。农民乡村生活的安全感、获得感和幸福感是衡量社会主义新农村建设的重要尺度。第二，政治建设。管理民主是社会主义新农村建设的重要保障。社会主义新农村建设高度尊重和重视农民的主体地位，切实加强基层民主制度建设和法制建设，教育引导农民依法行使自己的民主权利，有效地激发了农民的民主意识。第三，文化建设。村容整洁是乡风文明的外在表现，乡风文明是新农村建设的重点内容，其实质是物质文明和精神文明的联结点，其核心是农村文化建设。[3]社会主义新农村建设必须以乡风文明建设为抓手，内外兼修，不仅要重视外在的村容整洁的治理工作，而且也要重视内在的精神文明的创建工作。因地制宜，探索不同形式的乡风文明建设新模式。第四，社会建设。社会主义新农村建设高度重视社会民生事业，大力发展农村教育事业，加强农村医疗卫生体系建设，有力地提升了农民的获得感和幸福感。同时，农业税的取消有效地减轻了农民的负担，极大地改善了社会民生。

中国特色社会主义新时代，实施乡村建设行动也是一项系统工程，是对社会主义新农村建设的全面升级，主要表现在以下几个方面：第一，乡村建设行动是对"生产发展"的全面升级。基础设施建设是乡村建设行动的重点，主要包括农村道路畅通、农田水利等基础设施强化、乡村清洁能源建设、农产品仓储保鲜冷链物流设施建设以及数字乡村建设等，是夯实乡村产业发展的重要基础，是实现乡村一、二、三产业融合发展的重要前提。第二，乡村建设行动是对"村容整洁"的全面升级。实施农村人居环境整治提升的五年行动是乡村建设行动的重点内容。具体包括：持续推进厕所革命，加快研发相应的技术产品，因地制宜选择改厕技术模式，稳步提升卫生厕所普及率；强化农村生活污水处理，坚持因地制宜建设污水处理设施，大面积消除黑臭水体和对自然水源的污染；健全生活垃圾收运处置体系，逐渐完善县乡村三级设施和服务，推动农村生活垃圾的分类减量和资源化利用。第三，乡村建设行动是对"乡风文明"的全面升级。乡村建设行动高度重视乡村的传承、治理和教育功能。一是推动乡村文化设施建设，建设文化礼堂、文化广场、乡村戏台和非遗传习场所等，使乡村文化的载体建设不断创新，使乡村文化得以传承发展。二是凸显乡村治理中的文化力量，鼓励、支持和引导新乡贤参与乡村治理，不断创新乡村治理模式，使乡村治理具有文化力量。三是挖掘乡村文化的教育资源，涵养社会主义核心价值观，培育文明乡风。第四，乡村建设行动是对"管理民主"的全面升级。农村基层党组织是实施乡村建设行动的重要领导主体。乡村建设行动要坚持以党建为引领，以抓党建促乡村振兴，充分发挥农村基层党组织的领导和党员先锋模范作用，选优配强"两委"班子，用好驻村第一书记，提升农村基层党组织的组织力。

（三）乡村建设行动是全面推进乡村振兴战略的重中之重

2017 年党的十九大报告正式提出实施乡村振兴战略，意味着党的"三农"工作重心即将从脱贫攻坚向全面推进乡村振兴逐步改变，意味着党的"三农"工作将找到"总抓手"，迈进新阶段。[4] 实施乡村振兴战略是一项系统的战略谋划，主要包括以下几个方面：

第一，实现农业农村现代化是总目标。农业现代化是乡村振兴战略的应有之义。可以通过构建现代农业产业体系、生产体系和经营体系等有序推进农业现代化。与此同时，农村现代化和农业现代化是一个整体，还要加强城乡基础设施的互联互通和公共服务的均等化，统筹推进农村现代化。第二，坚持农业农村优先发展是总方针。要从思想观念上真正重视"三农"工作。破除"说起来重要、干起来次要、忙起来不要"[5]的观念，真正树立农业农村优先发展的观念。要在资金投入、要素配置、公共服务和干部配备四个方面优先考虑农业农村发展。真正补齐农业农村发展的短板。锚定农业农村发展的短板和弱项，加大各种人力和物力的支持力度，敢于突破"卡脖子"的难题。第三，"产业兴旺、生态宜居、乡风文明、治理有效、生活富裕"是总要求。实施乡村振兴战略要挖掘农业的多功能性，合理布局一、二、三产业，实现产业融合发展，促进产业兴旺，打好乡村振兴的物质基础。实施乡村振兴战略要把生态理念融入农村的生产方式和生活方式之中，实现生产、生活、生态的融合发展，促使乡村美丽宜居。实施乡村振兴战略要坚持以社会主义核心价值观为引领，推动乡村文化功能重塑，促使乡风更加文明。构建自治、法治和德治相结合的现代治理体系，确保农村社会和谐有序。实施乡村振兴战略还要满足亿万农民对美好生活的向往，构建促进农民增收的长效机制，使广大农民的"钱袋子"鼓起来。第四，建立城乡融合发展体制机制是重要保障。城乡二元结构是阻隔城市与乡村各项资源要素合理双向流动和制约城乡一体化的主要障碍。实施乡村振兴战略要打破城乡之间的各种壁垒，建立健全城乡融合发展体制机制和政策体系，促进城乡要素双向流动，基础设施和公共服务可以互联互通，互利共享。

中国特色社会主义新时代，乡村建设行动是全面推进乡村振兴战略的重中之重，也是国家现代化建设的重点内容。乡村建设行动着重致力于补齐乡村的三项短板：第一，补齐乡村基础设施短板。基础设施是推动经济发展的基本因素。实施乡村建设行动的重点任务之一就是补齐乡村基础设施的短板。加强农村生活基础设施建设，推进水、电、路、气、网等工程的综合覆盖；同时加强农村产业基础设施建设，推进实施数字乡村、智慧农业，完善农业气象监测网络等。第二，提升农村公共服务水平。党的"十四五"规划明确指出"加大对欠发达地区财力支持，逐步实现基本公共服务均等化"[6]。当前，我国农村地区主要存在公共服务供给不足、质量低下和供需不平衡等问题。乡村建设行动的重点任务就是提升农村公共服务水平。比如，以县域为载体和中介，打通城乡公共服务的壁垒，提高农村居民享受公共服务的便利性和可及性；统筹建设城乡教育共同体、医疗共同体和养老共同体等，推动城乡公共服务一体化示范建设。第三，加强农村人居环境整治。乡村建设行动的主要任务就是实施人居环境整治提升行动，使乡村更加美丽宜居。比如，加强农村生活垃圾处理，通过宣传环保理念，推进垃圾减量和资源化利用；加快农村生活污水处理，以县乡村三级单位来规划建设污水处理设备，消除大面积黑臭水体；持续推进农村厕所革命，坚持因地制宜地规划和选择改厕方案，在尊重农民意愿的基础上，稳步提升农村的整体卫生水平。

　　与此同时，乡村建设行动还致力于激活乡村的生产、生活、生态、文化和治理五大功能，使乡村振兴充满生机活力。第一，乡村建设行动的基本前提是彰显乡村生产功能。粮食安全是乡村农业生产的首要功能，是"国之大者"。乡村的生产功能在现代化的过程中并没有消减，反而愈发凸显。同时，乡村在快速发展过程中也暗含一种疲软状态，同质化严重、劳动力流失等"乡村病"也不断显现，乡村生产能力后劲不足。要扭转乡村发展颓势，必须推动乡村建设行动，加快乡村生产功能复兴和优化，激发乡村生产功能这一内生动力，提高农业综合生产能力。第二，乡村建设行动的主要目的是优化乡村生活功能。"改善农村人居环境，建设生态美丽宜居乡村"[7]是实施乡村建设行动的主要目的。

这就需要优化乡村生活功能，使乡村生活空间宜居适度，让广大农村居民住上好房子、过上好日子、养成好风气。第三，乡村建设行动的着力方向是涵养乡村生态功能。乡村的生态功能指的是在农业生产过程中对生活环境与生产条件的可持续性再生，满足人们生态需求，实现乡村生态、绿色和循环发展。生态是乡村的独特资源，涵养乡村生态功能也是乡村建设行动重点的着力方向。第四，乡村建设行动的紧迫任务是重塑乡村文化功能。当前中国有个别村庄存在"形虽在、神已散"的现象。透过现象看本质，乡村各种问题的根源就在于人们对乡村文化的认同度低，从而导致乡村文化功能的消解。因此，重塑乡村文化功能不仅是全面推进乡村振兴战略的现实需求，更是实施乡村建设行动的紧迫任务。第五，乡村建设行动的重要保障是提升乡村治理效能。乡村治理是国家治理的基石，也是乡村建设行动的保障。国家政权与乡村社会力量是影响乡村治理模式的两个变量，二者只有达到相应的平衡，实现巧妙的融合才能够实现乡村社会的有效治理。[8]而乡村治理作为实施乡村建设行动的社会基础，只有其目标与乡村发展的需要有机匹配时，才能够促进乡村社会的高质量发展。[9]因此，建构符合实际的乡村治理模式，提升乡村治理效能是实施乡村建设行动的重要保障。

二　乡村建设行动的核心理念

"理念是行动的先导，一定的发展实践都是由一定的发展理念来引领的。"[10]作为实施乡村振兴战略的重要任务和国家现代化建设的重要内容，乡村建设行动唯有在科学理念的指引下方能行稳致远，进而有为。具体而言，乡村建设行动的核心理念包括：切实发挥党建引领作用、坚持维护农民主体地位、统筹推进乡村全面建设以及坚持人与自然和谐共生四个方面。

（一）切实发挥党建引领作用

坚持党建引领是乡村建设行动牢固确立的价值遵循与政治保障。在乡村建设实践过程中，只有切实发挥党建引领作用才能铸魂育人、凝心聚力，坚定不移走中国特色社会主义乡村振兴道路，才能增强基层党组织战斗堡垒作用，有效整合多元主体力量，才能构建乡村建设良好环境，有力破解乡村发展难题。这一理念的形成既是马克思主义执政党的本质要求，也是推动乡村建设行动的现实需要。一方面，党建引领乡村建设贯穿着无产阶级领导权问题，彰显了马克思主义执政党的鲜明本色，即坚持党的全面领导。无产阶级政党的性质、宗旨决定了党总揽全局、协调各方的领导核心地位，决定了以党建引领乡村建设行动的必然性与重要意义。回首乡村建设百年历程，从土地革命到土地改革，从农业合作化运动到社会主义新农村建设，从乡村振兴战略到乡村建设行动，能否发挥党建引领作用都直接关乎不同时期乡村建设实践的成败与成效。另一方面，坚持党建引领也成为新发展阶段推动乡村建设行动的内在需要。当前，"两个大局"为实施乡村建设行动提供了重要发展机遇，也带来了严峻的风险挑战。受极端气候、粮食危机等传统与非传统风险交织影响，我国农业产业不稳定不确定性因素在逐步增加，城乡发展不平衡不充分问题也日益显现，严重影响乡村振兴的战略部署，阻碍乡村建设的发展进程。如何转危为机、化险为夷成为新阶段推进乡村建设行动亟待解决的现实问题。而坚持党建引领确保了乡村建设正确的发展方向，使乡村建设在有效研判国内外形势的基础上，作出合理规划与全面部署。同时，发挥党建引领作用也能够为乡村建设行动提供持久的精神动力与力量源泉，确保大政方针能够被贯彻执行、规划举措能够落地落实。

（二）坚持维护农民主体地位

坚持维护农民主体地位是实施乡村建设行动的出发点与落脚点。在具体实践过程中，农民既是乡村建设行动的主要参与者也是最终受益人。只有充分调动农民群众的积极主动性，充分发挥农民主力军的作用，才能集中民智、团结民力、凝聚民心，为乡村建设提供永不枯竭的动力源泉，才能切实保障农民群体的监管权利，确保乡村建设为农民而建、乡村振兴为农民而兴。这一理念的形成既厚植于马克思主义执政党的政治品格，也扎根于中国百年乡村建设实践的历史沉淀。一方面，人民至上是马克思主义鲜明的政治立场。在马克思看来，人民群众是历史的创造者和开拓者，是推动社会变革的主体力量。"无产阶级革命只有获得农民的支持，才能形成一种合唱，若没有这种合唱，它在一切农民国度中的独唱都会成为孤鸿哀鸣。"[11] 而对照我国实际，中国共产党"以人民为中心"的执政原则奠定了乡村建设实践一切为了农民、一切依靠农民的光荣传统，也确保了乡村建设行动的顺利展开与全体人民共同富裕之路的有效行进。另一方面，"江山就是人民，人民就是江山。"[12] 百年乡村建设的实践历程表明：民心向背是一个政党能否永葆生机与活力的关键，直接关系到党和国家事业的兴衰成败。与知识分子主导的乡村建设运动不同，同一时期中国共产党领导的乡村建设实践坚持以土地革命为中心，围绕着没收地主土地分给农民而展开，直接用实际行动回应了农民最关心的土地问题，不仅推动了乡村建设实践向纵深发展，也赢得了广大农民的支持，为新民主主义革命的最终胜利奠定了坚实基础。由此可见，只有坚守马克思主义人民立场，坚定维护农民主体地位才能有效推进乡村建设行动，满足广大农民对于美好生活的向往。

（三）统筹推进乡村全面建设

坚持全面建设是乡村建设行动一以贯之的价值理念与目标导向。在乡村建设实践过程中，只有牢固树立系统性思维，坚持统筹协调、全面推进乡村各方面建设，才能助力乡村硬实力与软实力协同发展，为乡村全面振兴、农民全面进步以及农业可持续发展提供坚实物质基础与精神支撑，才能补齐农村系统性短板，促进城乡一体化发展，确保建设社会主义现代化强国目标的如期实现。这一理念的形成既承继于马克思主义系统观，也得益于过往乡村建设的经验总结与教训吸取。马克思主义认为物质世界存在着"近乎系统的形式"的内在逻辑联系。构成系统的各子系统、各组成要素之间彼此联系、相互作用，共同联结形成具有特定功能的有机整体，并由此推动了系统整体向前发展。而对照中国实际，乡村建设行动是服务于国家战略目标的子系统，而其本身也是由不同要素构成的多元复合体系，不仅集生产、生活与生态建设为一体，也承载着乡村文化功能重塑与治理空间重构等多重任务。因此，在乡村建设过程中要坚持系统观念，协同推进农民、土地、企业、政府、金融、社会机构"六位一体"发展，这样才能助力乡村全面振兴与国家整体发展。总而言之，在新发展阶段实施乡村建设行动，应当正确认识乡村价值与功能，有效吸取乡村建设实践经验与教训，在此基础和前提下统筹推进乡村各方面建设与发展。

（四）坚持人与自然和谐共生

坚持人与自然和谐共生是实施乡村建设行动的应有之义与美好愿景。在乡村建设实践过程中，同样面临着人与自然的关系问题。如何正确认识和有效应对农民生活富裕与乡村生态文明的关系事关乡村建设行动的成败与成效。只有坚持人与自然和谐共生，才能正确认识乡村本位价值，统筹兼顾短期经济收益与长远生态效益，确保宜居宜业美丽乡村建设目标的顺利实现，才能自觉遵循乡村发展规律，确保宜居宜业美丽乡村建设目标的稳步推进。这一理念的形成既是对中华传统文化中"天人合一"思想的批判性继承，也为解决当前乡村突出环境问题提供了合理方案。一方面，人与自然和谐共生的价值理念与古人"天人合一"的思想观念是一脉相承的。两者都秉持着遵循自然规律，顺应天时地利，取之以时、取之有度等相似观点，而对于肆意征服自然、攫取生态资源等行径则加以批评与贬斥。另一方面，坚持人与自然和谐共生为解决当前乡村突出环境问题提供了合理方案。"绿水青山就是金山银山。"必须坚持人与自然和谐共生，走乡村绿色发展之路，由此才能有效破除农村经济发展困境和生态发展危机，顺利建成宜居宜业美丽乡村。

三　乡村建设行动的总体目标

不同于过往乡村建设实践对于农村社会的逐步改造，乡村建设行动是对农村社会面貌进行彻底改造的系统性、综合性工程，涵盖生产、生活、生态、文化、治理空间等各个方面。基于此，乡村建设行动的总体目标主要包括：基础设施建设逐渐完善、公共服务水平稳步提升、精神文明建设显著加强、农民主体意识有效激活以及农村人居环境持续改善等五大目标。

（一）基础设施建设逐渐完善

党的十八大以来，乡村基础设施建设步伐不断加快并取得显著成就，不仅为农村产业发展创造了基本物质条件，也为农民生活带来了极大便利。但与此同时，我国农村现有基础设施尚不能契合推进现代化国家建设的需要。且相比城市而言，农村的基础设施建设滞后、建设质量不高以及分布不均衡等问题仍旧没有得到彻底解决，成为城乡发展不平衡最直观的表现，也成为制约农民群众满足美好生活需要的痛点、堵点问题。例如，在用水普及率和燃气普及率上，乡村比例远低于县城；就生活污水处理率、生活垃圾无害化处理率而言，乡一级也分别低于县城75.34个、67.92个百分点。[13]基于此，实施乡村建设行动必须坚持问题导向，促进基础设施建设逐渐完善。首先，要助力基础设施建设提档升级。基础设施既包含生产生活性设施，也包含网络通信设施。因此，除了要着力完善水、电、路、气、通信、广播电视、物流等基础设施建设，也要适当超前布局与数字乡村相适应的光纤宽带等网络基础设施。其次，要确保基础设施建设效率与质量兼顾。近年来，农村基础设施总体规模不断增长，但仍有一部分基础设施质量不高，整体服务能力较低。因此，必须切实提高基础设施建设质量，推动乡村建设又好又快发展。最后，要实现基础设施建设布局合理。目前，东部与西部地区之间，城市与农村地区之间的基础设施建设仍存在较大差距。为此，必须在合理规划和科学布局的前提下，统筹协调政府所投入农村基础设施建设基金，合理增加投资规模，以实现乡村基础设施建设的合理布局。

（二）公共服务水平稳步提升

基本公共服务是涉及人民群众切身利益的重大民生问题，能否稳步提升其服务水平关系民生福祉。近年来，我们党坚持农业农村优先发展的工作导向，大力开展乡村公共服务建设，使得公共服务体系逐渐完善，服务水平也得到进一步提升。但与此同时，乡村公共服务建设仍面临诸多问题，如公共服务供给与需求不匹配、公共服务水平与能力不匹配、城乡公共服务供给存在差距等。这些问题随着我国社会主要矛盾的转移而愈发凸显，成为农村公共服务的突出短板，严重影响农民生活品质的提升以及农民获得感、幸福感、满足感的增强。基于此，实施乡村建设行动必须坚持精准施策，补齐乡村公共服务系统性短板，实现基本公共服务均等化。一要推动公共服务供给与需求相匹配。除了大力提升乡村公共服务供给的数量和规模之外，还要充分了解和尊重农民的真实生活需求，满足其对于更高质量、更高层次公共服务需要的追求。二要推动公共服务水平与能力相匹配。除了加强乡村学校、卫生院、文化院坝等硬件设施的建设之外，还应当加强对相关硬件设施使用管理与长效运营方面的能力建设，使其充分发挥应有功能，实现循环可持续利用。三要着力缩小城乡公共服务供给差距。当前，城乡公共服务供给在数量、质量以及规模上存在较大差距。因此，要加强对于乡村基本公共服务建设的关注与重视，着力提升城乡公共服务均等化水平。

（三）精神文明建设显著加强

作为新发展阶段全面推进乡村振兴战略的重要抓手，乡村建设行动要以精神文明建设为着力点，加快推动乡村物质文明与精神文明协同发展。实施乡村振兴战略以来，乡村精神文明建设取得了一定成就，但仍存在诸多矛盾问题：乡村传统文化日渐流失，"空巢化"与"空心村"现象屡见不鲜，不良社会风气时有发生，农民的精神风貌也亟须进一步提升。基于此，在新发展阶段实施乡村建设行动必须坚持靶向聚焦，以乡村精神文明建设夯实乡村文化发展根基，为乡村振兴塑形铸魂、凝心聚力。一方面，要助力传统农耕文明与现代工业文明美美与共、和谐共生。在现代化进程中，既要注重对中华农耕文明的保护与传承，也要有效吸取现代文明的积极成果和合理养分，为乡村文化发展注入新的生机与活力。另一方面，要助推中华优秀传统文化与社会主义先进文化相融相通、相得益彰。在社会转型期间，既要注重对乡村优秀传统文化的大力弘扬和有效利用，促使乡约民俗、文化遗存、传统美德等乡村文化资源"活"起来，同时也要增强对社会主流价值观的宣传力度，促使乡村优秀传统文化迸发新的生机与活力。[14]

（四）农民主体意识有效激活

作为乡村建设实践的主体，农民主体意识不仅影响着其参与乡村治理空间建设的程度，也影响着乡村治理现代化的实现进程。长期以来，乡村建设实践多为"自上而下"的政府主导模式，其行政导向明显，基层政府多实行"包办式"治理，由此导致农民主体意识薄弱，"等靠要"思想盛行，乡村建设"上热—中温—下冷"的现象突出。基于此，在新发展阶段实施乡村建设行动必须坚持问计于民，充分调动农民群体参与乡村治理的内生动力，助推农民主体意识的有效激活。一方面，实现乡村建设模式从"自上而下"到"自下而上"的积极转变。在推进乡村治理现代化的进程中，基层政府要牢固树立平等协商的民主意识，摒弃强硬命令式的行政管理方式与对话模式，充分尊重农民的物质利益诉求，形成共建共治共享的良好局面。另一方面，实现乡村建设主体从一元主导到多元共治的积极转变。在过往的乡村治理过程中，基层政府处于主导地位，乡村治理方案从制定、颁布、宣传到最后的贯彻落实往往也都由其主导，不仅效率低下，也抹杀了农民的参与热情与主动性。因此，新时代的乡村建设行动必须有效激活农民主体意识，切实发挥其主体作用，同时以社会组织、市场资本等作为重要补充力量，汇聚形成实现乡村治理现代化的强大合力。

（五）农村人居环境持续改善

农村人居环境改善是乡村建设行动成效的外在显现，也是农民生活品质提升的重要标识。党的十八大以来，农村人居环境整治取得显著成效，农村整体环境质量得到进一步改善。但与此同时，农村人居环境整治仍面临很多"难啃的硬骨头"，如农民生态保护意识缺乏、农村生态设施长效管护机制缺失等，严重影响乡村生态环境的可持续发展。以农村"厕所革命"为例，由于缺乏长效管护机制，在实施过程中呈现出重建设而轻管护，重改厕而轻治理等不良倾向，致使"一户两厕"现象在部分农村地区突出。基于此，在新发展阶段实施乡村建设行动必须坚持重点突破，以助力生产、生活、生态"三生空间"的良性互动与协调发展，着力打造现代版"富春山居图"。一方面，要推动生态文明理念深入人心。应通过普及生态环境保护知识，宣传绿色生活方式与生产方式，逐步帮助农民树立低碳环保理念、养成良好卫生习惯、引进绿色生产技术、发展节能绿色农业、培育优质生态产品，努力让生态文明理念深入人心。另一方面，要构建农村生态设施长期管护机制。目前，农村生态设施普遍存在重建设而轻管护的问题，长期管护机制的缺失，导致这些设施并未充分发挥其应有功能。为此，要通过建立健全长期管护机制、监督考核机制等，不断巩固现有建设成果，着力提升农村整体环境质量。

【专栏 6.1】

中共中央办公厅、国务院办公厅
《乡村建设行动实施方案》

2022 年 5 月 23 日，中共中央办公厅、国务院办公厅印发《乡村建设行动实施方案》（以下简称《方案》），对扎实推进乡村建设行动、建设宜居宜业美丽乡村具有重要指导意义。

《方案》指出：乡村建设行动要"以习近平新时代中国特色社会主义思想为指导，坚持农业农村优先发展，把乡村建设摆在社会主义现代化建设的重要位置，顺应农民群众对美好生活的向往，以普惠性、基础性、兜底性民生建设为重点，强化规划引领，统筹资源要素，动员各方力量，加强农村基础设施和公共服务体系建设，建立自下而上、村民自治、农民参与的实施机制，既尽力而为又量力而行，求好不求快，干一件成一件，努力让农村具备更好生活条件，建设宜居宜业美丽乡村"。

《方案》进一步强调：乡村建设行动包括"尊重规律、稳扎稳打""因地制宜、分类指导""注重保护、体现特色""政府引导、农民参与""建管并重、长效运行""节约资源、绿色建设"6个工作原则。其行动目标在于"到2025年，乡村建设取得实质性进展，农村人居环境持续改善，农村公共基础设施往村覆盖、往户延伸取得积极进展，农村基本公共服务水平稳步提升，农村精神文明建设显著加强，农民获得感、幸福感、安全感进一步增强"。

《方案》还围绕加强农村基础设施和公共服务体系建设，提出了12项重点任务：一是加强乡村规划建设管理；二是实施农村道路畅通工程；三是强化农村防汛抗旱和供水保障；四是实施乡村清洁能源建设工程；五是实施农产品仓储保鲜冷链物流设施建设工程；六是实施数字乡村建设发展工程；七是实施村级综合服务设施提升工程；八是实施农房质量安全提升工程；九是实施农村人居环境整治提升五年行动；十是实施农村基本公共服务提升行动；十一是加强农村基层组织建设；十二是深入推进农村精神文明建设。

（根据中共中央办公厅、国务院办公厅印发《乡村建设行动实施方案》编写）

四 乡村建设行动的基本原则

乡村建设行动是国家开启现代化建设新征程，促进乡村振兴的重要一环。党中央自十八大以来坚持把公共基础设施建设重点放在农村，使我国农业农村发展取得了重大成就，乡村面貌发生了巨大改变。然而，农村现如今的发展短板依然突出。因此，为扎实推进乡村建设行动，须遵循以下原则。

（一）尊重规律、稳扎稳打

尊重规律、稳扎稳打，顺应乡村发展规律，即对乡村的建设规划、要进行合理布局，根据当前我国各类乡村的具体问题具体分析，绝不盲目进行人为干涉。[15] 例如四川省眉山市立足当地自然条件，用有机肥替代化肥，推广绿色种植。据了解，当地九成家禽粪便、秸秆等资源实现了再次利用。四川省达州市宣汉县在不破坏当地自然环境的基础上，增加污水处理一体化设备，完善污水的治理工作；提升畜类、禽类的粪便利用率；提倡种养结合，发展循环农业，构建休闲特色农庄。这些案例告诉我们，顺应乡村发展规律，不以逞强的姿态违逆自然，合理进行资源布局，实现宜居宜业美丽乡村建设指日可待。

尊重乡村建设规律应从多个方面入手。首先，要凸显农民在乡村建设行动中的主体作用，明确规划目标，解决与农民群众切身利益相关的问题，将保障和改善民生建立在农民可承受的财力范围以内，以此实现引导农民主动参与乡村建设，确保农民参与感。其次，当地政府人员要树立科学正确的政绩观，分阶段、分步骤合理设置工作目标和任务，建立长效工作机制，以长远的眼光看待乡村的前景，保持一定的历史耐心，要明白"锲而不舍，金石可镂"的道理。最后，乡村建设行动中相关部门要牢牢守住各类建设底线，防止盲目进行大融资、大拆建、大开发，时刻牢记"目标不变、靶心不散、频道不换"。

（二）因地制宜、分类指导

因地制宜、分类指导，契合群众实际需要，即要根据乡村的具体情况进行具体分析，充分考虑经济发展水平、风土人情状况、宗教文化、风俗习惯等，不搞"齐步走"，避免"一刀切"现象。以四川为例，汶川自地震后重建以来，实现了都汶高速公路通车，还在此基础上改良了渡口改桥，加宽了道路，增加了产业路等基础设施，既方便民众出行，又方便当地樱桃、脆李子等特色农产品销售，还带动了当地旅游业发展。自贡自流井供电中心的工作人员对当地电路进行多次"义诊"，不定时检查低压路线组织，排除农户家中用电安全隐患，对种植基地用电点进行勘察，确保供电顺利。成都崇州大雨村立足自身地域条件，从原来的贫困村摇身一变，成为集娱乐、餐饮、研学、旅行于一体的"网红打卡地"。其采取"33211"型分红机制，即 3 成集体权益、3 成资金库、2 成公积金、1 成管理经费、1 成"幸福资金"，为当地群众在医疗、教育、养老方面提供一定支持，使当地居民幸福感倍增。

针对不同地区开展乡村建设行动，做到因地制宜，应当从以下方面入手。首先，必须充分考虑我国农村地域辽阔、各类乡村之间差异明显、区域内部之间发展不平衡不充分、风俗习惯不一致等现实特征，确保农民的主体作用发挥，调动农民的积极性，建设出具有本村特色的新型乡村，避免"一个模子刻到底"，造成乡村建设的无效投入。其次，要把坚持人民主体地位贯穿于乡村建设行动的始终，了解群众最关心的问题，解决群众最切身、现实的问题，使人民群众获得幸福感与满足感。最后，脚踏实地落实工作任务，避免急于求成，脱离实际，绝不能走过场，搞"面子工程"。

（三）注重保护、体现特色

我国经济从高速增长转向高质量发展给乡村建设行动奠定了坚实基础。开展乡村建设行动，首先要彰显乡村本土特色，发挥乡村本土优势，确保本土特色、本土文化、本土风貌得以创新传承。在思想上，要加大文化宣传力度，提高农民对本土文化的重视程度，加强农民对乡土文化的认同感与归属感。在实际行动中，要做好当地乡土文化遗址的开发、保护、再创新的工作，积极营造环境氛围，充分利用民俗、节日庆典开展文化传承活动。乡土文化遗址是一个地区的文化发展痕迹，因此，做好乡土文化的传承与创新，有助于激发民族自信心、增强民族自豪感。四川部分乡村地区为留住人才，打造了 30 个乡村教师学习共同体，另外还培训科研人员、教师、管理人员、乡镇医疗人员等各千余位，用"市帮带县""县帮带乡""乡帮带村"的方式带动医疗卫生与教育事业的发展。例如四川三级医院以构建"医联体"的方式带动贫困县的医疗卫生发展；城市优质中小学与乡村边远薄弱的学校建立"校联体"，为传承当地乡土文化提供后备力量。其次要继续推进宜居宜业美丽乡村的建设。党的十九大提出乡村振兴战略，其中把"改善人居环境，建设宜居乡村"作为重要任务，旨在满足人民对美好生活环境的向往，唤醒人们对"乡愁"的记忆。要创造依山傍水的自然环境，要创建便捷的生活基础设施，打造现代版"富春山居图"，还要在保留本土特色过程中防止拾人牙慧、生搬硬套。应科学规划，保留当地独有的建筑风貌、优秀的乡风民俗，杜绝"千村一面"，还要稳扎稳打，做实事，求实效。

（四）政府引导、农民参与

乡村建设行动是乡村振兴的重要实践行为，当地政府、社会力量、农民本身都是乡村建设行动的重要参与力量。因此，确保乡村建设行动顺利进行，需要明确政府、农民以及社会其他力量的职责定位。例如，发挥好政府在乡村产业的规划、物质条件的支持、措施落实的引导等方面的作用，协调好乡村振兴参与者的分工，彰显农民建设乡村的主体地位。只有明确参与乡村建设行动各级主体的职责定位，营造乡村建设行动的民主氛围，才能发挥好政府在政策规划、支持、引导、保障等方面的作用，彰显农民在乡村建设行动中的主体作用。首先要遵循循序渐进、逐层递推的原则，保障农民基本权利，尊重农民的主体意愿。此外，政府要以身作则，领导带动农民参与乡村建设，要适当进行权力下放，用教育引导代替命令，保障农民自主选择的权利。其次要提升政府的服务能力和工作效率。要保障农村电、路、网、教育、养老等方面的公共产品供给；整合涉农项目投资，规避乡村经济风险；加强对农村公职干部的监督，防止腐败滋生。最后要团结社会力量，加强社会对政府各项工作的监督力度，凝聚共识，彰显民主优势。

（五）建管并重、长效运行

中国特色社会主义进入新时代，我国社会主要矛盾转为人民日益增长的美好生活需要和不平衡不充分的发展之间的矛盾。群众对我国农业农村的发展方面也有了更高的期待与要求。为了满足人民群众对美好生活的需要，建设宜居宜业、绿色生态、环境美丽的社会主义新型乡村，成为当前乡村建设的重要目标。然而我国乡村在现代化的推进过程中，在绿色清洁生产、人居环境整治、基础设施建设、乡土文化传承等方面遭遇了困境，成为乡村建设行动的障碍。因此，解决乡村建设行动的困境，不仅要脚踏实地、稳扎稳打，因地制宜、保留特色，循序渐进、积极引导，还要厘清以下问题。一是如何做到缩小城乡差距，补齐乡村建设短板。相关乡镇公职人员要高度重视，切实做细做好乡村建设相关工作，培养乡村人居环境整治、基础设施建设、乡土文化传承等工作的紧迫感与责任感。二是如何建立进行乡村建设行动的长效工作机制。要防止重建轻管、重建轻用，坚持农村公共基础设施的建设和管护并行。要做到目标要盯紧，措施要落实，资金要保障，设施要维护，推进要保证，问题要解决，治理要有效。

（六）节约资源、绿色建设

当前乡村建设行动仍然面临困境。一是传统农业向现代农业的转变过程存在困难。以我国农业环境的污染源为例，当前内生性污染和外源性污染成为阻碍我国农业现代化的绊脚石。外源性污染主要表现为化肥、农药等现代农业生产要素过量使用；内生性污染主要表现为废弃资源处置不合理，传统村落失去自身特色等。二是乡村建设整体布局有待整顿。例如，当前乡村的人居环境整治受限，导致建筑私搭乱建、垃圾分类不合理、居住安全隐患较大、污水处理不到位、厕所革命不彻底、停车位不够，村民公约秩序难以建立等现象。[16]这些使得农村的绿色发展面临困难，成为阻碍建设和谐美丽乡村的绊脚石。因此，建设资源节约、生态绿色、和谐美丽的新型农村，重点是要转变经济发展方式，树立绿色低碳理念，促进资源节约与循环利用，达到节约资源，保护环境，构建人与自然和谐发展的局面。另外，还要从消费模式和生活方式入手，促进乡村建设和日常生活的完美融合，普及生态知识，提升农民生态意识，带动社会形成理性消费、勤俭节约、绿色低碳的生活新风尚。

五　乡村建设行动的重点任务

在人类的历史长河中，乡村承担着举足轻重的功能。乡村是人们进行物质生产和生活的空间载体，其亲近自然的慢节奏生活方式和生活理念也成为如今许多人对理想生活的向往。乡村是中华民族文化传承发展的根脉所在，是中华民族的精神家园。因此，如何彰显乡村生产功能、优化乡村生活功能、涵养乡村生态功能、重塑乡村文化功能、提升乡村治理效能是乡村建设行动的重点任务。

（一）彰显乡村生产功能

实现农业农村的现代化，彰显乡村生产功能，是当前乡村建设行动的首要任务。乡村本身就具备生产功能。一方面，乡村是生产物质资料的重要环境载体。人们在不同的地理环境、人文氛围、气候条件下形成了风格迥异的生产方式，生产粮食、务农工具、农产品加工工具等基本物质资料。另一方面，各乡村之间具备的不同的地缘特征与血缘特征又造就了丰富的乡土文化。因此，乡村不仅是物质资料的生产者，也是文化的创造者。目前，我国社会主要矛盾已经转化为人民日益增长的美好生活需要和不平衡不充分的发展之间的矛盾，人们更加注重食品本身的品质以及饮食过程的感受，对于粮食品质、生活质量的要求不断提高。乡村作为中华民族存在和永续发展的根基，承载着中华民族复兴与传承的重要使命。因此，传承创新乡村的生产功能对我们现如今具有重要意义。

面对现如今乡村农业在快速发展过程中出现的同质化严重、生产后劲不足、"乡村病"不断显现等问题，要从以下几方面来确保乡村生产功能的凸显。首先，要确保粮食和重要农产品的供给。必须提高粮食主产区农户的生产积极性，提高粮食生产力，缓解粮食产区的输送压力，保证粮食生产的可持续。其次，要加强对粮食安全工作的监督，实行粮食安全党政同责。必须发挥党对粮食安全集中统一领导的制度优势，牢牢守住国家粮食安全底线，彰显中国特色社会主义制度的优越性。最后，要拓宽农民增收途径，确保进行农业生产的农民能多渠道获利、低风险获利、持续性获利，从而稳住农民信心，保证农民促进乡村生产的积极性。例如，完善农业经营体系，创新经营方式，坚持"谁种地谁受益"的原则，提升农户生产的积极性，彰显乡村生产功能。

（二）优化乡村生活功能

在乡村的生产功能之上，我们还需要认识乡村的生活功能，充分挖掘乡村的生活价值。乡村的生活功能表现在以下两方面。一方面，乡村提供了丰富的生活图景，包括适宜的人居环境、优美的自然风光以及和谐有序的人文氛围。这些从我国的古诗词就能看出来，例如王驾在《社日》中写到"鹅湖山下稻粱肥，豚栅鸡栖半掩扉"；辛弃疾在《西江月·夜行黄沙道中》描绘了夏日傍晚乡村，介绍了"明月别枝惊鹊，清风半夜鸣蝉。稻花香里说丰年，听取蛙声一片"的景象；陆游在《游山西村》中写到"莫笑农家腊酒浑，丰年留客足鸡豚"，展现了乡村秀丽、迷人的自然风光和烟火气十足的生活氛围。另一方面，乡村社会的一些元素正传递着社会大众所追求的理想生活方式。例如乡村提供的优美、自然、宜居的生活环境，秉持的绿色环保、可持续发展的生态理念以及传递的守望相助的社会公约等都成为现代社会大众提倡和追求的重要内容，舒适安逸的乡村生活模式也从古人脱离俗务、开解自身、追求自由的理想变成如今大众对美好幸福生活的向往。因此，我们要重视乡村生活功能的优化。

优化乡村生活功能，主要有以下几个方面。首先，建设宜居乡村要有优美的自然生态环境，保留乡村迷人的自然风光和生活气息。例如，进行"厕所革命""垃圾革命""污水革命"，改善乡村的自然环境和农村风貌，发展循环农业。其次，开发乡村休闲娱乐功能，推进乡村休闲产业的振兴，满足人民美好生活的需要。例如，开发自驾旅游、民宿露营、健身、农事实践等乡村旅游新业态，营造"乡趣""乡闲""乡闲"氛围，增进乡土情怀。最后，完善乡村社会服务功能，实现"老有所依、住有所居、病有所养、学有所教、幼有所育"的理想状态。要不断完善周边社区生活配套设施，优化乡镇区域版图，把尊重农民合法权益、改善农民生活环境作为工作的出发点和落脚点。

（三）涵养乡村生态功能

随着物质条件的进步以及时代的不断发展，乡村不仅要能生产优质的农副产品，还要能提供营养丰富、绿色健康的生态农产品，以满足人民群众日益增长的美好生活需要。因此，我们需要重新认识乡村的生态功能。乡村承载着不同类型的生态功能，也有诸多表现。一方面，乡村本身具备秀美的自然风光以及淳朴的人文景观，形成了宜人的生活环境。乡村环境也是参观农村、了解农业、体验农耕的重要场所，在满足农村居民对美好生活的向往的同时，还能给乡村带来多元发展效应。例如，可以利用乡村最大的财富——良好的自然生态环境，开发乡村的旅游功能，实现与乡土文化的自然连接。另一方面，乡村的生态功能表现为乡村发挥着重要的生态屏障作用。乡村是中国社会的单元，是中华民族最真实、最直接、最普遍的聚集生活形式。例如广西和浙江等地的梯田村庄、内蒙古地区的草原村庄都是最直接的例子。因此，我们要重视乡村生态功能的维护与建设。

涵养乡村生态功能，主要有以下几个方面。一方面，守住"生态优先"的底线思维，维护好乡村发展的生态屏障。必须将习近平总书记强调的"绿水青山就是金山银山"的理念贯穿于乡村生态发展的各个方面，明确生态环境在乡村建设行动中的根基作用，时刻铭记生态环境是发展的底线，任何时候发展都不能以牺牲环境为代价。另一方面，要坚持综合治理，稳步推进乡村生态环境治理工作，维护乡村生态宜居。例如，可以协调政府、农民、社会等多方力量，加强厕改、污水净化的力度，优化村庄布局，寻求绿色产业长效发展策略，从根源上解决村庄环境污染问题，增加乡村治理的实效性。因此，在推进乡村建设行动的过程中，要时刻重视乡村生态环境的保护，维护好乡村的生态功能，守护好乡村建设行动的最后防线。

（四）重塑乡村文化功能

中华民族在千百年农耕实践中形成的乡土文化是中华民族优秀文化的根脉。应构建与社会主义核心价值观步调一致的乡土文化体系，促进中华优秀乡土文化的传承与创新，推进乡土文化在产业、人才等方面的育人作用，培育文明乡风、良好家风、淳朴民风，使乡村社会焕发文明新气象。要不断提高农民文化素质，改善农村风貌，传承创新中华优秀乡土文化，充分运用乡土文化发挥育人作用，开发乡村文化功能，为乡村建设行动增添助力。

首先，要深入了解中华优秀乡土文化的内涵，创新传承耕读传家、顺天应时、勤俭持家、敦亲睦邻、和谐有序、孝老爱亲、淳朴笃实等思想观念、道德规范和人文精神，守护好中华民族的文化根脉。其次，要做好乡村的文化宣传工作，发挥党的领导作用，协调统筹政府、农民与社会多方力量，做好文化"输血"工作。要向乡村加大资金、人才、技术设施的投入，培养高素质、有担当、爱农村、懂农业的人才队伍参与到乡村建设行动中来，为乡村建设行动增强动力。最后，要以发展的眼光，发挥社会主义核心价值观的引领作用。

（五）提升乡村治理效能

自新中国成立以来，我国十分注重乡村建设。现如今，有效治理乡村不仅是乡村振兴的重中之重，也是乡村建设行动的重要内容。新中国成立七十余年以来，我国乡村治理工作在现代化道路上不断探索、积极进取，取得了极大成效。首先，不断推进协同共治，构建"一核多元"治理模式。以北京市通州区为例，坚持以党建引领为中心的"一核"，创设"接诉即办"党支部，协调法官、检察官、公安、教师、学者、乡贤等"多元"力量，构建和谐邻里氛围，提升乡村治理效能。其次，坚持党建引领作用，不断推动"自治""法治""德治""共治"——"四治"融合，形成现代治理体系。以四川平武县为例，坚持"党建"引领作用；着眼"自治"，围绕乡风、民风、村风，调动农民积极性；紧扣"法治"建设，形成学法、知法、用法的良好风尚；强调"德治"，凸显乡土文化教化作用；聚焦"共治"目标，使得意见得以集中收集，乡村治理实效性有所提升，实现农村基层治理共管共治。最后，实现数字经济势头强劲，农民生活条件更加便利。据统计，截至2020年，4G在全国行政村覆盖率超过了98%，预计2025年实现4G在乡村深度普及、5G在乡村创新应用，2035年实现城乡之间的"数字鸿沟"缩小等目标。

然而，我国乡村治理仍然面临一些问题。以推动乡村数字经济为例，尽管数字乡村建设在我国总体上推动还算顺利，但是仍存在线上线下融合空间有待提升、农村信息服务体系仍需完善、资源统筹不足、数字空间与现实空间存在技术异化等问题。[17]因此，需要加强以下方面工作。首先，增强乡村基层党建人员治理能力，完善乡村基层治理体系，明确县乡人员职责，落实治理任务。以山东莒县为例，通过明晰县乡职责，推动县乡工作，实现基层减负，提升乡村治理实效性。其次，完善乡村信息基础设施建设，促进网络资源与基础设施的融合发展。例如，深入推进农村互联网普及，推动农村地区的水利、电力、冷链物流，促进乡村基础设施数字化。最后，加强推动农业装备的数字化、智能化转型。例如，鼓励农业装备与互联网技术的融合发展，利用电子追溯、农村物联网建设促进农田节水，利用卫星遥感技术对人居环境、农村土壤生态进行监测保护等。

注释

[1] 孙文亮：《社会主义新农村建设的路径选择：基于乡村建设史的考察》，《当代世界与社会主义》2010 年第 2 期，第 78 页。

[2] 韩园园，孔德永：《乡村建设百年探索与未来发展逻辑》，《河南社会科学》2021 年第 7 期，第 30 页。

[3] 徐平：《社会主义新农村的文化建设》，《科学社会主义》2006 年第 1 期，第 56 页。

[4] 纪志耿，罗倩倩：《习近平关于乡村振兴重要论述的发展脉络与创新性贡献》，《经济学家》2022 年第 4 期，第 8 页。

[5] 习近平：《论"三农"工作》，北京：中央文献出版社 2022 年版，第 237 页。

[6] 中共中央党史和文献研究院：《十九大以来重要文献选编》（中），北京：中央文献出版社 2021 年版，第 803 页。

[7] 同 [6]，第 162 页。

[8] 徐勇：《"政党下乡"：现代国家对乡土的整合》，《学术月刊》2007 年第 8 期，第 13—20 页。

[9] 刘涛：《中国共产党百年乡村治理的功能定位、实践逻辑及时代任务》，《人文杂志》2021 年第 8 期，第 10—18 页。

[10] 习近平：《把握新发展阶段，贯彻新发展理念，构建新发展格局》，《当代党员》2021 年第 10 期，第 3—9 页。

[11]《马克思恩格斯文集》（第 2 卷），北京：人民出版社 2009 年版，第 4 页。

[12] 习近平：《在党史学习教育动员大会上的讲话》，《党建》2021 年第 4 期，第 4—11 页。

[13] 于法稳，胡梅梅，王广梁：《"十四五"时期乡村建设行动：路径及对策》，《农业经济》2022 年第 6 期，第 3—5 页。

[14] 蒙象飞：《农村社会主义精神文明建设现状探析》，《毛泽东邓小平理论研究》2021 年第 11 期，第 17—24+108 页。

[15] 中共中央办公厅，国务院办公厅：《乡村建设行动实施方案》，中华人民共和国国务院公报，2022 年第 16 号。

［16］纪志耿：《当前美丽宜居乡村建设应坚持的"六个取向"》，《农村经济》2017
年第 5 期：第 79－83 页。

［17］中共中央办公厅，国务院办公厅：《数字乡村发展战略纲要》，中华人民共和
国国务院公报，2019 年第 15 号。

第七章　乡村建设行动的基本前提：
彰显乡村生产功能

　　党的十八大以来，中国进入新发展阶段，习近平总书记深刻指出，全面建设社会主义现代化国家，实现中华民族伟大复兴，最艰巨最繁重的任务依然在农村，最广泛最深厚的基础依然在农村[1]。当下，我国经济快速发展，脱贫攻坚战取得了全面胜利，农业现代化稳步推进，粮食产量连续稳定，城镇化顺利推进，乡村发展蒸蒸日上。尽管传统的农业生产日益演化为现代化"农业＋"的复合生产[2]，但是乡村农业生产的基础性功能在现代化过程中愈发凸显。与此同时，在快速发展过程中，同质化严重、劳动力流失等"乡村病"也不断显现，乡村生产能力后劲不足。所以，必须推动乡村建设行动，激发乡村生产功能这一内生动力，提高农业综合生产能力。

一　乡村建设行动为何要彰显乡村生产功能

　　国家要发展，必须稳住农业。当下世界形势纷繁复杂，国际竞争不断加剧，世界上其他国家发展的经验已经鲜明地指出：只有稳住农业基本盘，才能把握住发展的主动权。中国要发展，就必须牢牢把握住农业基本盘。乡村振兴战略将农业、农村、农民整体纳入了国家发展战略，将"三农"问题放在国家战略的重要地位，乡村建设行动通过一张蓝图绘到底，全面规划，全方位稳住农业基本盘，而稳住农业基本盘的前提就是发展农业生产功能，以农业综合生产能力的提高作为稳定社会发展的重要基础。农业的生产功能决定了其最直接的作用就是供给保障生存的农业产品。马克思在《政治动态。——欧洲缺粮》一文中直接指出，人只有首先保证了自己的食物，之后才能去获取别的东西[3]。只有从根本上发展农业的生产功能，才能激发农业生产的内生动力，并在此基础上提升农业的综合生产能力，兼顾乡村的整体发展，促进农业提升、农村繁荣、农民富裕，真正做到农稳社稷。

（一）农业生产是其他一切生产存在的基础

农业农村农民问题是关系国计民生的根本性问题，必须稳住农业基本盘，弥补农业生产的短板，才能发挥农业压舱石的作用。乡村是一个集聚特定地域中生产与再生产要素的场域。在人类历史发展过程中，人们通过与该场域中不同要素的互动，在不同的地理环境、气候条件、风土习俗中形成了风格迥异的农业生产方式，由此衍生出农产品生产、务农工具生产、农产品加工工具生产等基本物质资料生产功能。1883 年恩格斯在《在马克思墓前的讲话》中概括出了马克思的两大发现之一："人们首先必须吃、喝、住、穿，然后才能从事政治、科学、艺术、宗教等等；所以，直接的物质的生活资料的生产，从而一个民族或一个时代的一定的经济发展阶段，便构成基础，人们的国家设施、法的观点、艺术以至宗教的观念就是从这个基础上发展起来的。"[4]这套农业理论深刻地点出了农业生产对于社会发展的基础性作用。由此观之，马克思生产理论指导下的乡村建设行动，点明了我们必须关注一切有助于提升乡村生产功能的实践，实现乡村生产要素的整合，提升农业综合生产能力。

（二）农业生产功能是国家战略的重要支撑

民族要复兴，乡村必振兴。[5]当下世界局势纷繁复杂，为经济发展注入诸多不确定因素。面对百年未有之大变局，习近平总书记始终将农业作为国家发展的压舱石，坚持农为邦本，本固方可邦宁，坚持农业、农村、农民三者重点发展、协同推进，保持农业生产稳中有进。但从总体来看，乡村仍存在农产品供给不平衡、农村产业发展深度不够、农村基础设施落后等问题，乡村生产力发展难以推动乡村全面发展。实施乡村建设行动，是将发展动力聚焦乡村发展薄弱环节，以乡村生产功能提升乡村宜居宜业水平。乡村发展是建设社会主义现代化国家的重要议题，是乡村振兴的重要抓手。"十四五"规划明确指出，乡村建设行动是三农工作的突破点，基于此，实施乡村建设行动的根本切入口是特色农业综合生产能力。2022年5月印发的《乡村建设行动实施方案》明确了乡村建设行动的路线图，也强调要坚持农业农村优先发展，严格保护农业生产空间，夯实农业基本盘。

（三）满足人民对乡村美好生活的需求

生产是发展的内生动力，农业综合生产能力则是乡村发展的动力源泉。乡村建设行动的根本出发点是将乡村振兴战略真正落实到乡村发展实际。党的十八大以来，农村人居环境整治三年行动如期完成，村庄基础设施显著改善，乡村面貌发生了巨大变化。但是，我国农村生产功能的发展仍然难以支撑乡村的基础设施建设，乡村发展受制于生产功能的薄弱，出现了"空心村""老龄村"等乡村发展病症，乡村发展内生动力不足。乡村生产功能在一定程度上表现为单一的粮食生产，并不能够给乡村人口带来经济效益，无法改变农村基础差、底子薄、发展滞后的状况。作为乡村发展的根本动力，乡村生产功能的不足，造成了城乡发展差距过大，无法满足人们对于美好生活的追求。发展乡村的生产功能，必须双管齐下，既要加强乡村传统农业生产功能的建设，实现生产生活基础设施的不断完善。同时，必须加强乡村非农业生产功能的建设，协同推进现代化数字乡村建设，形成布局合理、城乡互通的基础设施体系。这样才能满足农村居民对高质量农业生产、高品质美好生活的现实需要。

二 彰显乡村生产功能的关键环节：确保国家粮食安全

粮食安全一头连着国家战略，一头连着百姓生活。数千年的农耕历史，在中国人民的血脉中镌刻了深刻的粮食生产的忧患意识。习近平总书记曾一针见血地指出，世界上真正强大的国家、没有软肋的国家，都有能力解决自己的吃饭问题。美国是世界第一粮食出口国、农业最强国，俄罗斯、加拿大和欧盟的大国也是粮食强国。这些国家之所以强，是同粮食生产能力强联系在一起的。[6]当前国际局势复杂多变，国际竞争加剧，粮食作为一种战略性商品，在国际贸易中被西方资本主义国家作为竞争的筹码，用来限制发展中国家的发展。在复杂多变的世界格局中，中国必须稳住农业基本盘，发挥好粮食生产的关键任务。因此，保障粮食安全必须坚持"端好中国碗、装满中国粮"。

（一）粮食安全是国之大者

"洪范八政，食为政首。"十几亿人口要吃饭，这是我国最大的国情。习近平总书记高度重视粮食安全问题，把它摆到了"国之大者"的战略层面和政治高度。2020 年 12 月中央农村工作会议上，习近平强调粮食安全的政治责任，必须明确粮食安全乃国之大者，不能忽视粮食作为一种特殊商品的战略性意义。在粮食安全上，不能只重经济，不重政治，不能光顾眼前，不看长远；粮食安全必须落实党政同责，主产区和主销区都应该重视粮食产量，做到粮食产销兼重。[7] 2022 年 3 月，习近平再次强调粮食安全是"国之大者"，要切实保障粮食安全，必须全面落实党政同责，将粮食安全责任细分落实，有力回答了"谁来养活中国"的问题。[8] 2022 年 6 月习近平在四川考察时，来到眉山市东坡区太和镇永丰村考察调研，强调要严守耕地红线，保护好这片产粮宝地，把粮食生产抓紧抓牢，在新时代打造更高水平的"天府粮仓"。[9] 由此可见，粮食生产是国家发展的极端重要的战略议题。就国家层面而言，粮食产品不仅是一般的商品，关乎个人的生存和温饱，而且还是一种公共产品，关乎整个社会的安全和保障。

【专栏 7.1】

习近平对粮食安全是"国之大者"的重要论述

党的十八大以来，习近平高度重视粮食安全工作，在不同场合多次论及粮食安全是治国理政的头等大事。2013 年，习近平在中央经济工作会议上郑重指出，"手中有粮，心中不慌。我国有十三亿人口，如果粮食出了问题谁也救不了我们，只有把饭碗牢牢端在自己手中才能保持社会大局稳定。因此，我们决不能因为连年丰收而对农业有丝毫忽视和放松。"这一论断表明，我国粮食安全目标是将饭碗牢牢端在自己手中。此后，以习近平同志为核心的党中央把粮食安全作为治国理政的头等大事。习近平总书记在多地论述粮食安全的保障措施：粮食生产的根本在耕地，命脉在水利，出路在科技，动力在政策，这些关键点要一个一个抓落实、抓到位，努力在高基点上实现粮食生产新突破。习近平总书记还分别对耕地、种质资源、基础设施等保障措施提出要求，充分落实"藏粮于地，藏粮于技"，并在 2021 年将粮食安全党政同责纳入修订后的《粮食流通管理条例》，使得"粮食安全党政同责"第一次在行政法规中得以明确规定。2022 年 3 月 6 日下午，习近平总书记在看望参加全国政协十三届五次会议的农业界、社会福利和社会保障界委员并参加联组会时提出：将粮食安全落脚到"国之大者"这一论断，要未雨绸缪，始终绷紧粮食安全这根弦。同年 6 月，习近平在四川省考察时，对四川省发展农业，保障粮食安全提出了殷殷期盼：成都平原自古有"天府之国"的美称，要严守耕地红线，保护好这片产粮宝地，把粮食生产抓紧抓牢，在新时代打造更高水平的"天府粮仓"。

（根据《习近平在四川考察时强调 深入贯彻新发展理念 主动融入新发展格局 在新的征程上奋力谱写四川发展新篇章》编写，《四川日报》2022 年 6 月 10 日第 1 版）

（二）粮食作为一种特殊产品的多重属性

粮食作为一种特殊产品，具有多重属性。有些学者认为，粮食具有私人物品的属性，同时更重要的是公共物品的属性。改革开放初期，我国农村探索实行"大包干"，农民将其通俗地称为"交够国家的，留足集体的，剩下的都是自己的"。这句话表明了粮食产品的私人属性，因为"剩下的都是自己的"，大包干保证了农民自身的生产利益，更多的剩余粮食成为农民生产的根本动力；这句话也表明了粮食产品的公共产品属性，因为要想占有剩余农产品，前提就要"交够国家的，留足集体的"，也就是为公共需要和公共储备做出贡献。也有些学者从萨缪尔森关于私人产品和公共产品的定义中界定粮食产品的属性。从个人生产和消费来看，粮食具有可分割性、竞争性和排他性，因此是私人产品；但是从政府和国家层面来看，保障粮食的基本供应，是政府的重要公共职能之一，而政府的粮食保供是面向全体社会成员的，同时也无法将拒绝付款者排除在服务之外，所以粮食也同时具有公共产品的非竞争性和非排他性。

粮食到底是私人物品还是公共物品？如果是私人物品，为什么国家和政府要强调保供给保安全的职责？如果是公共物品，为什么农民种粮保供给的积极性不高？要回答好这一连串问题，我们还要回到政治经济学"生产—交换—消费—分配"的分析框架中，区分利益主体在国民经济各环节中的角色地位。笔者认为，从生产和消费环节来看，粮食的私人产品属性较为突出。只有保证种粮农民有利可图，农户才会有增加粮食生产的积极性；并且只有保证人们吃得饱吃得好，人民的幸福感获得感安全感才能提升。而从交换和分配环节来看，粮食的公共产品属性较为突出。从全国的粮食购销、粮食储备和粮食分配来看，粮食的纯公共产品属性和准公共产品属性则十分明显。中央通过耕地保护、种粮补贴、托底收购等举措，确保饭碗牢牢端在自己手心里，并且碗里主要装中国粮。界定清楚粮食产品的两种属性和四个环节，对深刻理解落实粮食安全责任制中的矛盾冲突以及破解路径多有裨益。

三 粮食安全责任制落实中的矛盾和障碍

"悠悠万事，吃饭为大。"在国家发展过程中，粮食安全是国家安全中一个永恒的议题。当下，我国资源约束日益加大、国际市场对国内市场影响日益加深，实行粮食安全责任制是维护国家利益的必然选择。如果从上述粮食安全的多重属性出发，我们就会发现，当前我国粮食安全责任制落实过程中还存在不少矛盾和障碍。粮食安全责任上移、粮食安全责任外移、粮食安全算经济账不算政治账、粮食安全算眼前账不算长远账，种种现象的背后，反映的是粮食作为一种公共产品，具有很强的外部经济效益。

（一）非农化非粮化：粮食安全责任上移

粮食是国之根本。新中国成立初期，为解决人民温饱问题，中央于1958年首次提出"以粮为纲"口号，将粮食生产作为农业生产的中心工作，并以此解决发展工业所需的资金、市场等问题。这一时期，坚持"以粮为纲"成为指导农业生产的基本方针，粮食自给成为首要任务。改革开放后，随着家庭承包责任制的实施和农业投入品数量的增加，粮食产量获得稳定增长，1996年人均占有量在380公斤左右，达到世界平均水平，2020年人均占有量超过470公斤，远远高于400公斤国际标准线。经济发展和生活水平的提高，使得居民更加重视营养均衡的膳食搭配，农业消费结构也从低价值的粮食转向高价值的肉蛋奶和水果等。因此，种植经济作物或从事养殖业就显得比传统粮食种植有利可图。在这种背景下，我国粮食耕种面积呈现出长期下降趋势，种植结构呈现出明显的"非粮化"态势。[10]一些地方政府和农户基于收益最大化的考虑，采取"非农化""非粮化"的手段使用耕地，把保障粮食安全的责任抛之脑后。

如果只看当前利益不看长远效益，地方政府就会把矛盾上交、把担子压到中央身上，这就可能会造成粮食安全责任上移。"饭碗一起端，责任一起扛"，保证粮食安全，既需要中央承担首要责任，在推广科技创新、改造中低产田和完善市场体系上加强对粮食生产的支持，也需要各级地方政府承担主体责任，树立责任意识和大局观，合理布局粮食生产面积，扛起重农抓粮的责任。落实粮食安全责任制，实现中央与各级地方政府上下联动、一体协同，确保粮食生产安全。

（二）从南粮北调到北粮南运：粮食安全责任外移

"粮达天下，惠泽四方。"我国传统的粮食产区主要分布在长江流域和黄淮海平原，"两湖、两广"素有"湖广熟，天下足"的美誉，历来承担着我国粮食生产供应的重任，也是我国"南粮北调"粮食供应格局的真实写照。改革开放以来，我国工业化和城市化发展速度加快，"江南鱼米乡""蜀地天府国"等传统的粮食主产区地位逐年衰落，东北三省成为全国最大的粮食生产区和输出地，东南沿海地区则成为主要的粮食流入地。从"江南鱼米乡"到"守住东北粮仓"，中国的粮食格局，已经从过去的南粮北调，变成了现在的北粮南运。统计数据显示，2020年我国粮食主产区中产量排名前五的省份分别为黑龙江、河南、山东、安徽、吉林，产量依次为7540.8、6825.8、5446.8、4019.2、3803.2万吨[11]，这五个省基本位于黄淮以北地区，且五个省的粮食总产量（27635.8万吨）占到全国粮食总产量（66949.2万吨）的41.28%。粮食主销区中产量排名倒数的五个省份分别为北京、上海、海南、天津、福建，产量依次为30.5、91.4、145.5、228.2、502.3万吨[12]，这五个省份的粮食总产量（997.9万吨）占到全国粮食总产量（66949.2万吨）的1.49%。

我国粮食供应格局变化使得国内粮食生产面临新形势，主销区过度依赖主产区粮食供应，主销区和主产区之间的区域性粮食供给不平衡现象日益凸显。主销区以工业化和城市化为主导，导致农民对土地依赖性低，耕地数量和粮食产量快速下滑，有效粮田面积和粮食播种面积不断削减，主销区"非农化""非粮化"面积也逐年增大。主产区为了保障全国粮食供应，肩负着粮食生产的具体任务，承担着较大的粮食输出压力，资源消耗较大，某些地区还存在"高产穷县"的困境。"手中有粮，心中不慌"，针对粮食安全责任外移和公共产品供给收益不能有效内化问题，既要让主产区、主销区和产销平衡区三大区域共同扛起保障粮食安全的重担，也要高度认清粮食安全的战略意义。应提高主产区粮食综合生产能力，切实稳定和提高主销区粮食自给率，确保产销平衡区粮食基本自给。总之，要做到合理布局，实现主产区、主销区、产销平衡区都要保面积、保产量。

（三）"米袋子"省长负责制的不足：粮食安全算经济账不算政治账

"米袋子"省长要负责，书记也要负责。[13]过去实行的"米袋子"省长负责制，是国家将粮食安全的责任全面落实到省级人民政府的体制，不仅强化了地方政府保障粮食生产的责任，更是对国家粮食安全的协同保障，为经济社会稳定发展奠定了坚实的物质基础。但仅靠"米袋子"省长负责制来保障国家粮食安全是不够的。地方政府如果缺乏粮食安全意识，就会在保障粮食安全上陷入"讲起来重要、做起来次要、忙起来不要"的乱象，甚至会产生"重经济作物轻粮食作物"的矛盾，一旦发生粮食供应链危机，将会影响社会稳定和现代化进程。比如个别地方政府在粮食储备方面作用发挥不充分，当市场价格低迷时对超过收购任务外的粮食拒收，市场价格走高时却为完成收购任务抢购，进而造成"谷贱伤农"或"谷贵伤民"。

粮食安全不能只算经济账，不算政治账。当前国际经济社会形势复杂多变，在这样的国际形势下，重农抓粮就必须从粮食安全乃国之大者的战略层面出发，粮食安全必须坚决贯彻党政同责。从"米袋子"省长负责制，到书记、省长共同把粮食安全的责任扛在肩上，实行粮食安全党政同责，就是要充分发挥各级党委在国计民生事业保障中的主体作用，同时切实压实地方政府责任。要提高地方政府抓粮积极性，克服过去存在的地方政府粮食安全意识不足问题，认清保障粮食安全的严峻形势和重大意义；更要算清楚政治账，提高在粮食问题上的政治站位，扎实推进粮食安全治理能力现代化，切实提升国家粮食安全保障能力。

（四）种粮多功能性丧失：粮食安全算眼前账不算长远账

从"一粒粟"到"万颗子"，粮食用途广泛、功能多样，不仅能满足民众基本生存需求，还有利于保护农村生态、弘扬农耕文化。但是在世界近代化和粮食资本化的过程中，部分西方国家过度强调粮食的经济效益，忽略粮食的全球公共产品属性，导致粮食功能发生异化。受其影响，我国种粮农民不得不面对价格"天花板"与成本"地板"的双重挤压，各级政府在补贴"黄线"、资源环境"红灯"的约束下，无法实现有效的政策突破，多种影响因素形成了农业发展的瓶颈。在这种情况下，粮食种植的多功能性丧失，农民的种粮积极性下降。总而言之，农民种粮收益低、积极性不高，成为当下粮食生产的关键问题，也是保障国家粮食安全面临的严峻问题。

中华文明根植于农业文明，乡村是中华文明最重要的载体，自乡村中衍生的耕读文明是我们最重要的文化软实力。作为中华文明最基本的载体，乡村的农业生产、生活环境、社会风俗等和社会整体发展存在着千丝万缕的关系，直接影响米袋子、菜篮子、水缸子、城镇后花园。因此，粮食安全不能光算眼前账、不算长远账。确保粮食安全是一个战略问题，保障粮食生产，我们还需要复归到粮食最初的多重功能上来，既要发挥粮食在保障人民饮食安全方面的作用，也要改善种粮农民收益低的问题，调整产业结构、推动产业融合，使农民从"种粮卖得出"转向"务农能赚钱"。这样不仅可以使农民种粮得实惠有发展，切实解决生产和生计问题，而且也可以切实解决农村生态和农耕文化保护问题，为老百姓留住鸟语花香和田园风光。

四 确保粮食安全这一"国之大者"的战略举措

"仓廪实，天下安。"粮食安全关乎人民生活幸福、社会和谐稳定和国家长治久安。保障粮食安全，农业发展是根本，利益协调是条件，党政同责是保障，农民主体是基础。筑牢粮食安全根基，就是要从"生产—消费—交换—分配"等环节入手，加强农业支持保护力度，完善产销平衡、利益协调机制，让公共产品生产中的外部经济效益得到弥补；同时发挥社会主义的制度优势，实行粮食安全党政同责，调动农民种粮积极性。

（一）加强农业支持保护力度

我们国家之所以强调粮食安全乃国之大者，不仅是因为粮食生产本身所具有的经济效益，更是因为粮食生产具有很强的外部性效益。保障国家粮食安全，使社会所有人能得到充足、安全的粮食，就需要回到政治经济学"生产—消费—交换—分配"的分析框架中，增强四个环节均具有公共产品属性的认识，把视线聚焦到粮食安全中来，加强农业支持保护力度。从生产环节看，粮食生产根本在耕地。人多地少是中国的基本国情，保障粮食生产，就是要牢牢守住耕地红线，扎实推动高标准农田建设，为保障粮食有效供给提供基础保障。从消费环节看，就是要守护好人民群众的"粮袋子"。优化粮食供给结构，让人民群众不仅"吃得饱"，更要"吃得好"。从交换环节看，就是要合理布局耕地面积。主产区、主销区和产销平衡区都要保面积、保产量，保障区域内农产品有效供给，直接连接粮食生产与消费，确保粮食流通安全。从分配环节看，就是要提高粮食储备调控能力。我国粮食供求将长期处于"紧平衡"状态，所以要扎实推进保供应、稳市场、稳预期相关工作，以国内粮食市场的稳定性有效应对国际市场的不确定性。

（二）完善主产区和主销区的利益协调机制

我国粮食增长重心逐渐由南转北，粮食生产逐渐呈现集中成片趋势，这极易出现主产区粮食输出压力大、主销区过度依赖外部粮食供给的问题。"中国碗装中国粮"，主产区、主销区、产销平衡区都要保面积、保产量，三大区域要扛起保障粮食安全的重担，共同端牢14亿多中国人的饭碗。首先，要提高主产区粮食综合生产能力，加大对主产区支持力度，提升农户种粮积极性。其次，要切实稳定和提高主销区粮食自给率，加大对粮食生产的财政支持，激发主销区粮食生产总量潜力。最后，要确保产销平衡区粮食基本自给，优化粮食生产区域结构，增强粮食生产可持续性。要矫正粮食生产中的短视倾向，不能只把粮食当一般商品，粮食生产既要算政治账，也要算长远账。

（三）实行粮食安全党政同责

党的二十大报告强调，要"全方位夯实粮食安全根基，全面落实粮食安全党政同责，牢牢守住十八亿亩耕地红线。"[14]党的二十大相关部署都在强调粮食安全的极端重要性，督促不断提升粮食安全治理能力和水平。因此，实行粮食安全党政同责，就是要高度认识粮食安全乃国之大者的战略意义，各级党委和政府要共同树立起粮食安全的政治担当。守住国家粮食安全底线，实行粮食安全党政同责，这是社会主义国家制度体系优越性的体现。在某些发展中国家，由于受西方政治势力的影响，粮食被视为政府与政客权力斗争的筹码，他们无视粮食在保障民众基本需求上所体现的公共属性，操纵粮食供给、控制粮食价格、改变粮食产量，造成因权利缺失和自由发展能力受限导致的饥荒问题。[15]西方之乱与中国之治形成鲜明对比，我们要发挥党的集中统一领导的制度优势，牢牢守住粮食安全底线。一方面压紧粮食安全属地党委主体责任，切实压实地方政府责任，强化粮食安全责任制考核，把党的领导具体全面地落实到粮食生产全链条各环节中去。另一方面各级党委和政府共同扛起粮食安全的政治责任，切实认识到粮食安全的重要政治意义，党委和政府要从全局出发，协同推进，扎实落实粮食安全党政同责。

（四）保证种粮农户有利可图

全力抓好粮食生产、重农抓粮主体责任，关键在农民。保障国家粮食安全，就是要稳住农民种粮信心，提高种粮农民生产积极性。农业供给农产品，而农民则是粮食生产的主体，只有保证农民种粮的利益，才能激发农民种粮积极性，稳定粮食生产。保证种粮农户有利可图，一要构建现代农业生产体系，以家庭农业经营和新型农业经营主体作为主要突破口，实现小农生产与现代化农业的有机衔接，逐步实现家庭经营、农业合作社、社会服务一体化的立体式复合型农业经营体系。二要创新经营方式，实现家庭农场、农民合作社的适度规模经营，并配套专业的社会化服务体系。三要将利益真正落实在种粮农民生产上，提高农民的种粮补贴，不仅要在种植方面坚持"谁种地补贴谁"，更要在流通方面对农民实现粮价补贴，给予种粮农民安全保障，保证种粮农户有利可图。

注释

[1] 邢朝国：《全面推进乡村振兴 建设美丽宜居的现代乡村》，《人民日报》2021年5月28日，第13版。

[2] 李繁荣：《中国乡村振兴与乡村功能优化转型》，《地理科学》2021年第12期，第2158页。

[3]《马克思恩格斯全集》（第12卷），北京：人民出版社2009年版，第354页。

[4]《马克思恩格斯选集》（第三卷），北京：人民出版社 2012 年版，第 1002 页。

[5] 习近平：《坚持把解决好"三农"问题作为全党工作重中之重 举全党全社会之力推动乡村振兴》，《求是》2022 年第 7 期，第 4 页。

[6]《十八大以来重要文献选编》（上），北京：中央文献出版社 2014 年版，第 601 页。

[7] 习近平：《论"三农"工作》，北京：中央文献出版社 2022 年版，第 10 页。

[8] 同 [7]，第 330 页。

[9]《习近平在四川考察时强调 深入贯彻新发展理念 主动融入新发展格局 在新的征程上奋力谱写四川发展新篇章》，《四川日报》2022 年 6 月 10 日，第 1 版。

[10] 赵晓峰，刘子扬：《"非粮化"还是"趋粮化"：农地经营基本趋势辨析》，《华南农业大学学报（社会科学版）》，2021 年第 6 期，第 78-87 页。

[11] 国家统计局农村社会经济调查司：《中国农村统计年鉴——2021》，北京：中国统计出版社 2021 年版，第 315 页。

[12] 同 [11]。

[13]《习近平谈治国理政》（第四卷），北京：外文出版社 2022 年版，第 397 页。

[14]《高举中国特色社会主义伟大旗帜 为全面建设社会主义现代化国家而团结奋斗——在中国共产党第二十次全国代表大会上的报告》，http://www.qstheory.cn/yaowen/2022 10/25/c_1129079926.htm，引用日期：2022 年 11 月 20 日。

[15] 纪志耿：《"粮食安全是'国之大者'"的政治经济学逻辑》，《国家治理》2022 年第 16 期，第 6 页。

第八章 乡村建设行动的主要目的：
优化乡村生活功能

　　在城镇化快速推进的今天，大批农村人口涌入都市，留在乡村的农民正面临旧的生产生活方式解体的问题，乡村生活也逐步被消解，与此同时，长期居住于城市的市民愈发渴望乡村生活的宁静和安逸。国外学者曾指出，资本逻辑下城市规划的技术理性主义带来的幻象与虚假的"自我想象"，使得亲近自然、保持健康、拥有安全的住房和合理的城市规划成为人们的普遍向往。[1]与此同时，城镇化进程也给我们留下了一个巨大的空间空白——农村空巢老人数量庞大、居住分散，医疗条件落后等问题凸显，这也是摆在广大城乡建设者面前的难题。望得见山，看得见水，记得住乡愁成了"城里人"与"村里人"的共同生活愿景，这也是推动乡村建设的应有之义。

一　乡村建设行动为何要优化乡村生活功能

　　农村是中国传统生活的"根"，也是群体生活居住的空间载体。

习近平总书记指出："我们要通过实施乡村建设行动，深入开展农村人居环境整治，因地制宜、实事求是，一件接着一件办，一年接着一年干，把社会主义新农村建设得更加美丽宜居。"[2] 所以，住宅不但是个人休养生息最主要的地方，而且是家庭和谐美满的一种重要表现形式。

（一）马克思主义经典作家高度重视乡村生活环境问题

建设美丽中国，必须建设好"美丽乡村"。在社会建设上，要坚持以人民的民生改善为目的，为全体百姓创造良好的社会生活空间。[3] 建设什么样的乡村，这一命题历来被马克思主义经典作家所关注。

农村经济是农民生活富裕之本。"人民对美好生活的向往，就是我们的奋斗目标。"[4] "农村的经济发展和文化繁荣，会使千百万农村居民积极参加社会生活，从而加速历史的发展。"[5] 为了国家的整体利益，必须大力支持农村经济发展，从而解决农民的温饱问题，多措并举促进农民增收，进而引导农民走向富裕。马克思认为首先要解决生产生活资料的问题，富裕的基础是高度发达的生产力，若没有农业生产，人类的生存乃至其他一些活动都不能进行。他指出："人们为了能够'创造历史'，必须能够生活。但是为了生活，首先就需要吃喝住穿以及其他一些东西。因此第一个历史活动就是生产满足这些需要的资料，即生产物质生活本身，而且，这是人们从几千年前直到今天单是为了维持生活就必须每日每时从事的历史活动，是一切历史的基本条件。"[6] 列宁指出："目前工农国家国民经济的恢复和发展，在很大程度上取决于农民生活和农民经济的改善。"[7] 十一届三中全会以后，邓小平同志提出："中国经济能不能发展。首先要看农村能不能发展，农民生活是不是好起来。"[8] 邓小平同志在 1985 年又说道："改革首先是从农村做起的，因为中国人口的百分之八十在农村，如果不解决这百分之八十的人的生活问题，社会就不会是安定的。"[9] 如今在新时代下，农村经济需要更多政策倾斜，需要结合当地具体情况适当调整和优化经济发展模式，充分发挥当地人力和资源优势，从而使农村经济发展呈现全新的气象。

农村是构筑城乡共生关系的主阵地。"农村生活决定性地主宰着城市生活。"[10] 当前的乡村振兴强调的是城乡的融合发展，而不是单纯地促进农村的发展，要求从城乡统筹向城乡融合转变。[11] 因此，实施乡村建设行动要构建城乡之间全方位的交流、沟通、联系与互促机制，增强城乡两个市场的"互动性"。马克思和恩格斯十分重视对城乡关系问题的研究，马克思在 1847 年《哲学的贫困》中写道："城乡关系一改变，整个社会也跟着改变。"[12] 他们认为城乡关系是社会生活中影响全局的环节。"只有通过城市和乡村的融合，现在的空气、水和土地的污染才能排除"[13]，他们在对自己生活的时代及农村现状进行分析的基础上，提出要把落后农村变为先进城镇，要随时代的进步而逐步减少城乡差别，使农村生产工业化，人口城镇化，城乡交易商品化，使农民享有自由迁移与自由生产经营权利。

农村环境改善是生活宜居的前提。"现代农村是一片大有可为的土地、希望的田野"[14]，要让农村成为安居乐业的家园，我们要共同构建人与自然生命共同体。马克思和恩格斯长期以来对人与自然的联系进行了研究，阐述了人与自然的物质转化具有辩证的统一性。马克思认为，"人靠自然界生活"[15]，人类在同自然的互动中生产、生活、发展。马克思也在《1844 年经济学哲学手稿》中指出，"人作为自然的、肉体的、感性的、对象性的存在物，同动植物一样，是受动的、受制约的和受限制的存在物"[16]，一旦离开自然界，人类就无法进行物质活动以及价值创造。恩格斯认为："人本身是自然界的生产物，是在他们的环境中并且和这个环境一起发展起来的。"[17]"我们连同我们的肉、血和头脑都是属于自然界和存在于自然界之中的。"[18] 可见，马克思主义经典作家对人与自然关系的理解和阐发是从应然层面展开的，即人类生存和发展离不开自然所提供的资源、环境及其他生态条件，因此我们要通过建设美丽宜居乡村的方式，走上人与自然更加和谐的可持续发展道路。

（二）我国农村环境治理具有悠久的历史和经验

一个国家农村发展、发达的背后离不开合理政策的支持和保障。自1982以来，中共中央、国务院先后颁发了二十余个以"三农"为主题的"一号文件"，这些政策文件围绕"促进农民增收、增进农民福祉"而展开，就各个历史时期的农村改革与农业发展做出具体安排，突出"三农"问题是我国全面建设社会主义现代化时期的"重中之重"。2006年中央一号文件《中共中央 国务院关于推进社会主义新农村建设的若干意见》指出要科学制定社会主义新农村建设规划，加强村庄规划和人居环境治理。[19]因此，关于农村改革发展的政策定位主要归纳为以下两点。

强调人居环境改善。农村环境涉及整个农村的生产生活，而人居环境则是专指同农民生活有关的部分居住环境，它的范围既包括自然环境，也包括人为环境，主要是指村民的居住地。[20]"人居环境"亦即人类社会文化、习俗与习惯以及人与自然、人与社会之间的共同体和生存环境。[21]在乡村建设行动中，应通过乡村人居环境整治的"小切口"推进乡村振兴这一"大战略"建设。其实早在1952年，为了扭转农村地区不健康和传染性疾病的现状，我国在全国范围内进行了大规模的爱国卫生运动。如发布了《关于反细菌战指示》，起草了《中央关于在全国开展以除四害为中心的爱国卫生运动的通知》，在消灭四害和在"两管五改"中，对我国农村人居环境进行了初期的整治，不仅提高了农民的居住品质，也满足了其正常生产生活的安全需求，使农民在个人卫生方面也实现了"户户痰盂化，人人面巾化、刷牙化，食品纱罩化、墙壁漫画化。"[22]改革开放以来我国环境整治进入起步阶段，如《中华人民共和国环境保护法（试行）》于 1979 年出台，《中华人民共和国环境保护法》于 1989 年公布，这些政策主要关注农业生产过程中的污水、农药及化肥污染问题。2001 年制定的《国家环境保护"十五"计划》明确提出，"必须坚持环境保护国策，以经济建设为中心，紧密结合经济结构战略性调整，贯彻污染防治和生态保护并重方针，统筹规划，因地制宜，突出重点，预防为主，保护优先，制定切实可行的分阶段目标，改善生态，治理污染，实现可持续发展。"[23] 在这一阶段我国农村环境治理具有鲜明的政府主导、自上而下推进的特点，保障了农村人口居住、公共卫生、环境等基础生活条件和基本公共服务。2005 年十六届五中全会通过的《中共中央关于制定国民经济和社会发展第十一个五年规划的建议》就明确提出："要按照生产发展、生活宽裕、乡风文明、村容整洁、管理民主的要求，坚持从各地实际出发，尊重农民意愿，扎实稳步推进新农村建设。"[24] 2013 年，农业部正式启动"美丽乡村"创建活动。到了 2021 年，《关于推动城乡建设绿色发展的意见》中明确表示要通过"保护塑造乡村风貌，延续乡村历史文脉，不破坏地形地貌、不拆传统民居、不砍老树、不盖高楼"[25] 的方式来打造宜居的美丽乡村。整体来说，与前几个阶段相比，这一时期关于乡村人居问题的内容更加突出，治理主体和对象也比较清晰，形成了一套完善的乡村人居环境治理的长效管护机制，推动着村庄环境从干净整洁向美丽宜居升级。通过美丽乡村建设，不仅可以深度挖掘乡村的历史文化底蕴，潜移默化地实现"以美育人"的功能，而且新建的公共文化空间也能为广大居民提供优质公共文化服务，让美丽乡村"面子"美，"里子"更美。根据现行的国家政策要求，我国农村人居环境治理将会步入一种全新的治理模式。

合理规划村庄空间。乡村规划是乡村地区进行各类开发建设的依据，目的是解决因乡村萎缩而引发的生活问题，能够起到统筹优化乡村空间格局，打造农村宜居宜业新环境的作用。改革开放以来，我国乡村规划经历了四个阶段。第一阶段是农房建设规划，主要是为了解决农居房随意占用耕地的问题。1981 年，第二次全国农村房屋建设工作会议便提出了"全面规划、正确引导、依靠群众、自力更生、因地制宜、逐步建设"的方针，明确要求各地分期分批把村庄规划编制出来。第二阶段是村庄的集镇规划，主要是为了解决各类建设用地的布局问题。如1990 年施行的《中华人民共和国城市规划法》，1993 年国务院颁布的《村庄和集镇规划建设管理条例》，就对村庄、集镇的规划、设计和管理进行了规范，即从村庄、集镇总体规划和村庄、集镇建设规划两个阶段进行。第三阶段是对村镇体系的规划，如 2000 年 2 月发布的《村镇规划编制办法（试行）》对镇—乡—村的规划、空间以及建设问题提出了要求。2008 年《中华人民共和国城乡规划法》的实施，标志着传统的城市规划正式拓展到了乡村地域。前三个阶段的村庄规划政策通过优化村庄布局，让乡村建设大有"空间"。第四阶段是对镇—乡—村的乡村建设进行深化改革。如 2018 年中共中央、国务院《关于实施乡村振兴战略的意见》提出要"强化新建农房规划管控，加强'空心村'服务管理和改造"。《乡村振兴战略规划（2018—2022 年）》强调要"强化空间利用的人性化、多样化，着力构建便捷的生活圈、完善的服务圈、繁荣的商业圈，让乡村居民过上更舒适的生活"[26]。2021 年 6 月《关于加快农房和村庄建设现代化的指导意见》，提出实施乡村建设行动的部署要求，即"加快推进农房和村庄建设现代化，提高农房品质，提升乡村建设水平"。2021 年 12 月《农村人居环境整治提升五年行动方案（2021—2025 年）》提出要"通过集约利用村庄内部闲置土地等方式扩大村庄公共空间"[27]。2022 年《乡村建设行动实施方案》提出："建立政府组织领导、村民发挥主体作用、专业人员开展技术指导的村庄规划编制机制，共建共治共享美好家园。"总体上讲，这一阶段的方针是以乡村振兴战略和美丽乡村的推进为导向，以田园乡居为新的理想。通过合理利用村庄的闲置土地，构建村民的休闲、娱乐和交往空间，切实提升了村民的获得感、幸福感和安全感，同时也发掘了村民自治的主体性功能，有助于培育新时代农民。通过以上四个阶段可知，乡村空间的规划可以统筹安排各类资源，加快补齐乡村发展短板，其本质是对农村可持续发展问题的公共干预。

（三）打造农村生活空间需要优化农村生活功能

唯物辩证法认为，万事万物都处在运动变化发展之中，社会发展体现为一个连续性和非连续性的自然历史过程，量的积累是间接性质变飞跃的前提。乡村是最基本的治理单元，是国家治理体系的"神经末梢"。农村生活空间作为农村发展的重要载体，承载着农民不同的文化生活模式和人际交往方式。随着城乡融合战略、乡村振兴战略的实施，加之新型城镇化和全球化进程的不断推进，包括乡村生活空间在内的乡村空间发生整体性重构，乡村进入新的发展时期。

1. 聚落居住功能是乡村建设的基础构件

安居方能乐业，以住宅为中心的居住场所，是人们日常活动的基本要素。随着生活品质的不断提升，人们对居住环境提出了更高的要求。中共四川省委、四川省人民政府在《关于做好 2022 年"三农"重点工作 全面推进乡村振兴的意见》中提出：要"立足村庄现有基础开展乡村建设，坚持改造、保护、新建相结合，不盲目拆旧村、建新村"，着力打造布局优美、环境秀美、产业精美、生活甜美、社会和美、服务完美的现代化乡村样板。如今的农村人居环境已得到持续改善，如甘孜州炉霍县已建设了"幸福美丽新村"88 个、传统村落保护项目 5 个、入驻新居 487 户，为 108 个行政村配备了农村垃圾处理等设施。成都市天府新区老龙村对 9 组"D 级危房"进行了改造，形成三农微型博物馆聚落。[28]在甘孜州巴塘县，"桃源地坞"村民充分利用农村闲置房屋，使

"农房变客房"，入股集资建设打造木屋，通过"以宿带村、整村推进"的方式着力打造特色客栈。成都市郫都区战旗村加大了川西林盘、天府古镇等古建筑的保护修复和创新使用，变"拆改建"为"留改建"，打造了"吕家院子""集凤院子"等川西林盘新消费场景。[29]目前，随着农村的转型撤并，农村人口的转移和传统的生产生活模式发生了变化，乡村的散居已让位于城市的聚居，被改造的居民生活空间成为经济发展、观光体验的旅游性公共空间，而其他的传统村落被随意拆并消失，仅剩传统民居"空壳"。根据国家统计局2021年数据，目前四川省列入中国传统村落名录的传统村落有333个，省级传统村落有1046个。这些具有较高历史、文化、科学、艺术、社会、经济价值的村落承载着中华传统文化的精华，是农耕文明不可再生的文化遗产。

2. 休闲娱乐功能是乡村建设的必要条件

休闲文化是乡村文化的重要组成部分，与个人幸福、社会和谐和乡风文化有关。作为人的存在与发展的一种独特途径，"休闲同知识、美德、愉快与幸福是不可分离的"。[30]近年来，党和国家积极部署成立国家乡村振兴局，中共中央、国务院颁布《关于实施乡村振兴战略的意见》，发布《乡村建设行动实施方案》等，一系列顶层设计的推出，意味着在重视"三农"问题的基础上，将不断满足人民日益增长的美好生活需要，亦饱含着对发展乡村休闲娱乐文化的殷切希望。随着中国现代化进程的推进，乡村休闲产业逐渐兴起，如四川省乐山市以苏稽古镇为核心，打造"世界级旅游度假和美食体验目的地"；攀枝花市着力打造集"森林康养、山水田园、特色小镇"为一体的城郊康养文旅环线，发展自驾旅游、星空露营、登山健身、农事体验、赏花摘果等乡村休闲旅游新业态；都江堰市聚源镇双土社区常态化开展"众筹"过节、"乡遇双土"乡村音乐会等活动；达州市大竹县寨峰村以桃文化为核心，积极配套休闲旅游要素，目前已拥有农家乐10个、休闲农庄2个、乡村民宿6个，充分营造乡村田园乐"乡趣"、乡村建筑醉"乡居"、乡村庭院享"乡闲"的环境。在乡村振兴背景下，休闲娱乐与乡村闲适、乡村旅游、乡村民俗、乡村情感等紧密联系在一起，体现了新时期人民对闲暇生活的新的向往。但随着现代化媒体技术的飞速发展，乡村与都市之间快速融合，电子产品"打包了"农民的日常生活，也在一定程度上挤占了农村传统文化的生存空间。个别地方脱离实际，盲目撤村并居，导致极具当地特色的自然村落消失。

3. 社会服务功能是乡村建设的主要支撑

加强农村公共服务，提高农村服务质量，是推进乡村振兴战略的一个重要举措。农村的基本服务包括医疗、教育、社会保障、基础设施等方面，是我国推进农村改革的一个关键举措。以四川为例，为了完善社会保障制度，改善人民生活品质，2021年四川省人民政府印发了《四川省"十四五"公共服务规划》，提出到2025年，"以基本公共服务和普惠性非基本公共服务为主体、高品质多样化生活性服务业为有益补充的公共服务体系基本形成，公共服务便利共享水平明显提高，民生福祉达到新水平"，实现"老有所养、住有所居、病有所医、弱有所扶、劳有所得、学有所教、幼有所育"。随后，2022年《四川省"十四五"城乡人居环境规划》明确提出要"完善十五分钟生活圈服务配套，推动建立居住社区步行和骑行网络，串联若干个居住社区，统筹中小学、养老院等城市设施配套，逐步完善以社区综合服务设施为依托、专项服务设施为补充、服务网点为配套、社区信息平台为支撑的社区服务设施网络"。由传统村向"快乐村"转变，以"人"为中心的"共建"治理模式在农村展开。如泸州市合江县先市镇以片区为单元建设的"镇村生活圈"；眉山市东坡区多悦镇正山口村的"15分钟生活圈"；资阳市乐至县的"便民圈"。此外，还有"微型城市""市井生活圈""一键寻厕""云集市""最后一公里"等各项乡村"一站式"民生服务，以实际行动展示了让农村老人幸福地住在农村，让年轻人回家工作，让孩子们回到自然，让城市人民实现美丽的田园梦想。但是，目前川西一些地方的公共服务水平还不够均衡，服务水平与农民日益增长的美好生活需要还有差距。如阿坝州、甘孜州、凉山州等地由于信息传播慢，经济发展较弱以及交通通达度差，邮局、照相馆、公共厕所、公共停车位、充电桩等生活服务设施和生活要素配套不足。根据《2021年四川省统计年鉴》数据，阿坝州、甘孜州、凉山州共有541个乡，占全省的68%，且大多为山地和高原，呈现典型的散居式乡村空间形态，生活空间功能分区不清晰。

二 优化乡村生活功能的重要抓手：调整优化村庄布局

在满足我国发展需求的前提下，将农村的基本公共物品供应纳入城市发展的总体规划当中，能够在一定程度上缩小城乡之间的发展差异，并最终实现城乡基本公共服务的均衡，因此供给充足的公共产品是实现人民群众便捷生活功能的有效措施。当前我国部分农村地区生活功能缺失的主要诱因是公共产品供给效率低下，例如，资源配置不平衡，硬件软件不协调，基础建设和使用水平不高，公共服务人才数量不足，社会力量参与公共服务供给的活力和积极性还有待进一步激发。

（一）农村公共产品供给问题

1919年，西方学者林达尔在《公平税收》一文中首次提出"公共产品"，有的学者将其译为公共产品、公共物品（商品）、公共财货等。萨缪尔森对此也做出一个比较清晰的回答，这也是理论上的一个普遍的结论，他将公共产品定义为："能将效用扩展于他人的成本为零，并且无法排除他人参与共享的一种商品。"[31]即公共产品具有非竞争性、非排他性和不可分割性等特征，可以有效地弥补私有产品的缺陷，并能有效地克服市场失灵、垄断和外部因素。受国际国内多种因素影响，我国出现了城乡居民享受公共产品与服务的差异日益拉大等现实问题。乡村公共产品的低效供应已成为制约乡村生活功能发挥、缩小城乡差距的主要障碍，表现为：

供给总量不足。马克思在《哥达纲领批判》中指出，在进行个人分配之前，必须对社会总产品作必要的扣除，第一部分是生产资料的扣除部分，第二部分是消费资料的扣除部分。当前，我国农村公共物品供应总量的不足主要体现在两个层面：一是农业生产性和服务性基础设施建设不够，比如大型农田水利设施、道路、电信电网等基础设施缺乏；农村的信息化建设和交通运输、通信、农产品的营销等方面都很薄弱。二是农村的义务教育、医疗保险、社会保障等与农村可持续发展密切相关的公共产品供给不足。

供给结构不平衡。当前我国城乡有差异的公共产品供给体制，导致城乡之间、东西部地域之间供应不平衡。马克思公共产品理论从满足人类生存和公共利益的角度出发，认为社会生产力的发展使人们需要更多的公共产品，要根据需求得到优先和有效满足。他在《不列颠在印度的统治》中以用水问题为例明确指出："节省用水和共同用水是基本的要求，这种要求，在西方，例如在弗兰德斯和意大利，曾使私人企业家结成自愿的联合；但是在东方，由于文明程度太低，幅员太大，不能产生自愿的联合，所以就迫切需要中央集权的政府来干预。"[32]马克思对公共产品供应方式的思考，尤其重视并突出体现在国家的基础上，即根据本国的具体情况，选择最适宜的公共物品供应方式。同样，要使农村公共物品的投资能够得到有效的使用，就需要通过加速政府的变革和功能的转换来达到资源配置的公平性。

供给责任不明。马克思公共产品理论认为，"公共产品"的供给主体和供应形式可以是多元化的，而供应形式的选取取决于地方的生产率和整体的发展程度。因此，具有全国规模和全局性质的公共产品，必须在国家层面进行组织和供给；具有地方规模和区域限制的公共产品，必须在不同的层面上进行政策制定和独立安排。但是，在实践中，我国政府和市场、中央政府和地方政府在农村公共产品供给的职责分配不均衡，导致了应该由地方政府与农户共同承担的公共产品的费用，最后落在农村基层组织和农户身上。马克思和恩格斯都十分强调国家和政府的公共性职能，即"修筑铁路对于生产所产生的直接利益可能如此微小，以至于投资只能造成亏本，那时资本就把这些开支转嫁到国家肩上"[33]。"政治统治到处都是以执行某种社会职能为基础，而且政治统治只有在它执行了它的这种社会职能时才能继续下去。"[34] 由此可见，履行公共职能仍是国家存在的先决条件，因而要建立以政府为主导、全社会共同参与的多元供给体制。

【专栏 8.1】

公共产品理论及其农村供给关系

公共产品，是相对于私人产品而言的，具有共同消费性质的产品和服务。萨缪尔森在 1954 年以灯塔为例对公共产品进行了经典界定——"所谓公共产品就是所有成员集体享用的集体消费品，社会全体成员可以同时享用该产品；而每个人对该产品的消费都不会减少其他社会成员对该产品的消费。对于任何一个单个的消费者而言，他所消费的公共产品数量就是全社会的公共产品总量，公共产品在效用上不仅具有不可分割性"，"使用时的非竞争性、受益时的非排他性"的特征也逐步被经济学界广泛认同。

农村公共产品作为公共产品的一种，也具有非竞争性与非排他性的特征，可将农村公共产品分为私人产品、纯公共产品和俱乐部产品（混合产品）。如果是纯公共产品性质的、基础性的、全民受益的项目，如义务教育、医疗保障、基础设施、新农保、社会治安等，就由政府采取财政拨款、直接提供和兴办公共事业等管制类工具进行提供，以保障社会基本公共服务的均等化。而俱乐部产品是指消费上具有非竞争性或使用者增多后成本外溢性小和使用上可排他的产品，是公共产品和私人产品的混合，如农村自来水、电力、天然气、农村电信、有线电视、互联网、农村公交车等。这些都属于居民生活必需品，当公共产品外溢性较小，且政府财政收入不足时，农民倾向于一起组织起来进行生产供给，而非完全依赖政府财政拨款供给。可见，在农村多元供给模式中，政府、私人部门和民间组织会联合起来对农村进行治理，三者之间构成了相互补充、相互支持、相互监督的关系。

（根据保罗·萨缪尔森、威廉·诺德豪斯《经济学》编写，人民邮电出版社，2008年）

（二）调整优化村庄布局，提高公共产品供给效率

随着城市化的快速发展，我国农村规模和人口不断缩减，这在客观上需要对乡村进行合理的规划和优化，来提高公共产品的供给效率。第七次全国人口普查相关数据显示，居住在乡村的人口为 50979 万人，与 2010 年相比乡村人口减少 16436 万人。《中国城乡建设统计年鉴（2010）》显示，2010 年全国有 7.9 亿人口居住在村庄，但在 2020 年下降到 6.7 亿；2010 年全国共有 272 万个自然村，而在 2020 年下降至 236 万个自然村。可见当大量农村人口涌向城市，农村出现了空心化、老龄化的现象，农村空置房屋越来越多，甚至遭遗弃。习近平总书记强调："要以实施乡村建设行动为抓手，改善农村人居环境，建设宜居宜

业美丽乡村。"而要实现乡村生活空间的宜居适度，进行现代化新型农村社区的建设是必不可少的。这就需要调整优化村庄布局，优化乡镇区划版图，撤并人口流失严重的村庄，推行宅基地和耕地的合理利用，增加基础设施建设和公共产品供给。这些构想在一些地方以"合村并居"的形态表现出来，在另一些地方以"两项改革"的形态予以实施。以某些省份的合村并居为例，调整优化村庄布局以提高公共产品供给效率的措施有：

拆除农民住房，合并原有村庄。如山东省自然资源厅印发《山东省村庄规划编制导则（试行）》，明确"拟进行居民点建设规划的应按 1：500 实测工作底图""充分结合实际、尊重民意，通过走访座谈、现场踏勘、问卷调查和驻村体验等方式，全面了解村庄现状情况、问题和发展需求"。山东省在突出"山东特色"的村庄规划布局指导下稳妥推进合村并居，通过合村并居改革落后的农村结构和管理体制，可以更好地集约土地发展经济，也更好地实现农业生产现代化与生活现代化。江苏省在 2020 年也出台了《关于进一步依法规范农村"合村并居"工作程序的指导意见》，该意见确定了"合村并居"的设置规模，即"按社区居民委员会 2000—3000 户、村民委员会 1000—1500 户的规模设置"，能够满足农民 5 分钟的生活圈。同时，明确了"合村并居"适用的类型，即"未列入城乡规划发展保留范围的，人口或区域面积规模过小的，受国家大型工程建设影响需要重新划设的，群众合并意愿强烈"四种类型。这些措施都充分尊重了农民的意愿，以维护农民的合法利益为第一要务，以改善农民的生产和居住环境为基本起点。

加大资金投入，建立新型农村社区。如青岛市发布了《城阳区合村并居村庄规划编制工作实施方案》，要求"在全区保留一批历史文化和传统村落特色村，合理确定新型社区数量；城市开发边界内的村庄向城镇社区转型，形成城镇新型社区；城市开发边界外的村庄，通过合村并居，形成农村新型社区"。合村并居是适应城镇化和工业化的理性选择，是推动经济发展的有效手段，这项措施在安排农民迁居新楼时会给予较多补偿，比如产权置换、宅基地迁建安置费、住宅补偿费和社会保障费等方式。如东营区政府的补偿方式分为房屋产权调换和货币补偿两种，在每人每年 5000 元、连续支付两年安置费的基础上，实行"以房换房"的政策，或者按照应置换安置房的面积，获补偿款每平方米 3200 元，另外加其他补偿，如安置费、搬迁补助。[35]菏泽市在搬迁补偿标准上，正房每平方米的补贴价格为 500～700 元，偏房不到正房的一半，土坯基本不作价，安置房同正房等面积置换价格为每平方米 1100 元，超出的面积为每平方米 1800 元。[36]合村并居通过集中居住的方式，不仅可以形成规模集聚效应，优化土地资源配置，降低农村公共管理与服务成本，也使人民的生产、居住环境和质量得到改善，农民"住有所居"的权利和"住有优居"的需求得到满足，有利于加速实现农村社区化治理，促进乡村治理现代化。

住宅是生活功能优化的重要载体。"在早期，如果一个人碰巧失去了它的住所，它就几乎自动失去了它的公民身份以及法律的保护。"[37]"合村并居"的初衷是通过政府的介入来改善农民的基本生活状况，使乡村的城镇化发展得到强化，从而推动城乡融合。"合村并居"旨在调整优化村庄布局，提高乡村公共产品供给效率，是实现农村集聚发展的"民心工程"。但是，合村并居相关政策实施的实际效果与政府财政水平的高低、农民的富裕程度、新型社区的规划以及村民意愿等密切相关，"合村并居"过程中如果各方面统筹衔接不够，征求群众意愿不充分，工作方式不深不细，就会发生影响群众利益的问题。因此，要使合村并居得到切实的发展，不仅必须将政府的领导作用与农户的主体性有机结合起来，而且也应综合考虑经济、社会、文化、生态等多方面的地域差异，破除千城一面的"合村并居"。这就需要更多地强调社会公众的意志，增强人们对政府工作的满意度。正如习近平总书记强调："搞乡村振兴，不是说都大拆大建，而是要把这些别具风格的传统村落改造好。要实现生活设施便利化、现代化，能够洗上热水澡，村容村貌要整洁优美。"

三　稳妥推进"合村并居"工作

受城镇区域扩张、城镇人口自然增长和乡村人口流入城镇等因素影响，我国城镇人口持续增加。根据国家统计局 2023 年数据，"在 2022 年末，我国城镇常住人口达到 92071 万人，比 2021 年增加 646 万人；乡村常住人口 49104 万人，减少 731 万人。常住人口城镇化率为 65.22%，比 2021 年提高 0.50 个百分点。城镇化空间布局持续优化，新型城镇化质量稳步提高。"[38] 可见，未来中国的城镇化水平还有许多发展空间，城镇化仍然是解决"三农"问题的重要途径，而适宜的"合村并居"是统筹大中小城镇协同发展、充分利用公共资源使农民享受国家发展红利的重要一招。合村并居只是踏出了城镇化建设的一小步，对于社区内部村民的生活质量以及生活水平还需要进一步地关注。

（一）要做到利益协调，切实保护农民的生存权益

在人类学家斯科特看来，小农的行为逻辑遵循着生存伦理和安全第一，追求的是风险最小化而不是利润最大化。[39]"合村并居"过程中，由于生产关系和居住环境的变化，出现了农户家庭矛盾增多、农具存放空间不足、承包地距离过远、庭院经济消逝、失地农民就业安置困难、土地财产性功能逐渐凸显等问题，加大了农民的生活成本和社会风险，一些农户更是不愿意放弃自己的宅基地等土地权益。在这种情况下，首

先要提高农房拆迁后的补偿标准，减轻农民在新型社区的购房压力，增大农民在新型社区的居住面积；其次要妥善应对农民"进城"失败的风险，构建宅基地退出的弹性机制和可逆机制，保留一定的宅基地资源冗余；最后还要构建失地农民的社会化保障机制，通过社保补助、就业培训、集中养老、合作医疗、子女随迁入学等形式，妥善解决搬入新型社区后农民的社保、就业、养老、医保、教育等难题。合村并居的终极目的在于改善村民的居住条件，以解决其物质和精神上的需求。这样才能减轻农民的生活成本，分担农民并村失败风险，既留住农民的身，也留住农民的心。

（二）要做到分类指导，切实尊重农民的主体地位

列宁早年在研究俄国农业资本主义的发展问题时曾指出，"农民中一切经济矛盾的总和构成了我们所谓的农民的分化""这个过程意味着旧的宗法式农民的彻底瓦解和新型农村居民的形成"。[40]因此，正视小农经济和典型村落结构性分化的现实，对分类做好"合村并居"各项工作，切实发挥农民的积极性和主动性有着重要的指导意义。有学者以山东"诸城模式"为例，细致研究了两类不同村庄"合村并居"的整合路径和村民意愿。研究结果表明，靠近城镇地区的农村，产业转型早，农户整体小康水平高，而且各村落具有高度的相关性，特别是"合村并居"后，这些村落采用了引导资本推进社区化发展的方式，农村经营与企业发展形成了良好的互动关系，农户获得了更多的红利和更高的满意度。相反，离城区较远的村庄，农村居民的生活水平相对较低，农村与农村的联系也相对薄弱，这类村庄采取在不撤销原村庄的前提下规划建设新的中心社区，农民的入住率和认同感相对较低。这两种不同类型的村庄只是众多村庄的一个缩影，但也揭示了"合村并居"过程中需要注意的两点：一是要根据不同村落距离城区的远近和经济发展水平的不

同，依次推进"合村并居"工作，并采取不同的城乡融合模式和经济发展模式。二是既要发挥市场的决定性作用也要发挥政府的引导作用，产业基础和经济基础较好的村庄，可以走工业化带动城镇化的道路，依靠市场机制整合农村社区；产业基础和经济基础较差的村庄，可以走公共服务集约化带动社区化的道路，依靠政府构造的良好公共服务和便利社区空间，在较长时间内吸引农民搬迁入住，形成集聚效应。三是既要兼顾中坚农户和留守农户的生产和生活权益，也要兼顾离土离乡农民和新生代农民工的切身利益，给愿意继续从事农业生产的留足生产空间和生活空间，为愿意搬进新型社区的做好就业工作和社区服务。

（三）要做到尽力而为，一年接着一年干

1934年毛泽东在江西瑞金召开的第二次全国工农兵代表大会上，就强调"一切群众的实际生活问题，都是我们应当注意的问题"。[41]所谓"得民心者得天下"，新时代建设美丽宜居乡村，进行"合村并居"工作，中国共产党也应发挥马克思主义使命型政党的作用，根据经济发展规律和乡村建设规律，尽力而为，谋定而后动，切实解决群众关心的热点难点问题。首先，要谋划清楚乡村振兴、农地流转和"合村并居"工作的推动主体。在社会主义生产资料所有制下，乡村振兴和"合村并居"工作应坚持政府规划，农民参与，切实发挥政府引导作用和农民主体作用，把更多的土地增值收益留在农村、留给农民，这样才能实现既要想干事、又要能干事干成事的目标。其次，要谋划清楚宅基地拆迁和"合村并居"后新型农村社区的区域布局。农村转移人口市民化有城市化和城镇化两种模式，相比较而言城镇化后农民的生产生活半径相对较小、生活成本相对较低，应成为"合村并居"后新型农村社区发展的方向。同时应加强基础设施延伸和公共服务覆盖，使搬迁农民切实体会到新型农村社区生活的好处。最后，要谋划清楚乡村振兴和"合村并居"

政策的着力点。要想使农民从"生存小农"向"理性小农"转变，从兼业和流动状态向定居和稳定状态转变，"合村并居"后还应抓住"产业兴旺"这一着力点，加快工业和旅游服务业的发展，加快工业化和城市化的结合，为农民定居提供稳定的就业来源。只有坚持典型示范、自愿互利，农民才会分期分批地搬到新居中来，美丽宜居乡村建设的目标才会逐步实现。

（四）要做到量力而行，要有足够的历史耐心，坚守农村改革的底线

孟德拉斯于 1964 年发表《农民的终结》，当时轰动了法国学界，因为它预测"20 亿农民站在工业文明的入口处，这就是在 20 世纪下半叶当今世界向社会科学提出的主要问题"[42]。但 20 年后的 1984 年，当《农民的终结》在法国再版时，孟德拉斯发现乡村社会出现了"惊人复兴"，有些国家出现了农村人口的回归和乡村的复兴。这些经验告诉我们，我国在推进乡村振兴和"合村并居"工作的过程中，也应有足够的历史耐心，坚守农村改革的底线，在尽力而为的同时也要量力而行。首先，"合村并居"过程中要把各种可能出现的问题想在前面。如农民进入新型社区后的就业、社保、医疗、教育和精神文化生活能否得到保障，新生代进城务工人员和老一代不同的进城诉求如何得到满足，农村退出型、自给型、兼业型和发展型小农的利益如何得到保障等。在此期间要充分考虑到农户的意愿。其次，确保农村改革的正确方向。推进"合村并居"工作不可能一蹴而就，但在方向问题上不能出大的偏差。最后，坚持尽力而为、量力而行。要合理确定"合村并居"中的拆迁范围，新型社区建设的投资规模、资金来源等，科学制定项目的阶段性指标和工作要点，建立健全可持续发展的长效管理体制。要根据各地的经济社会发展水平量力而行搞建设，不能超越发展阶段大拆大建，不能提

脱离实际的口号和目标，更不能搞农民"被上楼"的形式主义和"形象工程"。

注释

[1] 复旦大学当代国外马克思主义研究中心：《当代国外马克思主义评论》（17），北京：人民出版社 2018 年版，第 476 页。

[2] 习近平：《论"三农"工作》，北京：中央文献出版社 2022 年版，第 69 页。

[3] 张富文：《马克思主义人本思想中国化研究》，北京：人民出版社 2019 年版。

[4] 习近平：《人民对美好生活的向往，就是我们的奋斗目标》，《人民日报》2012 年 11 月 16 日。

[5]《马克思主义哲学原理》（第 4 分册），北京：人民出版社 1959 年版。

[6]《马克思恩格斯选集》（第 1 卷），北京：人民出版社 2012 年版，第 158 页。

[7]《列宁全集》（第 32 卷），北京：人民出版社 1958 年版，第 383 页。

[8]《毛泽东 邓小平 江泽民论科学发展》，北京：中央文献出版社 2009 年版，第 48 页。

[9]《邓小平文选》（第三卷），北京：人民出版社 1993 年版，第 117 页。

[10]《马克思恩格斯全集》（第 45 卷），北京：人民出版社 1985 年版。

[11] 吕斌：《浅析新时代下农村经济发展的制约因素及对策研究》，《农业经济》2021 年第 7 期，第 41－42 页。

[12]《马克思恩格斯选集》（第 1 卷），北京：人民出版社 1995 年版，第 157 页。

[13]《马克思恩格斯文集》（第 9 卷），北京：人民出版社 2009 年版，第 313 页。

[14]《现代农村是一片大有可为的土地、希望的田野》，http://cpc.people.com.cn/n1/2019/0308/c64094-30966005.html，引用日期：2022 年 9 月 14 日。

[15]《马克思恩格斯文集》（第 1 卷），人民出版社 2009 年版，第 161 页。

[16] 马克思：《1844 年经济学哲学手稿》，北京：人民出版社 2000 年版，第 105 页。

[17] 恩格斯：《自然辩证法》，北京：人民出版社 1971 年版，第 18 页。

[18]《马克思恩格斯选集》（第三卷），人民出版社 2012 年版，第 998 页。

[19]《中共中央 国务院关于推进社会主义新农村建设的若干意见》，http://zqb. cyol. com/content/2006-02/22/content _1320090. htm，引用日期：2022 年 11 月 20 日。

[20] 吕建华，林琪：《我国农村人居环境治理：构念、特征及路径》，《环境保护》 2019 年第 9 期。

[21] 复旦大学当代国外马克思主义研究中心：《当代国外马克思主义评论》（6）， 北京：人民出版社 2008 年版。

[22] 中央爱国卫生运动委员会办公室：《爱国卫生运动经验介绍》，人民卫生出版 社，1958 年版，第 12 页。

[23] 国家环境保护总局政策法规司：《中国环境政策全书（下）》，北京：中国环境 科学出版社，2005 年版，第 1986 页。

[24]《国民经济和社会发展"十一五"规划若干问题学习回答》，北京：新华出版 社 2005 年版，第 234 页。

[25]《中共中央办公厅 国务院办公厅印发〈关于推动城乡建设绿色发展的意见〉》， https://www. gov. cn/zhengce/2021-10/21/content_5644083. htm，引用日期： 2022 年 11 月 20 日。

[26]《中共中央 国务院印发〈乡村振兴战略规划（2018－2022 年）〉》，http:// www. gov. cn/zhengce/2018-09/26/content_5325534. htm. ，引用日期：2022 年 9 月 14 日。

[27]《中共中央办公厅 国务院办公厅印发〈农村人居环境整治提升五年行动方案 （2021—2025 年）〉》，http://www. gov. cn/zhengce/2021-12/05/content_ 5655984. htm，引用日期：2022 年 9 月 14 日。

[28]《这个村就是一个微型博物馆聚落》，https://epaper. scdaily. cn/shtml/scrb/ 20210310/251267. shtml，引用日期：2022 年 9 月 14 日。

[29] 严碧华：《战旗村：走在前列，起好示范》，《民生周刊》2023 年第 13 期。

[30]［美］托马斯·古德尔，杰弗瑞·戈比：《人类思想史中的休闲》，成素梅，马 惠娣，季斌等译，昆明：云南人民出版社 2000 年版。

[31]［美］保罗·萨缪尔森，威廉·诺德豪斯：《经济学》（第 16 版），萧琛等译，

北京：华夏出版社 2002 年版。

[32]《马克思恩格斯文集》（第 2 卷），北京：人民出版社 2009 年版，第 679 页。

[33]《马克思恩格斯全集》（第 46 卷 下册），北京：人民出版社 1980 年版。

[34]《马克思恩格斯选集》（第三卷），北京：人民出版社 1995 年版。

[35] 刘佳岩，刘佳倩：《合村并居实施机制的研究——基于东营区 BG 村的个案观察》，《农村经济与科技》2022 年第 11 期，第 185－188 页。

[36] 吴红宇，沙家辉：《公民权益与政府权力的嵌合困境及其链接方略——以合村并居为视角》，《云南行政学院学报》2022 年第 2 期，第 130－139 页。

[37]［美］汉娜·阿伦特：《人的境况》，王寅丽译，上海：上海人民出版社 2012 年版，第 41 页。

[38] 王萍萍：《人口总量略有下降 城镇化水平继续提高》，http://www.stats.gov.cn/xxgk/jd/sjjd2020/202301/t20230118_1892285.html，引用日期：2023 年 7 月 1 日。

[39]［美］詹姆斯·C. 斯科特：《农民的道义经济学：东南亚的反叛与生存》，程立显，刘建等译，南京：译林出版社 2001 年版，第 1 页。

[40]《列宁全集》（第 3 卷），北京：人民出版社 1984 年版，第 10 页。

[41] 中华人民共和国全国妇女联合会：《毛泽东主席论妇女》，北京：人民出版社 1978 年版，第 8 页。

[42]［法］H. 孟德拉斯：《农民的终结》，李培林译，北京：中国社会科学出版社 1991 年版，第 1 页。

第九章 乡村建设行动的着力方向：
涵养乡村生态功能

1909 年春，富兰克林·H. 金教授携家人远涉重洋，游历了中国、日本和朝鲜，考察了东亚三国的古老农耕体系，反思美国与东亚农业模式的区别、两者的资源禀赋差异以及东亚生态农业的优越性。在此基础上，富兰克林将这段经历结集成书，取名为《四千年农夫——中国、朝鲜和日本的永续农业》并正式出版，引领了对生态农业的理性思考。富兰克林以现代土壤化学的眼光解读几千年来农耕文明的生态经验，将传统生态理论与现代科学相结合，思考农村生产功能、生活功能与生态功能有机融合的现实可能性。

万里江山瑰丽旖旎，铸就了中华山水田园的画意诗情，也造就了繁盛富足的农业经济。中国传统农耕文明蕴含人与自然和谐发展的自然哲学，积累了丰富的朴素生态文明思想，包括"天人合一"的自然观，遵循自然规律、保护生态环境的思想以及维护生态平衡、使自然资源得以永续利用的思想。中国农民以朴素的生态智慧将农业生产的山水溪流、良田美池同农村生活的篱笆屋舍相融合，形成可循环的自然生态圈，使得一切生产场景、生活场景都成为农村生态景观的一部分，发挥其生态价值，从而孕育出安贫乐道、寄情山水、诗意栖居的传统生态文明。新中国成立后，在中国共产党的领导下，乡村生态文明建设取得历史性成就，在物质条件不断发展的同时，着力发挥农村生态功能，促进生态共建共享。党的十八大以来，乡村的生产、生活、生态"三生空间"功能耦合协调成为国土空间布局和乡村建设行动的重点方向，要着力协调乡村生活区、农产品主产区、生态功能区，发挥生产集聚、生态宜居、生活便利的现实功能，形成功能明显、优势互补、高质量发展的乡村建设新格局。

一　乡村建设行动为何要涵养乡村生态功能

所谓生态功能，国内学界将其定义为维系生物多样性、提供物质资源、维持自然生态系统平衡，满足人类基本生态需求，保障人类生产、生活运行所需的基本环境条件中所发挥的作用。[1]乡村生态功能则是在农业生产过程中对生活环境与生产条件的可持续性再生，满足人们生态需求，实现乡村生态、绿色和循环发展。一直以来，乡村生态功能发挥都是乡村建设的重要环节和关键领域，也是当前乡村建设行动的着力方向。

（一）涵养乡村生态功能是马克思主义生态思想的题中之义

生态功能发挥是人类生存的必要物质基础。马克思认为，自然是人生存发展的基石，人与自然、社会处在复杂、动态的物质交换之中，自然生态为人类生活提供生存空间和物质资料，人类劳动也推动自然生态的发展。一方面，自然界为人类提供劳动资料和劳动对象。马克思在《1844 年经济学哲学手稿》中指出："自然界是人为了不致死亡而必须与之处于持续不断的交互作用过程的、人的身体。所谓人的肉体生活和精神生活同自然界相联系，不外是说自然界同自身相联系，因为人是自然界的一部分。"[2]另一方面，人类在依赖自然界的同时，也在维持自身生存的劳动实践中改变自然界，不断确证自身类本质的存在，人"通过实践创造对象世界，改造无机界，人证明自己是有意识的类存在物"[3]。

生态功能失衡成为社会历史发展的重要缺陷。随着人类生产力的发展，被人类实践活动改造过、打上了人类主体意志烙印的人化自然的范围随着人们的足迹不断扩展，人在自然的物质交换过程中得到生活资料，并对自然的控制能力增强，但同时也遭遇了自然报复。恩格斯在《自然辩证法》中深刻地指出："美索不达米亚、希腊、小亚细亚以及其他各地的居民，为了得到耕地，毁灭了森林，但是他们做梦也想不到，这些地方今天竟因此而成为不毛之地，因为他们使这些地方失去了森林，也就失去了水分的积聚中心和贮藏库。"[4]资本主义制度下的逐利、短视和功利思想对整个自然生态造成巨大破坏，"为此需要对我们的直到目前为止的生产方式，以及同这种生产方式一起对我们的现今的整个社会制度实行完全的变革"[5]。资本的趋利本性使得自然界成为增值的客观条件，在同一土地上反复进行无期限的资本投资破坏了土地自然肥力的属性，导致了土地肥力的不可持续性，生态功能被严重破坏。同时，资本主义的发展使城乡对立日益严峻，农村生态空间和生活空间被无限挤压，人与自然关系的物质变换断裂，生态危机此起彼伏。

生态功能完善是未来社会的发展趋势。马克思认为，共产主义"作为完成了的自然主义，等于人道主义，而作为完成了的人道主义，等于自然主义，它是人和自然界之间、人和人之间的矛盾的真正解决，是存在和本质、对象化和自我确证、自由和必然、个体和类之间的斗争的真正解决"[6]。共产主义承认自然对人的先在性、人对自然的依赖性和能动性，通过对私有制的消灭，将劳动力与生产资料相结合，建立联合生产的公有制，从制度层面协调人与自然之间的矛盾。通过消灭私有制，共产主义使社会成员共同占有生产资料和劳动产品，农业生产摆脱资本的控制，科技、金融、信息等生产要素成为农业生产和改造自然的积极要素，人与自然的关系在优美的自然生态环境中从异化状态复归。在共产主义社会中，小农阶级和农业无产者维持肉体生存的活动向自由自觉的活动转变，自然环境不再是奴役人类的外在条件，成为充分、可持续地满足人类的物质生产和精神生活需要的客观存在，完整地发挥着自身的功能。

（二）涵养乡村生态功能是中国农村生态文明建设的核心课题

挖掘乡村生态功能既是马克思主义生态思想中国化的重要课题，也是生态文明建设的题中之义，更是社会主义现代化建设的必然要求，具有重要的理论和现实意义。从抗战时期的农村卫生整风到新中国成立以后的爱国卫生运动、"两管五改"（其中"一管"为管粪，"一改"为改厕所）再到新农村建设、乡村振兴战略，挖掘乡村生态功能始终是党不断推进的核心课题。

中国共产党自成立以来，其前途命运就与农村息息相关。从《湖南农民运动考察报告》《星星之火，可以燎原》到井冈山革命基地的建立，以毛泽东为主要代表的中国共产党人，摸准了中国革命的农村命脉，发动农民、改变农村，解放全国，充分利用乡村的生态条件，取得了新民主主义革命的伟大胜利。新中国成立之后，党领导农村以丰富的自然资源和环境优势，支援了工业发展，为新中国进一步发展奠定了坚实基础。

改革开放时期，农村以"敢为天下先"的勇气，试点了家庭联产承包责任制等改革措施，掀开了改革开放时代浪潮的宏伟序幕。然而，党和国家各项事业共同发展的同时，乡村生态环境成为农村事业的治理短板。一直以来，农业与工业发展的"剪刀差"、农村生态与农村经济二元悖论成为阻碍农村发展的"绊脚石"。在城市巨大的虹吸效应下，农村自然资源、劳动力优势逐步消耗殆尽，生态环境日益恶化，生态功能难以发挥。面对这样的局面，党始终关注农村发展，致力于改善农村环境，试图激发农村生态功能的积极效益，平衡自然环境与经济发展。

进入新时代，随着人民生活水平不断提高，社会主要矛盾发生变化，乡村生态功能也有了更多现实要求和时代意蕴。党的十八大以来，我国农村依托自身生态资源和区位优势探索出多元化的绿色生产之路，激发了乡村的生态功能。党的十九大进一步提出乡村振兴战略，以生态振兴推动农村生态功能发挥，建设生态宜居美丽乡村。2020 年，习近平在中央农村工作会议上强调，要保持战略定力，制定更具体、更有操作性的举措，以钉钉子精神推进农业面源污染防治……

（三）涵养乡村生态功能是乡村建设行动的实践要求

涵养乡村生态功能是乡村建设实践的必然要求，是社会主要矛盾转变下人们对美好生活的向往。只有通过挖掘和发挥乡村生态功能才能解决乡村建设行动中的生态矛盾，满足人们对绿色生产、健康生活和生态共享的现实需求。

挖掘乡村生态功能仍然是我国乡村建设的难点、痛点、阻点，小农生产习惯难以改变导致环境污染问题仍然严重，生态意识淡薄、生态管护机制不健全等实践问题限制乡村生态功能的发挥。首先，受小农生产思维的影响，农民乐于选择成本低廉、产出高效的生产方式，对肥料施放、农药喷洒具有主观性，对农残废弃物、农膜回收处理具有随意性，缺乏相应的社会责任感和生态保护意识，存在对水资源、化肥、农药等资源的利用效率较低，大水漫灌、粗放撒肥等行为。其次，生态生活意识欠缺。垃圾分类、污水处理是农村生态文明建设的两大拦路虎。由于文化水平和固有观念，农村居民对垃圾分类的标准不明、具体操作不清、认知程度较低，抵触心理较强，难以主动配合垃圾分类工作。与此同时，农村垃圾分类设施、收储转运制度以及监管机制等方面存在的客观问题也会导致垃圾分类意识难以深入人心。并且受传统生活习惯影响，农村居民对农村生活污水排放问题缺乏重视，部分地区存在各类生活污水、养殖污水、降雨污水随意排放到自建粪池、河流水塘，污染各类地表水源，导致病菌滋生、动植物患病死亡等问题。最后，农村人居环境建设和管护是"一体两面"的关系，部分地区建设好了，却出现"无人管、无钱管、无机制管、没人用"的现象，建管脱节的状态，导致重复建设、无效建设和资源浪费等问题。

随着社会物质财富的不断积累，人民生活水平不断提高，对生态绿色美好生活的向往和需求不断增加。首先，挖掘乡村生态功能可以激活乡村生态经济，满足人们对乡村绿色生产的需求。以往粗放式的发展道路过度消耗了农村发展资源，带来环境破坏、资源枯竭等后果，经济效益呈现边际效益递减趋势。而以生态农业为抓手，将农田园区作为科研教学、旅游观光、休闲康养的重要载体，进军休闲农业和乡村旅游，着力打造生产、消费、生态、文旅一体的田园综合体，可以提高农业生产的经济效益和环境效益，促进乡村共同富裕。其次，挖掘乡村生态功能可以优化生态空间，满足人们对乡村健康生活的需求。通过乡村生态保护与开发，稳步有序推进农村人居环境突出问题治理，因地制宜推进农村"厕所革命"、垃圾分类处理等系统工程，逐步解决农村群众居住环境中的痛点、难点、堵点，满足人们对清洁空气、清洁水源和清洁食品的基本需求，提高农民群众生活品质。最后，挖掘乡村生态功能可以完善乡村生态建设，满足人们对乡村生态环境的需求。通过山水林田湖草沙综合治理，构建良好生产生态空间，给予更多生态美学和生态享受。贯彻系统思维，统筹整治农村污水，深度治理农村生态污染，清洁湖泊、湿地等水域面积，在农村开展大规模植树造林和国土绿化行动，预防和改善水土流失、荒漠化，才能全面提升自然生态系统的稳定性，促进生态环境共建共享。

二　涵养乡村生态功能的重要载体：美丽宜居乡村建设

美丽宜居乡村建设是社会主义新农村建设的升级版，也是中国共产党挖掘乡村生态功能历史实践中的重要载体。从社会主义新农村建设到乡村振兴战略，如何涵养乡村生态功能以越来越清晰的、具象化的形态展现。在不断探索的实践过程中，生态与宜居的辩证关系日益清晰，乡村生态功能的外延和内涵更加丰富。

生态美丽是宜居生活的物质基础。农村是人与自然最紧密的联结点，富有生态资源与田园风光。生态宜居的美丽乡村，不仅仅是"屋舍俨然，阡陌相通"，而是要"让居民望得见山、看得见水、记得住乡愁"。2012 年，党的十八大提出大力推进生态文明建设，努力建设美丽中国的奋斗目标。[7]在此背景下，2013 年中央一号文件提出要加强农村生态建设、环境保护和综合整治，努力建设美丽乡村。[8]2015 年中央一号文件强调，"中国要美，农村必须美。繁荣农村，必须坚持不懈推进社会主义新农村建设。"[9]通过多样化的乡村生态建设行动与农村人居环境整治措施，打造生态美丽的现代田园宜居地。经过十年的农村实践，我国逐步深化对"良好的生态环境是宜居生活的物质基础"的科学认识，从单一的环境治理转向系统的生态治理。美丽宜居乡村建设坚持生态环境的保护性开发，优化自然环境要素，奠定了美好生活的空间基础。通过协调村庄布局、建筑风貌与自然景观，依据美的尺度审视、调整人与生态环境的关系，保留田园风貌和地域风情的同时，加强生态教育，爱护生态环境，发展具有历史记忆、地域特色、民族特点的生态美丽乡村，展示乡村生活的美好形象。

宜居生活是生态美丽的精神内核。绿色的生产空间、舒适的生活空间、美丽的生态空间共同构成生态宜居的核心要素，生态美丽的乡村环境以便利宜居为价值取向和重要目标。2022年中央一号文件指出，"必须着眼国家重大战略需要，稳住农业基本盘、做好'三农'工作，接续全面推进乡村振兴，"[10]将构建良好的人居环境作为农村建设不可或缺的一环。美丽宜居乡村建设通过农村人居环境整治优化乡村生态环境的同时，还加强了农村基础设施建设，完成水、电、气、网、路、物流这"六通"环节，稳步有序推进农村人居环境突出问题治理，便利群众生活，提高农民群众生活品质。

【专栏 9.1】

美丽宜居乡村建设

美丽宜居乡村建设在乡村振兴战略的总体要求之中，是乡村建设行动中的重要组成部分，也是农业农村现代化的重要内容之一，具体内涵包括以下几个方面：

生态美丽。美丽宜居乡村建设对生态美丽的追求不是大拆大建，也不是大包大揽，而是各具特色，风貌万千，体现乡情乡愁的优美自然环境。一方面，加强国土空间布局，合理规划农村产业功能区、生活功能区、生态功能区，从而在最大限度实现生物多样性、重点保护物种种群动态监测、水土功能管控等生态环境保护任务的同时，达到乡村生产致富、生活舒适、生态优美的理想状态。

绿色发展。乡村绿色产业发展，一是规模经营，走集约化发展之路。实现小农户与规模经营相衔接，消除小农生产的负外部性，打造集约化、规模化的农业生产园区。二是科技赋能，走农业现代化之路。利用现代科技建设自动化温室大棚，广泛推广肥水一体化体系、病虫害监测系统、土地墒情监测体系等生态技术手段。三是农文旅结合，走融合发展之路。鼓励农田园区成为科研教学、旅游观光、休闲康养的重要载体，进军休闲农业和乡村旅游，着力打造公园式田园综合体。

低碳宜居。积极探索太阳能、风能等清洁能源，广大农村地区加快生物质能、太阳能等可再生能源在农业生产和农村生活中的应用，推进农村建设和绿色低碳转型。同时，稳步有序推进农村人居环境突出问题治理，因地制宜推进农村厕所革命、垃圾分类处理等问题，逐步解决农村群众居住环境中最为关切的生态问题，提高农民群众生活品质。

（根据袁倩《乡村绿色发展之路：坚持人与自然和谐共生》编写，中原农民出版社，红旗出版社，2020年）

三　美丽宜居乡村建设中的困难和挑战

当前，我国美丽宜居乡村建设中仍存在不少难点，如农村基础设施依然薄弱，人居环境脏乱差现象突出；农民建房缺乏科学规划和设计，有新房无新村；农村精神文明建设相对滞后，有新村无新人等。这些难点问题的产生，既和城乡差距扩大、农村投入不足等传统因素有关，又和现代化进程中农业、农村和农民的急剧转变有关。

（一）传统农业向现代农业急剧转变，绿色清洁生产难

区分传统农业和现代农业的标志是使用的生产要素不同。"一个得到并精通运用有关土壤、植物、动物和机械的科学知识的农民，即使在贫瘠的土地上，也能生产出丰富的食物。"[11]这里的科学知识就包括农药、化肥、饲料、农膜、农机等现代生产要素。传统农业向现代农业的

急剧转变过程中，粮食产出丰富了，但土地可能会受到污染，变得更加贫瘠。小农生产以劳动密集型的精细耕作、村社与个人的"经济理性"打造了中国农业的生态循环系统。但随着科学技术的发展、大规模农业化学品的使用，小农生产思维成为农业生产污染、农村环境破坏的重要原因。"……过度养殖、过度捕捞、过度放牧等现象还大量存在，种地还是大肥大药，一些缺水地区还在搞大水漫灌，秸秆、粪便、农膜还没有得到有效治理和利用。"[12]农村要美，作为生产源头的农业必须美。打好面源污染防治攻坚战，确保农业清洁生产，农村绿色发展，是建设美丽宜居乡村的基础。

（二）传统村落向现代村落急剧转变，乡愁记忆保留难

乡村生态文明是中华文明的重要组成部分。村庄是这种文明的载体，耕读文明是我们的软实力。[13]但随着工业化和城镇化进程的加速，部分传统村落或逐渐消失，或被改造得面目全非，既没捕捉到城市的气息，也没保留住乡野的生态质朴。如今再论乡愁，许多人感到欲说还休。农村作为我国传统文明的发源地，乡土文化的根不能断。在传统村落向现代村落的急剧转变中，农村不能成为荒芜的农村、留守的农村、记忆中的故园。[14]这就要求我们建设开发中尽可能保留村庄原始风貌，慎砍树、不填湖、少拆房[15]，搞好山水林田湖草沙综合治理，让农民望得见山、看得见水、记得住乡愁[16]。这无疑对当前美丽宜居乡村建设提出了更高的要求和极大的挑战。

（三）传统农民向现代农民急剧转变，人居环境整治难

中国的传统农村是一个"乡土社会"和"熟人社会"。土地是农民的命根子，他们靠种地谋生，依村落而居，形成自己的圈子和文化。在村庄里，农民"工作和居住的纽带关系，又常和宗族关系交织而互相强

化。从这一角度上讲，村庄是一个闭塞的，或许也是紧密的共同体"[17]。随着家庭承包制的长期推行和市场经济的深入发展，当代中国农村逐渐显露出"工业社会"和"半熟人社会"的特征。其具体表现是：水泥路通了，堵车的情况却多了；新房盖起来了，私搭乱建的却多了；生活现代化了，垃圾乱扔、污水乱流的现象却多了。在乡村工业化进程中，农民的消费潜力不断释放，消费档次不断攀升，消费剩余的废弃物不断增多。与此同时，我国农村基础设施相对不完善，导致农村耐用消费品市场空间相对狭小。在社会结构原子化进程中，每个农民的权利是清晰的，应承担的公共义务却是模糊的，传统村规民约的约束力下降，新的乡村社会秩序又迟迟没有构建起来。在这种状态下，农村人居环境整治面临着新的挑战和难题，"屋里现代化、屋外脏乱差"成了某些村庄农民居住环境的真实写照。

四　美丽宜居乡村建设应坚持"六个取向"

美丽宜居乡村建设是新时代乡村发展的必由之路。面临着绿色清洁生产难、人居环境整治难、乡愁记忆保留难等突出矛盾，应关注小农生产、小农思维和小型管护的负外部性问题。我们必须坚持整体谋划，做好美丽宜居乡村建设中的规划和设计；坚持分类推进，保证美丽宜居乡村建设中的灵活性和多样性；坚持渐近实施，保证美丽宜居乡村建设中的稳妥性和实效性；坚持引领带动，提升美丽宜居乡村建设中的参与度和获得感；坚持人文关怀，重视美丽宜居乡村建设中的乡愁记忆和文化传承；坚持改革创新，注重美丽宜居乡村建设中的互联互通和共建共享。

（一）做好美丽宜居乡村建设中的规划和设计

1983 年 3 月，邓小平同志"经江苏到浙江，再从浙江到上海，一路上，看到情况很好，人们喜气洋洋，新房子盖得很多，……因为土地不足，向空中发展，小城镇和农村盖二三层楼房的已经不少。"[18] 改革开放后，随着经济发展水平的普遍提高，即使在中西部地区的农村腹地，盖二三层楼房的也越来越多了。但由于缺乏规划和设计，农村建房中也出现了一些矛盾和问题。如采光权受损，邻里矛盾大；入户巷道狭窄，停车难问题突出；私搭乱建严重，公共空间受到侵占等。因此，要想建设美丽宜居乡村，就必须坚持规划先行，整体谋划村庄布局和建筑风貌，具体措施有两点。一是要加强村民建房质量和风貌管控的要求，明确建筑的材料、层高、间距和容积率等，改善村庄的道路、供水设施、宽带、停车场、厕所等基础设施建设，制定田园风光、自然景观、建筑风格和文化保护的具体标准，遵循乡村自身发展规律，注意乡土味道，保留乡村风貌，留住田园乡愁。二是要编制和完善县域内村庄和城镇建设规划，根据村、镇经济社会发展状况和人口增减变化趋势等情况，明确一般镇和重点镇、一般村和中心村的规划布局和建筑风貌，"发展具有历史记忆、地域特色、民族特点的美丽乡镇，不能千城一面、万楼一貌。"[19]

（二）保持美丽宜居乡村建设中的灵活性和多样性

社会主义新农村建设，一些地方简单地将其理解为"新村庄建设"，片面抓住"村容整洁"这一层面，实行"钱多盖房子，钱少刷房子，没钱立牌子"。[20] 当前，我们搞美丽宜居乡村建设，应充分吸收前期新农村建设中的经验教训，坚持分类推进原则，坚持灵活性和多样性的统一，由"千村一策"向"各美其美"迈进。2014 年，农业农村部根据全国各地创建美丽乡村的成功路径，发布了中国"美丽乡村"十大创建模式，分别为产业发展型模式、生态保护型模式、城郊集约型模式、社会综治型模式、文化传承型模式、渔业开发型模式、草原牧场型模式、环境整治型模式、休闲旅游型模式、高效农业型模式。根据农业区位理论，依据乡村距离中心城镇远近的不同，上述模式可以简化为两种，分别为城郊地区模式和纯农区模式。城郊地区的农村经济发达，人口集中居住程度高，公共服务网络健全，可结合"城中村、镇中村改造，自然村整理，中心村建设，引导村集体积极发展物业经济、休闲农业"[21]，进而带动环境整治和生态保护。纯农区、偏远山区、渔区的农村经济较为落后，人口居住分散，城乡交流并不活跃，在这种情况下可参照日本20世纪实现资源整合，推动产业转型的"一村一品"运动的经验，深度挖掘各乡村的特色优势产业，"打响绿色农业村、红色旅游村、蓝色渔乐村、古色古香的文化村等特色村的品牌"[22]，进而带动经济发展和乡村建设。

（三）保证美丽宜居乡村建设中的稳妥性和实效性

美丽宜居乡村建设的目标很多，任务很重。2013年农业部办公厅关于开展"美丽乡村"创建活动的文件中，将其特征描绘为"天蓝、地绿、水净、安居、乐业、增收"六个方面。[23]有些学者将其进一步凝练为六个方面的"美"，即"产业美、环境美、生活美、人文美、和谐美、建设美"。[24]这几个方面其实是广义的美丽乡村，和原来的新农村建设的目标有些相似。2017年中央一号文件中将其细化为八个小的方面：生活垃圾专项治理、治污改厕、田园建筑示范、农村公路运营、安全饮水和河塘整治、农村电网和新能源利用、宽带光纤入村、公共文化覆盖。对于城郊富裕村来说，这几个方面可以一同实施，整体推进；但对于纯农区的贫困村来说，恐怕要选一些群众反映强烈，投资少见效快的项目，渐进实施，稳妥推进效果更好。"特别是欠发达地区和山区县要把村庄整治建设的重点放到生态环境整治上……从花钱少、见效快的农村垃圾集中处理、村庄环境清洁卫生入手，推进村庄整治建设。"[25]要尽快改变农村许多地方污水乱流、垃圾乱扔、秸秆乱烧的脏乱差状况。这件事，不管是发达地区还是欠发达地区都要搞，标准可以有高低，但最起码要给农民一个干净整洁的生活环境。[26]

（四）提升美丽宜居乡村建设中的参与度和获得感

建设美丽宜居乡村，必须激发广大农民群众主动参与、自力更生的潜能。农民这一头不热，建设美丽宜居乡村就会缺乏持久动力，建设热潮最终也持久不了。"发挥农民群众的主动性和创造性，关键是要让农民得到实惠，让他们感觉到建设新农村有奔头、有干头。"[27]如20世纪70年代韩国的"新村运动"在许多发展中国家中产生了积极影响，形成了"韩国模式"的农村现代化道路，为政府节省了大量的财政资金，帮助人民树立了自信与合作的良好精神道德风貌。[28]农民的积极性和参与率日益高涨，是因为新村项目的筛选和排序充分征求了农民的意见，这些都是他们所急需的。排在前五位的项目分别是：宽阔笔直的进村公路、修建跨河的小桥、宽阔笔直的村内道路、村庄排污系统的改善、瓦屋顶取代茅草屋顶。这说明随着半自给农民的生产向市场化转变，村级不发达的道路交通成为最迫切需要解决的问题。[29]当前我们搞美丽宜居乡村建设，也要充分尊重农民的意愿和选择，构建需求导向型的新农村建设模式，实现由"物的新农村"向"人的新农村"迈进。要提高农民科学文化素质、民主参与意识和团队合作精神，使美丽宜居乡村"内外兼修"，成为农民安居乐业的美好家园。要让村民住上好房子，过上好日子，养成好习惯，形成好风气。

（五）重视美丽宜居乡村建设中的乡愁记忆和文化传承

在建设美丽宜居乡村过程中，我们可能经常听到"村里没有资源、没有学校、道路条件太差"等叹息声，什么是资源呢？资源就是一个村子、一个地区值得骄傲的东西，如土特产品、风景名胜。哪怕是一首民谣，如果能开发成在全国乃至全世界都能叫得响的产品，就是这个地区独特的资源、文化和记忆。在传统的新农村建设思路下，我们经常是"只见新房、不见新村，只见新村、不见新貌"；在很多农民聚居区和中心镇，我们经常是"走了一村又一村、村村像城镇，看了一镇又一镇、镇镇像农村"。[30] 为了摆脱这种被动局面，我们就必须"念好山海经、唱好林草戏、打好生态牌"，重视乡愁记忆，重视文化传承，把劣势转化为优势，把"绿水青山"转化为"金山银山"。在这方面，浙江淳安的下姜村、奉化的滕头村、兰溪的诸葛村、永嘉的芙蓉村、武义的郭洞村弘扬乡土特色文化、保护历史文化村落、建设农村文化礼堂的经验值得学习。四川成都郫都区的青杠树村、邛崃市的冉义镇、崇州市的五星村等地的"小组微生"的美丽宜居乡村建设理念也值得借鉴。小规模聚居、组团式布局、微田园风光和生态化建设中，农民的生活既"变"了又似乎"没变"，变的是居住环境，没变的是那份记忆中的乡愁。

（六）注重美丽宜居乡村建设中的互联互通和共建共享

汝果欲支农，功夫在农外。美丽宜居乡村建设，还应放在城乡统筹发展的大背景下，通过健全城乡发展一体化体制机制，推动城市基础设施向农村延伸，城市公共服务向农村覆盖，让广大农民共享改革发展成果。在这方面，美国 20 世纪的城市郊区化运动及其带动农村发展的一些经验值得我们借鉴。政府所作的事情，一是以交通和通信技术的发展来促进郊区化和城乡一体化。20 世纪 50 年代美国州际高速公路的快速建设及向乡村的放射延伸为郊区化创造了条件，私人汽车和电话的普及也使得郊区生活的便利化程度大大提升。二是实行鼓励和创新的政策。大力兴建横跨城乡的公路、铁路、地铁，推动农村电气化。在各种技术、经济、环境和社会文化等因素推动下，美国城市的郊区化随着城市由东向西呈现出波浪式推移的特征。当前，我国正在全面深化以土地承包经营权、宅基地使用权、集体经营性建设用地入市权为核心的综合改革，农地农用，宅基地只能在集体经济组织内部流转是政策的底线。但是否可以通过改革创新，盘活宅基地和经营性建设用地的使用权，通过共建共享为广大农村输入外部性资源，就成为破解美丽宜居乡村建设资金难题的重要一环。同时我们先期应加大城乡公交、道路、电力、供水、排污、网络一体化等基础建设，打通美丽宜居乡村融合城市发展的"最后一公里"，为将来的农地制度改革和居住制度创新赢得"最先一公里"。

注释

[1] 段亚明，许月卿，黄安等：《"生产－生活－生态"功能评价研究进展与展望》，《中国农业大学学报》2021年第2期，第113－124页。

[2]《马克思恩格斯选集》（第三卷），北京：人民出版社2012年版，第55－56页。

[3]《马克思恩格斯选集》（第一卷），北京：人民出版社2012年版，第56页。

[4]《马克思恩格斯选集》（第三卷），北京：人民出版社2012年版，第998页。

[5]《马克思恩格斯选集》（第三卷），北京：人民出版社2012年版，第1000页。

[6]《马克思恩格斯文集》（第1卷），北京：人民出版社2009年版，第185页。

[7]《十八大以来重要文献选编》（上），北京：中央文献出版社2014年版，第30－31页。

[8]《中共中央 国务院关于"三农"工作的一号文件汇编（1982—2014）》，北京：人民出版社2014年版，第268－269页。

[9]《中共中央 国务院印发〈关于加大改革创新力度加快农业现代化建设的若干意见〉》，《人民日报》2015年2月2日，第1版。

[10]《中共中央 国务院关于做好二〇二二年全面推进乡村振兴重点工作的意见》，《人民日报》2022年2月23日，第1版。

[11]［美］西奥多·W.舒尔茨：《改造传统农业》，梁小民译，北京：商务印书馆1987年版，第4页。

[12] 习近平：《论坚持全面深化改革》，北京：中央文献出版社 2018 年版，第
    404 页。

[13] 同［7］，第 605 页。

[14] 同［7］，第 682 页。

[15] 同［7］，第 606 页。

[16] 同［7］，第 606 页。

[17] ［美］黄宗智：《中国农村的过密化与现代化：规范认识危机及出路》，上海：
    上海社会科学院出版社 1992 年版，第 23 页。

[18] 《邓小平文选》（第三卷），北京：人民出版社 1993 年版，第 24 页。

[19] 同［7］，第 592 页。

[20] 《十八大以来重要文献选编》（中），北京：中央文献出版社 2016 年版，第
    270 页。

[21] 习近平：《干在实处 走在前列：推进浙江新发展的思考与实践》，北京：中共
    中央党校出版社 2006 年版，第 165 页。

[22] 同［21］。

[23] 《农业部办公厅关于开展"美丽乡村"创建活动的意见》，http://www.moa.
    gov.cn/gk/tzgg-1/tz/201302/t20130222_3223999.htm，引用日期：2022 年
    7 月 18 日。

[24] 关锐捷：《美丽乡村建设应注重"五生"实现"五美"》，《毛泽东邓小平理论
    研究》2016 年第 4 期，第 22—28＋92 页。

[25] 同［21］，第 164 页。

[26] 同［7］，第 682—683 页。

[27] 同［21］，第 177 页。

[28] ［韩］朴振焕：《韩国新村运动：20 世纪 70 年代韩国农村现代化之路》，潘伟
    光，［韩］郑靖吉，魏蔚等译，北京：中国农业出版社 2005 年版，第 2 页。

[29] 同［28］，第 45 页。

[30] 张文娟：《千村示范 万村整治 浙江省生态村镇建设十年纪实》，《中国农村科
    技》2013 年版第 12 期，第 35—37 页。

第十章 乡村建设行动的紧迫任务：
重塑乡村文化功能

中华文明源远流长，为世界发展贡献了中国智慧。近代以来，中华民族历经磨难，陷入了"文明蒙尘"的境地。中国共产党自成立之日起就自觉肩负起实现文明复兴的历史使命，经过一百多年的接续奋斗，成功地走出了中国式现代化道路，创造了人类文明新形态。在中国实现现代化的进程中，因为城镇化的虹吸效应，乡村的文化功能逐渐消解，导致乡村文化的认同度低。因此，重塑乡村文化功能不仅是全面推进乡村振兴战略的现实需求，更是实施乡村建设行动的紧迫任务。

现代化是现代社会发展的通行模式，也是人类文明形态的重要特质与标识。[1]西方资本主义现代化是现代化的先行者。但正如马克思指出的，资本主义现代化是一个"活生生的矛盾"，既创造出更高级的人类文明，也产生了一系列的"现代问题"：首先，造成了人与自然的分离与对立，产生了严重的环境问题和生态危机。其次，造成了人的本质的异化，拜金主义、消费主义和功利主义盛行，人的精神世界被物化、虚无化和符号化，除了物质之外一无所有，充满失落感、无力感和无意义感，人成了"单向度的人"和"现代文明的囚徒"。这些都冲击和消解了社会主流意识形态，导致了精神危机。最后，造成了人类社会的普遍异化，城乡关系割裂、贫富分化加剧、公平正义缺位、社会动荡不断，社会危机愈演愈烈。因此，在文明复兴的新时代，必须勇于打破"现代化＝西方化"的僵化思维，科学镜鉴由资本主义现代化造成的"西方之乱"，坚定不移地走中国式现代化新道路。

乡村文化具有传承、治理和教育的重要功能。实施乡村建设行动要传承发展提升农耕文明，使乡村的各种文化功能得到充分释放。实施乡村建设行动是创新乡村文化传承的需要，是提升乡村文化治理的需要，也是深化乡村文化教育的需要。与此同时，乡村文化功能也面临着一系列现实困境：由主体缺失引发的乡村文化建设的主体困境，由载体能力退化引发的乡村文化建设的载体困境，由治理效能弱化引发的乡村文化建设的治理困境，以及由文化价值虚化引发的乡村文化建设的价值困境等。乡村振兴，既要塑形，也要铸魂。实施乡村建设行动的紧迫任务就是破解乡村文化建设的现实困境，激活乡村文化功能，重塑乡村文化生态。可以通过激活乡村文化建设的多元主体、创新发展乡村文化的载体建设、创新发展乡村治理的组织形式以及以社会主义核心价值观涵养文明乡风等系列举措使乡村文化功能实现重塑。

一 乡村建设行动为何要重塑乡村文化功能

习近平总书记强调，乡村文化建设要"传承发展提升农耕文明，走乡村文化兴盛之路"。[2]乡村文化兴盛的关键在于乡村文化功能的充分释放。在对乡村文化建设的功能进行梳理研究中发现，目前学界主要有三种观点：有的学者从乡村文化的某些特定物质载体的视角出发，认为乡村文化建设具有信息服务、教育培训、文化保护和文化治理的功能[3]；

有的学者从城乡文化的对比视角出发，认为乡村文化建设最突出的功能就是传承发展优秀传统文化[4]；有的学者则从时间、空间和结构三个维度出发，认为乡村文化建设具有传承、存储和规范等功能[5]。整体来看，虽然目前学界对乡村文化建设的主要功能的讨论不在一个层面也尚未达成统一认识，但仍然为笔者的研究奠定了一定的基础。笔者认为可以从三个维度来考察乡村文化建设的主要功能。从历史维度来看，乡村文化是中华文化的根脉，乡村文化建设就必然具有传承优秀传统文化的功能；从现实维度来看，乡村文化是乡村善治的智慧力量，乡村文化建设就具有文化治理的功能；从未来维度来看，乡村文化是乡村振兴的精神动力，乡村文化建设就具有文化教育的功能。实施乡村建设行动的紧迫任务就是以创新乡村文化传承、提升乡村文化治理和深化乡村文化教育为抓手，重塑乡村文化功能。

（一）创新乡村文化传承的需要

乡村文化是农民在日常生产生活实践中为了维持个体生存和再生产而创造出的一种整体性生活方式。整体来看，乡村文化是无形的，必须借助一定的载体而存在。[6]乡村文化载体主要分为三种：一是物质载体。乡村文化通常借助看得见、摸得着的物质载体来展现。如以村落村貌、民居和院落等构成的空间形态，以生产农具、地方品种和农业遗产等构成的生产方式，以衣冠服饰、食品饮料和居住交通等构成的日常生活，这些物质载体都承载了厚重的乡村文化。二是精神载体。乡村文化也借助一些风俗习惯、文艺作品和民间技艺等精神载体来显现。如以出生时的满月风俗、结婚成家的婚嫁风俗和最终死亡时的丧葬风俗等构成的风俗习惯，以神话故事、生活谚语和曲艺杂谈等构成的文艺作品，以舞狮子、耍龙灯和玩杂技等构成的民间技艺。这些精神载体都承载着乡村文化的精神家园。三是制度载体。乡村文化还借助规范农民日常交往的村规民约、道德评议会和红白理事会等制度载体来呈现。村规民约不仅可以规范村民的权利义务，还可以约束村民的生产生活方式。道德评议会的运行离不开强化村民道德教育、进行道德评价和道德规范的规章制度。而红白理事会则主要以制度的形式规范着人们的日常交往行为。这些制度规约也蕴含着深厚的文化力量。总体来看，乡村文化具有地域性、稳定性、时代性、群体性和规范性等特点，涉及农民生产生活的方方面面。

文化传承的实质是一种文化的再生产。文化在漫长的历史发展过程中，显示出极强的更新能力，具有自我生产、自我超越和自我创造等特征。[7]而乡村文化传承的实质是乡村文化基因的赓续发展，乡村文化载体承载着多个维度的乡村文化，因而创新乡村文化载体是实现文化传承的有效方式。党的十八大以来，以习近平同志为核心的党中央高度重视乡村文化建设，提出了创新乡村文化载体，传承和发展乡村文化的重大任务。首先，"要让有形的乡村文化留得住"。立足乡村实际，不断创新乡村文化的物质载体：一方面，充分挖掘具有乡土特色的物质文化遗产，加大对古村落、古建筑和农业遗迹的保护力度。2014年国家文物局选取了集中成片的中国传统村落进行专项保护，经过努力，到2018年促成了51处传统村落文物保护项目的完工和发展，[8]使中国古村落等物质文化遗产得到了有效地保护。另一方面，创新发展具有现代文明的乡村文化设施，"建设文化礼堂、文化广场、乡村戏台、非遗传习场所等公共文化设施。"[9]2013年，浙江省以文化礼堂为核心推进乡村文化设施建设，5年内建成农村文化礼堂8000多个，为"我们的村晚"等文化活动提供了良好的平台。[10]农村文化礼堂等文化设施建设使乡村的物质文化得以有效地传承和发展。其次，"要让活态的乡村文化传下去"。风俗习惯、文艺作品和民间技艺等都属于活态的乡村文化，是乡村文化的"活化石"。要让活态的乡村文化传下去，就必须要有一定的制度加以规约。中国特色社会主义进入新时代以来，各地农村基层开始探索乡村文化制度建设，建立健全道德评议会、红白理事会和村民议事会等机制，构建培育文明乡风，推进移风易俗的重要抓手，使乡村文化建设有章可循。例如，党的十八大以来，四川省针对天价彩礼、大操大办和铺张浪费等社会突出问题，立足全省乡村治理的实际情况，截至2018年全省建立11089个村（社区）红白理事会[11]，乡村文化治理得到了有效改善。最后，"要把保护传承和开发利用有机结合起来"。这必须处理好两个方面的关系：一方面是开发和保护的关系。保护是传承的前提，尤其是无形的乡村文化资源，只有保护才有可能持续存在并传承下去。但是如果开发过度就又会丧失原有的文化基因。当前不少乡村旅游的文化体验都有商业化和同质化的问题，存在过度开发、缺乏保护的现象。另一方面是传承和变革的关系。文化相对论认为，要对不同的文化持相对态度，文化没有高低之分，不同的文化都应该得到尊重和理解。这就告诫我们在持续推进移风易俗的同时要对乡村现有的价值观念给予理性对待，切忌全盘否定。

（二）提升乡村文化治理的需要

乡村文化是一种整体性的生活方式，因而一旦形成之后，就会在一定程度上规范、约束和评价乡村居民的思想和行为。也就是说，乡村文化也具有治理功能，实现乡村善治是实施乡村建设行动的应有之义。中国历史上就有着"皇权不下县，县下皆自治"的治理传统。这种利用乡村的文化权力网络而采取的柔性和简约治理模式是传统乡村治理成功的重要密码，也是现代乡村治理的重要遵循。整体来看，传统的乡村治理体系主要包括三个方面：首先，治理主体以乡绅阶层为主。乡绅是通过科举考试而形成的乡村精英群体。他们一方面因仕途经历而得到国家或皇权的认可，另一方面因为掌握一定的文化资本而又得到乡民的认同。

这种在皇权和乡民之间的位置意味着乡绅既要代表皇权维护乡村秩序，又要代表乡民维护乡村利益。乡绅的主要工作是主持乡村公共事业建设。其次，治理组织是宗族组织。乡村是由血缘和地缘关系而组成的社会。宗族制是在特定的乡村地域，以血缘关系为纽带，按照家长制的原则组织起来。族长作为一族之尊也掌管着全族事务，作为全族代表参与乡村治理。甚至乡绅对乡村治理的参与也是通过宗族组织来进行。最后，治理制度是保甲制。保甲制是以家或户为最小单位而组成的户籍管理制度。除了管理户籍、征发徭役和收取赋税之外，保甲制还具有教化乡民和维持治安等功能。以乡绅阶层、宗族组织和保甲制度为基石的乡村治理体系，在很长的时间内维系着中国传统乡村社会的稳定和发展。

社会治理水平的高低事关党的执政地位，事关国家的长治久安。实施乡村建设行动要重建乡村的自治文化，创新乡村治理体系，走乡村善治之路。首先，创新乡村治理主体。农村基层党组织作为治理的主体，代表的是"国家在场"，是一种国家意识形态的下乡。由于乡村文化的地域性和多样性，农村基层党组织较难真正融入本地乡村文化进行治理。新乡贤群体通常是乡村社会的致富能手、文化能人和德高望重之人，是乡村治理的重要力量，可以鼓励、支持和引导新乡贤群体参与乡村治理，可以重建乡村的自治文化，有效提升乡村治理效能。例如，在四川省自贡市富顺县的"全国文明村"琵琶镇土地村，新乡贤回乡捐建了桑梓学堂、书吧、健身跳舞馆等，免费供大家学习、锻炼、娱乐。同时，邀请新乡贤一起制定村规民约，参编家族教训等活动，有效提升乡村治理的效能。[12]其次，创新乡村治理组织。借鉴传统乡村社会的治理组织，在农村基层党组织的领导下，立足于乡村文化积极发挥乡村社会组织的治理职能。例如，建立红白理事会、道德大讲堂、乡贤参事会等各种类型的公益性的乡村社会组织。最后，创新乡村治理形式。农民是乡村建设行动的主体，弘扬乡村自治文化，要鼓励更多当地人参与到乡村治理中。在不同的地方基层探索实践中，逐渐形成了道德积分制、文明积分制和村民积分制等积分制的治理形式。积分制通过一定的正向激励机制和反向约束机制使每个人都参与到乡村治理之中，是乡村文化治理的创新手段，为乡村文化的繁荣发展贡献一份力量。比如四川省剑阁县东宝镇通过探索道德积分的治理模式，紧密结合乡村治理重点任务，切实提升了乡村治理效能。[13]

（三）深化乡村文化教育的需要

文化的核心是价值观，价值观教育的本质是文化认同教育。当前，乡村文化功能消解的根本原因是在城镇化的大背景下，乡村居民对乡村文化出现了认同危机。实施乡村建设行动，重塑乡村的文化功能，必须深度挖掘乡村文化资源，对乡村居民进行文化教育，从而有效地增强乡村文化认同。乡村文化的教育功能主要表现在：首先，提高个人的思想道德素质。从根本上说，乡村文化是传统文化的根基所在，是以个人道德修养为核心的人文主义体系。在人与自然的对象性活动中逐渐形成了"大道自然、天人合一"的生态伦理，在与自我相处的过程中逐渐形成了"君子慎独"的个人修养，在与家人相处的过程中形成了"父慈子孝、兄友弟恭、夫义妇顺"的价值观念等。实施乡村建设行动，重塑乡村文化功能，必须充分挖掘乡村文化资源，提高乡村居民个人的思想道德素质。其次，提升社会的文明程度。中国乡村社会的本质是以自然村形成的地域性熟人社会，遵守乡村文化所蕴含的共同的价值观念和行为模式是在熟人社会中的生存法则。人们在与他人的交往过程中逐渐形成"孝悌忠信礼义廉耻""出入相友，守望相助"等价值观念。因此，人与人在日常交往中形成了和谐相处的美好局面。乡村文化建设要充分挖掘乡村文化资源，提升乡村社会的文明程度。最后，增强国家的文化软实力。国家软实力是指通过吸引而不是强制来达到想要达到的目的的能力。[14]乡村文化是中华文化的根，充分挖掘乡村文化资源，加强乡村文化建设，使中华文化的吸引力、凝聚力和影响力更强，可以有效地增强国家的文化软实力。

"优秀乡村文化能够提振农村精气神，增强农民凝聚力，孕育社会好风尚。"[15]党的十八大以来，习近平总书记反复强调要传承发展提升农耕文明，走乡村文化兴盛之路。实施乡村振兴战略不能只注重经济发展，还要"重视农民思想道德教育"[16]，培育文明乡风。首先，充分挖掘乡村的物质文化遗产。乡村文化的物质遗产主要包括古镇、古村落、古建筑、民族村寨、文物古迹和农业遗迹等，它们都蕴含着深厚的教育价值。例如，浙江湖州的桑基鱼塘系统是一种生态循环养殖模式，2500多年的生态养殖经验对培养农民的生态文明意识具有重要的教育作用。其次，深入挖掘乡村的非物质文化遗产。乡村文化的非物质文化遗产主要包括戏曲曲艺、手工技艺、民族服饰和民族传统活动等，这些也蕴含着深厚的教育价值。例如，南宋楼璹的《耕织图》绘制了一整套江南农耕与蚕织的图谱，以诗画的形式歌颂农家劳作。这幅《耕织图》对培育农民的劳动观具有重要的教育作用。最后，把保护传承和开发利用结合起来。农耕文明优秀遗产是我们宝贵的教育资源，必须全力保护和传承。在此基础上，农耕文明必须和现代文明要素相结合，通过文化再生产赋予其新的时代内涵，让农耕文明在新时代可以重获新生。

【专栏 10.1】

从1.0到2.0：乡风文明的升级版

社会主义新农村建设是一项系统工程，主要包括三个层面：生产发展和生活富裕是物质文明层面的内容，村容整洁和乡风文明是精神文明层面的内容，管理民主是政治文明层面的内容。其中，乡风文明是新农村建设的重点内容，其实质是物质文明和精神文明的联结点，其核心是农村文化建设。

从社会主义新农村建设到实施乡村振兴战略，乡风文明始终是其中的重要目标。实施乡村振兴战略最根本的目的是使广大农民在物质和精神层面都有更多的获得感、满足感和幸福感。因而实施乡村振兴战略背景下的乡风文明是一种复合型文明，涵盖了物质文明、政治文明、精神文明、社会文明和生态文明五种文明形态，具有突出的系统化特点。目前我国乡风文明建设主要存在农村基层党组织力量偏弱、农村集体经济发展式微、城乡文化发展不平衡、农村不良社会风气滋长以及农民的主体意识薄弱等现实难题。乡风文明建设是一项系统工程，必须提高思想认识，打牢乡风文明建设的思想基础；发展农村经济，打牢乡风文明建设的物质基础；加强党组织建设，打牢乡风文明建设的组织基础；发展教育文化，打牢乡风文明建设的文化基础。

（根据徐学庆《乡村振兴战略背景下乡风文明建设的意义及其路径》编写，《中州学刊》2018 年第 9 期）

二 乡村文化功能重塑的现实困境

在推进中国式现代化的进程中，城镇化的虹吸效应致使乡村文化建设的主体和各种资源要素纷纷向城市集中，传统乡村社会图景发生了巨大变化，基于工业文明的价值逻辑开始主导乡村的价值体系，农民对乡村文化的认同度逐渐降低。乡村文化建设的主体缺失使乡村文化功能陷入主体困境，乡村文化载体的能力退化致使乡村文化功能陷入载体困境，乡村文化治理的效能弱化致使乡村文化功能陷入治理困境，乡村文化价值的逐渐虚化致使乡村文化功能陷入价值困境。这些都消解了乡村文化的主要功能，使其发展陷入现实困境。

（一）乡村文化建设主体缺失

乡村文化建设关键在人，尤其是认同乡村文化的人。随着现代化的迅猛发展和城镇化的快速推进，农民被城市文化所吸引，与此同时人才、资金和技术等要素向城市单向流入，农村人口与空间分布变迁衍生出乡村聚落"空废化"和乡村住宅"空心化"现象，留守在乡村的大多是妇女、儿童和老人。这些现象的背后是乡村文化建设陷入了主体困境。

1. 农村基层党组织在乡村文化建设中的主体弱化

农村基层党组织作为领导主体，是乡村文化建设的组织者、实施者和推动者，其主体作用的发挥直接关系着乡村文化功能重塑的最终成效。但是当前部分农村地区的基层党组织在乡村文化建设中的主体作用出现弱化，主要表现在以下几个方面：第一，领导主体的自觉性不高。乡村文化建设是一项长期的系统性工程，不能一蹴而就，农村一些基层干部在不同程度上存在重经济轻文化、重眼前轻长远的思想观念，对推进乡村文化建设缺乏一定的自觉意识。2022 年 7 月，笔者在四川省德阳市什邡市某村进行乡村文化建设调研，该村是典型的能人治村，村支书以"支部引领＋众筹共建＋共同富裕"为发展理念，带领石门村从一个十里八乡有名的"穷村"变身为大家都羡慕的"富村"。但在谈到乡风文明建设问题时，村支书直言"乡风文明建设归根结底还是要发展经济"。这表明农村基层党组织对主动开展乡村文化建设的自觉性不高。第二，领导主体的自主性不强。乡村文化建设短时间内不能产生显著的建设成效或良好的经济效益，并且一些农村基层党组织推进乡村文化建设往往是基于一定的硬性考核任务，导致农村基层的文化建设流于形式。[17]2022 年 8 月，笔者在四川省自贡市荣县某村调研时发现，有藏书

1000 册左右的农家书屋因没有单独的空间而设置在村委办公室，图书资源利用率低，难以为提高农民文明素质和活跃农村文化生活发挥作用。第三，领导主体的创造性不足。农村基层党组织成员在乡村文化建设的实践工作中容易照抄照搬其他地方的实践经验，忽视乡村文化的地域性和特殊性，从而导致各种同质性现象频发。[18] 如特色小镇逐渐失去了"特色"。笔者在四川省广元市、自贡市和德阳市等地的调研中发现，乡村文化建设的一些"特色做法"，早已不再具有"特色"。例如，道德积分制的特色文化治理模式在某些地方基本沦为了"盆景"，难以落实推广开来。

2. 农民群众在乡村文化建设中的主体缺场

农民群众是乡村文化建设的核心主体，但是在现代化和城镇化的进程中，城乡二元结构的长期失衡导致农民群众对乡村文化的认同度在降低。在社会变迁的历史进程中，农村人口大量流往城市，造成了乡村的空心化，也造成了乡村文化建设的核心主体缺失。

农民群众在乡村文化建设中的主体缺场，主要表现在以下几个方面：第一，农村儿童群体对乡村文化的兴趣缺乏。农村儿童群体是实现乡村振兴的未来力量，但是却对乡村文化缺乏兴趣。一方面是因为农村儿童群体大多是留守儿童，他们非常渴望到城市与父母团聚，往往对乡村文化比较淡漠。另一方面是因为现阶段的农村教育缺乏乡村文化的认同教育，教材中的生活案例也大多都是一些城市场景，大多数农村儿童长大后往往选择加入城市化的进程之中。第二，青年农民群体对乡村文化的坚守缺乏。青年农民群体的缺失是导致乡村空心化的直接原因。青年农民群体对乡村文化缺乏坚守，一方面是因为乡村产业薄弱，他们为了生存不得已而背井离乡，在城乡之间来回奔波；另一方面是因为对乡村文化的不认同，即使在城市文化中遭到排挤和歧视，他们也仍然向往城市生活。[19] 笔者在河南省焦作市沁阳市某村的调研中，和一位常年在江苏昆山务工的 34 岁农村女性进行交谈，她谈到"虽然在昆山没有归属感，不好找对象，房子也是租的，生活成本也高"，但是她喜欢城市文化，喜欢"想吃什么都可以叫外卖"，"想做什么也不被拘束"。与此同时，她认为在乡村的熟人社会，没有任何隐私可言。比如，她"大龄未婚经常被街坊四邻说三道四"。第三，老年农民群体对乡村文化建设的有心无力。很多老年农民对乡村充满感情，非常珍惜乡村文化带来的真实体验，更有甚者是传统乡村文化的代言人。但是基于自身年龄、农村文化基础设施以及相关扶持制度等问题，其对乡村文化建设往往有心无力。

（二）乡村文化载体能力退化

文化是人们在日常生活实践中为了维持个体生存和再生产而形成的一种整体性生活方式。乡村文化作为一种意识形态，需要通过各种文化载体来具象化。乡村文化载体形式多种多样，主要分为物质载体、精神载体和制度载体。文化传承、文化治理和文化教育等功能的发挥都离不开良好的文化载体做支撑。但是当前乡村文化载体的建设存在文化载体数量少、质量低、远离农民群众日常生活等问题，致使乡村文化载体的承载能力退化。

1. 乡村文化的物质载体趋于弱化

乡村文化建设的物质载体主要包括村容村貌、文化设施和文化活动等。但是在城镇化的推进过程中，传统意义上的原始村落数量逐步减少，乡村文化的物质载体趋于弱化。与此同时，文化礼堂、乡村戏台、农家书屋和老年人活动室等现代文化设施在有些地方形同虚设。此外，各种文化下乡活动确实在一定程度上丰富了农民的精神文化生活。但是也有一些没能契合农民群众真正的文化需求，从而导致农民群众并不满意。[20]有些文化下乡活动是运动式的，没有形成常态化和制度化的文化供给，因此很难有效承载乡村的文化功能。整体来看，乡村文化建设的物质载体存在数量少、质量低、缺乏管理机制以及远离农民群众物质生活等问题，从而致使乡村文化物质载体的承载能力退化。

2. 乡村文化的精神载体趋于淡化

乡村文化的精神载体主要包括风俗习惯、文艺作品和民间技艺等形式。但是在现代化和城镇化的浪潮冲击之下，工业文明的价值逻辑开始主导乡村的精神文化，对乡村文化的精神载体造成了很大的影响。首先，风俗习惯的异化使乡村文化的精神载体趋于淡化。彩礼作为一种婚嫁风俗，最初起源于周朝，至今已存在几千年。当前农村"天价彩礼"现象在地域分布上具有"集中高发"的特征，且主要分布在河南、甘肃、安徽、江西、鲁西南一带等中西部农业地区。[21]彩礼最初是作为婚姻正式约定的一个象征，更注重象征意义而非经济价值。但"天价彩礼"的盛行无疑使原有的婚嫁风俗出现异化。其次，传统文艺产品的消失使乡村文化的精神载体趋于淡化。据《河南民俗志》记载，有80%以上的各种历史上出现过的神话故事、节日、歌舞、民俗礼仪风尚等没有流传到今天，而只成了历史的记忆。[22]最后，民间技艺的失传使乡村文化的精神载体趋于淡化。随着传统手工艺品销售市场的不断萎缩，传统文化手艺人的收入往往入不敷出，难以支付在村庄的生产生活开销。与外出务工人员获得相对稳定的工资性收入相比，传统文化的手艺人缺乏一定的身份认同和职业吸引。因此，民间技艺等也在逐渐失传。整体来看，乡村文化的精神载体普遍存在风俗异化、文艺产品减少、民间技艺失传等问题，从而致使乡村文化的精神载体的承载能力逐渐薄弱。

3. 乡村文化的制度载体趋于退化

乡村文化的制度载体主要包括法律法规、村规民约和各种自治组织制度等形式。"我们中国，偌大一个民族，有这么些人在一块生活，他总有他过日子的方法，总有他的规矩、制度、道理一套东西。"[23]梁漱溟认为，"乡村组织是解决乡村问题的基本条件。"[24]乡村文化建设必须大家合起来才有办法，即必须有组织才能干得好。例如，各种移风易俗活动都必须把大家组织起来，才可能会成功。而当前，我国乡村社会在制度规约上仍然存在以下问题。第一，规范乡村生产生活的法律法规不够完善，农民的法律知识较为匮乏、法律意识较为淡薄、心中的法律权威有所丧失等。[25]法律法规对于农民行为做事的基本准则和规范的功能不足。第二，村规民约的约束力不强。村规民约是依据法律法规，同时结合本村的各种实际情况，为维护本村的和谐稳定和风清气正而制定的可以约束和规范村民行为的一种规章制度。但是笔者在四川、贵州和河南的多个农村调研发现，许多村规民约成为只是挂在墙上、印在村民自治章程里的"摆设"。究其原因主要有三点：有的村规民约是照抄照搬其他地方的，不符合本村本社区的实际情况；有的村规民约是由村里少数人制定的，没有征求广大群众的意见，群众也不认同；有的村规民约虽然符合本村本社区的实际情况，也征求过群众意见，但缺乏有效监督机制，群众不能较好地执行。第三，自治组织制度在一定程度上流于形式。红白理事会、村民议事会、道德评议会和禁毒禁赌会等是农民实现自治的重要组织形式，但是存在激励和规约机制作用不明显的问题，制度形成了，却无法真正落地落实落细，并没有有效发挥它的治理作用。

（三）乡村文化治理效能弱化

在全面推进乡村振兴战略之时，乡村文化治理的现实意义愈发凸显。在乡村人口大量流动，社会结构发生深刻变化的背景下，乡村文化治理的效能渐趋弱化。

1. 各类文化治理主体模糊不清

从理论上讲，村两委是乡村文化治理的领导者、组织者和协调者。

但是由于开展乡村文化治理的基层人才较为缺乏、文化治理的形式大于内容、经济评价优于道德评价的治理理念等因素，农村基层党组织在文化治理中存在"越位"和"缺位"的现象。当前有些农村基层党组织要不"大小事全包"，要不"多一事不如少一事"。笔者在四川省自贡市荣县某村的调研过程中发现，村支书想要争取各种资源应用于乡村文化治理，因而在其规划中，乡村文化治理范围非常广泛，包括农家书屋、道德积分制、支部建设、凝聚乡贤、文体活动以及发展集体经济等模块。小到房前屋后的卫生打扫，大到乡村产业规划布局等，可谓是"大小事全包"。但在深入交流过程中笔者发现，很多规划还停留在理念阶段，是还未真正实施还是不能落地实施？还要打个问号。而德阳市什邡市某村村支书却认为"多一事不如少一事"，经济发展好了，乡风自然就会好。此外，新乡贤群体、乡村志愿队伍以及乡村各类社会组织等治理主体整体处于边缘化的地位，其文化治理的功能并没有得到很好的发挥。

2. 传统文化治理内容亟需转型

传统文化治理的内容能否满足现代农民群众的文化需求，对体现乡村文化治理的效果至关重要。但是在漫长的历史岁月中，传统文化治理的内容随着代际的传递而逐渐变得模糊。在"皇权不下县"的传统乡村社会，社会秩序的维持大多依靠自发形成的道德制约、风俗习惯等非正式制度。但是随着宗族组织的瓦解，农民的原子化程度越来越高，加上农民群众的科学文化素养有待提高，因而存在对家族家规、村规民约和民俗文化理解不足等问题。笔者在河南省焦作市沁阳市某村的调研过程中发现，年长的农民群众基本能够说出日常生活中流行的俗语、农谚、婚丧嫁娶以及节日习俗中蕴含的人文精神和道德观念，而青年农民却对这些一知半解，甚至对在什么节气种什么菜也没有什么概念，同时也表现出"不懂""没啥用""无所谓"的态度。因此，乡村文化治理需要对传统文化治理的内容进行再生产，从而实现现代化的转型。

3. 农民群众参与治理动力不足

随着社会主义市场经济的深入发展，每位农民就是一个"经济理性人"。和自身利益无关的事务，大家的参与积极性都不高。由于农民的生产方式"不是使他们互相交往，而是使他们互相隔离"[26]，农民天然具有原子化的基因。现阶段农业现代化是我国现代化的"短腿"，有些地方因为地理位置的原因还维持着较为原始的耕作方式。笔者在陕西省汉中市城固县调研的过程中发现，很多村庄因为地处秦岭山区而无法机械作业，还维持着较为原始的农业生产方式。其中印象非常深刻的是，犁地工具还是牛，打谷子还是老式的脚踏打谷机。即使在农业现代化程度较高的河南地区，农业生产也大多依赖第三方服务，彼此之间的互助合作也在减少。与此同时，社会意识又具有一定的相对独立性，小农的一些思维方式和行为习惯仍然具有一定的延续性。部分农民对乡村公共事务治理的热情不高，抱着"事不关己高高挂起"的心态。一些乡村基层为了激发农民群众参与治理的积极性，尝试把物质奖励和精神激励结合起来，探索了道德超市、道德银行和道德股份等有益做法。但是由于缺乏持续的资金投入，所以无法有效地和持久地激发农民群众参与治理的动力。

4. "一约四会"平台流于形式

"一约四会"主要包括村规民约、红白理事会、村民议事会、道德评议会和禁毒禁赌会，是乡村文化治理的主要形式。但是，当前乡村文化治理中"一约四会"的运行机制不明确和不完善，发挥的作用也较弱，多数流于形式，主要表现为：第一，激励和规约机制不明显。如红白理事会在乡村虽已普遍成立，但是村民对其制定的红白事规约的认同度并不高，因而规约对大操大办、铺张浪费现象的约束效果并不明显。第二，协商和调解机制不健全。如出现问题和矛盾之后，村民普遍认为

"清官难断家务事""不爱管别人家的闲事"等，缺乏一定的协商和调解机制。第三，评价和引领机制不权威。如道德评议会负责对乡村居民道德行为进行评价和约束，但是有些村民却认为："由评议会的几个老人来评价就公正吗？""就算我做的不对，还有法律管着我，凭啥这个组织可以来管我？"从根本上来看，主要还是因为评价和引领机制不够权威，村民对其认同度不高。

（四）乡村文化价值逐渐虚化

文化的核心是价值观。在漫长的小农生产和生活实践中，农民群众在乡村文化经年累月的熏陶中逐渐孕育出尊重自然、敬畏自然的生态观，善良淳朴、诚实守信的人格观，艰苦朴素、克勤克俭的消费观，琴瑟和鸣、睦邻友好的人际观等。这些价值观构成乡村文化的价值体系，有别于其他文化。随着城镇化进程的推进，乡村社会逐渐由熟人社会转变为半熟人社会，农民由仅以务农为生逐渐转变为兼业化。现代文明闯进了乡村社会，传统乡村文化被逐渐边缘化，乡村的礼俗秩序被逐渐淡化，农民逐渐被资本逻辑所裹挟，乡村文化价值被逐渐虚化。

1. 生态价值观念淡薄

在资本逻辑的裹挟下，一些农民为了追求经济利益的最大化，采取大量使用化肥、农药、农膜等的非绿色生产方式进行生产从而造成农业的面源污染。农村公共事务管理的缺位致使一些农民生活垃圾随意丢弃和生活污水随意排放的行为得不到有效纠正，从而对农村的生态环境造成了一定程度的破坏。笔者在贵州省铜仁市江口县某村调研过程中发现，农户在是否采取生态行为时大多是出于自身的利益考量。如在厕所改造的过程中，养猪的农户直接将厕所连接到猪圈，但未养猪的农户会因新改厕不愿用、不会用、没有条件建立上下水管网等而保留旱厕。我国农民的生态伦理意识受到社会环境和政策的影响，在传统的农业生产中形成的尊重自然和敬畏自然的意识日益淡薄。

2. 消费主义思潮盛行

长期以来，传统农业生产由于高度依赖地域、季节、气候和环境等自然因素，本身风险较大。在物质资源长期匮乏的生活实践中，广大农民群体逐渐形成了量入为出、克勤克俭的消费观。改革开放以来，受西方消费主义文化的影响，消费能力成为个人能力的重要体现方式。移动互联网在农村的普及和应用，也使各种消费变得更加方便和快捷。消费本无可厚非，也是拉动我国经济增长的一驾马车，但是不顾自己经济能力盲目消费、攀比消费往往使消费者陷入恶性循环。

3. 集体观念意识淡化

农村在很长一段历史时期受宗法的影响较深，一个姓氏往往是几十人甚至上百人的大家族。大家族里由年老的长者主持家务，有明确的家规家训。宗法虽然是一种人身依附关系，但是却培育了浓厚的家庭观念和原始的集体观念。改革开放实行家庭联产承包责任制之后，以小家庭为一户的划分方式使宗法在思想领域也彻底解体，再加上三级所有管理体制的解体，农民的集体意识日益式微。与此同时，家庭的概念日益转化为以夫妻为核心成员的小家庭，家庭意识的淡化造成了传统家风家训教育和传承的弱化，以及老人赡养难、孩子教育缺位等问题的出现。

三 重塑乡村文化功能的实践路径

乡村振兴，既要塑形，也要铸魂。文化是乡村建设的灵魂支撑和精神动力，实施乡村建设行动必须激活乡村文化功能，重塑乡村文化生态。

（一）激活乡村文化建设的多元主体

乡村文化兴盛的关键在人，要激活乡村文化建设的多元主体。在农村基层党组织的领导下，鼓励农民群众、新乡贤群体、志愿服务团队和其他社会组织积极参与到乡村文化建设中来，凝聚不同主体的育人作用，搭建"四位一体"多元共建的育人主体，形成乡村文化建设的育人合力。

1. 夯实党的领导，强化农村思政工作

党对文化工作的领导是党的建设的内在要求。[27]乡村文化建设要发挥党的领导作用，加强党的政治引领、思想引领和组织引领。落实党对文化工作的领导，需要做到以下三点：首先，需要遵循乡村文化建设规律。农村基层党组织需要遵循乡村文化建设的基本规律，以农民群众对先进文化的需求为落脚点，循序渐进，不断发展。其次，需要提高乡村文化供给质量。农村基层党组织要牢牢掌握意识形态的领导权，提高精神文化产品的供给质量，将社会主义核心价值观渗透到文化活动之中，创造符合农民实际需求的文化产品。最后，需要增强农村基层党组织的组织力。农村基层党组织需要不断提升组织力，发挥好村级党组织在乡村文化建设中的领导核心作用和先锋模范作用。

2. 塑造时代新贤，开展榜样示范引领

乡贤是乡村文化建设的精英力量，是教化乡民的重要力量，能够在乡村文化建设中发挥重要力量。可以从以下三个方面塑造新时代乡贤群体：首先，挖掘"古贤"文化，让优秀传统文化润泽当下。乡贤文化是一种有着示范作用和榜样力量的文化，也是乡村治理的"压舱石"。可结合本地县志或民族志，收集、整理乡贤文史资料，对本区域内有关乡贤的历史文化遗产进行保护和开发，传播古圣先贤的品德和善行，以此

盘活当地的乡贤文化资源，以"古贤"感化"今贤"。其次，塑造"今贤"文化，鼓励"今贤"参与乡村治理。鼓励退休老干部回家乡发展，倡导企业家和贤人志士参与乡村文化建设。通过制定"回巢计划"，夯实新贤回流基础，真正把一批品德高尚、才学出众、热心公益的新乡贤凝聚起来，为乡村德治出力，最终打造一支带不走的新时代乡贤队伍。最后，培育"新贤"，培育一批乡村文化治理主体。培育新型职业农民，同时吸引一批优秀进城务工人员、大学生返乡创业，激发其参与到乡村文化建设中来。

3. 善用志愿队伍，做好乡村文化服务

志愿队伍是乡村文化建设的重要力量补充。鉴于以往志愿文化服务的偶然性和运动性，要建立志愿服务融入乡村文化建设的长效机制。要整合乡村社会各方面的力量，组建一支专业化乡村志愿服务队伍，激发村民积极参与乡村文化建设的热情。要通过打造高质量的、品牌化的志愿服务项目，推动志愿服务项目化运行，探索乡村文化建设的新模式。要瞄准农民群众对美好文化生活的需求，提供精准的文化需求服务，对乡村文化志愿服务进行精细化管理，同时结合各个乡村发展实际，不断完善乡村志愿服务的制度规范。

4. 培育新型农民，发挥农民主体作用

农民是乡村文化建设的主力军，乡村文化建设必须激活乡村文化发展的内生动力。乡村文化建设要培育农民的主体意识，使农民成为文化建设的主体力量。主要从以下几个方面着手：首先，加强乡村教育，增强乡村儿童对乡村文化的认同。应从家庭教育、学校教育和社会教育三个方面着手，打造乡村文化认同教育共同体，形成合力育人的环境。其次，发展乡村产业，确保乡村青年留得下、干得好。最后，建立可以激励农民主体参与的机制，使想要为乡村文化建设出力的乡村老年群体可以贡献自己的一份力量。

（二）激活乡村文化建设的生命基因

乡村文化是能够影响人们的价值观念、精神风貌、生活方式和风俗习惯的一种文化类型。我国乡村社会历经几千年的文化积淀，在自然经济的基础上创造了农耕文明，蕴含着非常丰富的文化资源。在现代与传统的文化碰撞中，乡村文化载体逐渐城市化，农耕文明逐渐衰退。乡村文化是中华文化的血液，乡村文化振兴是实现乡村振兴的关键。因此，要重塑乡村文化载体，必须立足农耕文明，吸收工业文明，激活乡村发展的生命基因，为实现乡村振兴提供源源不断的动力。

1. 加强乡村文化的物质载体建设

一是要保护好传统村落和乡村风貌。传统村落承载着中华民族的历史记忆、生产生活智慧和文化艺术结晶等，具有重大的传承价值。因此，要保护好乡村的一座村庄、一条古道、一把锄头等。二是要逐步完善公共空间建设，主要包括古老的庙宇、祠堂、戏台等的建设。三是要在保护中开发和利用乡村文化资源。依据当地的文化特色，依托"互联网＋"和大数据打造品牌文化，建设一批人文底蕴浓厚的美丽乡村和特色小镇。

2. 加强乡村文化的精神载体建设

一是要持续推进移风易俗，对乡村社会的风俗习惯要辩证看待。移风易俗不是对风俗习惯的全盘否定，而是对其中的落后成分进行变革，对其中的先进部分要注重传承和发展。持续推进移风易俗也是加强农村精神文明建设的重要抓手。二是要创作更多的文艺精品，助力乡村文化振兴。立足于农民群众对美好文化生活的真正需求，努力创作出人民群众喜闻乐见的文艺作品，同时把党和国家的政策声音，通过文艺的形式传到千家万户，推进文明乡风。三是要走乡村文化产业化发展道路。文化只有结合产业的土壤才可以开出鲜艳的花朵。乡村旅游是乡村文化产业发展的有效抓手，通过发展乡村旅游不仅可以把乡村的独特文化传播出去，而且也可以为村庄持续发展带来较强的经济效益。但是务必要平衡好开发和保护的关系，同时注意避免同质化发展，确保经济效益和文化发展相统一。

3. 加强乡村文化的制度载体建设

一是对村规民约进行创新性转化。村规民约作为中国乡村历史上最具代表性的一种非正式制度，在乡村治理中发挥着重要作用。新时代要针对本土问题，立足农民群众的生产生活，契合乡土社会的生活逻辑，增强村规民约的乡土文化特色。二是对家风家训进行创新性转化。家风家训不仅是家庭文化的缩影，也是乡土文化的根本。新时代要打造修身、治家、处世的立体化家风家训，制定符合时代要求的家谱家规，为文明乡风培育打好制度基础。三是对传统礼仪进行创新性转化。传统礼仪是乡村文化的重要组成部分，蕴含着丰富的文化资源。我国是一个礼仪之邦，传统礼仪至今还有一定的时代价值。新时代乡村文化建设应在整合、修复和创新传统礼仪的基础上，留住乡村社会的精神传统和文化信仰，涵养淳朴民风。

（三）提升乡村文化建设的治理效能

农村基层组织除了基层政权之外主要包括农村基层党组织和其他社会组织。党的十九大报告明确指出要加强乡村基层治理，实现政府、社会和居民的良性互动。[28]新型乡村社会组织是乡村文化治理的重要主体，可以"弥补国家政权单向度建设所造成的合法性弱化问题"[29]，还可以创新乡村文化治理的组织形式，对于提升乡村治理的组织化程度，增强乡村治理的实际效果具有重要作用。

1. 增强乡村社会组织的制度规范

乡村社会组织在增强乡村治理实效性中具有重要作用，因而必须加强对其的制度规范和管理。一是基层政府应加强对乡村社会组织的宏观引导和微观支持。在宏观层面，引导乡村社会组织的建设方向，坚持社会主义的价值取向。在微观层面，通过定期开展对乡村社会组织的教育培训，逐渐提升其参与乡村治理的业务素质和专业化程度。二是对乡村社会组织进行常态化、制度化管理。要加强对各类乡村社会组织的全程监管，例如对乡村的道德评议会、红白理事会、村民议事会和禁毒禁赌会等社会组织从注册到审批再到监管全程实行常态化和制度化管理。三是加强对乡村社会组织的监督和评估。通过及时对乡村社会组织进行监督与评估，不仅可以有效防止非法组织的蔓延和渗透，还可以促使乡村社会组织有序、有力和有节地发挥它的功能。

2. 挖掘乡村社会组织的传统功能

在传统乡村社会中就存在一定形式的社会组织，主要包括义仓等政府行为类的慈善组织、青苗会等互助组织，以及族田和义庄等宗族组织。这类传统乡村社会组织在乡村治理中发挥着重要作用。一是要挖掘乡村社会组织的互助功能。在传统乡村社会组织的互助功能之上，进一步进行规范和引导，使其在新时代乡村治理体系中形成互帮互助的治理局面。二是要挖掘乡村社会组织的教化功能。深入挖掘传统乡村社会组织的文化资源，对于其中的优秀文化资源，发挥其教育和感化作用。三是对传统乡村社会的德治功能进行现代性转化。新时代乡村治理要充分发挥传统乡村社会组织的德治功能，然后在这个基础上加强规范，引导其向新时代转型，从而与社会主义核心价值观相吻合。

3. 创新乡村社会组织的新型培育

一是新型乡村社会组织是乡村协同治理的重要力量。乡村治理要充分动员农民群众，着力培育新时代乡村道德评议会、乡贤参事议事会、红白理事会、老年人协会等自治组织，使其成为基层政府和基层组织的有力帮手。二是新型乡村社会组织应由乡民来组成。在新时代乡村治理实践中，应动员乡村德高望重的"五老"成员，即老党员、老干部、老教师、家族长老和老模范等，由他们牵头成立新时代乡村德治，加强对红白喜事和移风易俗等乡村文化治理。三是新型乡村社会应不断创新治理形式。针对当前农村的人口结构，探索乡村文化治理的方式。如针对留守儿童和老人群体，可探索成立"守望相助联盟"，一方面建立亲子沟通渠道，另一方面可以发挥余热，在和留守儿童互相陪伴的过程中缓解因留守而带来的情感、学习和生活问题。

（四）以社会主义核心价值观涵养文明乡风

"乡村振兴不能只盯着经济发展"[30]，要高度重视农民思想道德教育，培育文明乡风。因此，乡村文化建设必须重塑农民的价值观念，使之具备现代社会发展的文化心理和文化性格。

1. 以社会主义核心价值观涵养文明乡风

文化的核心是价值观。乡村文化建设的本质是社会主义核心价值观教育。应将乡村文化进行创造性转化和创新性发展，使其和社会主义核心价值观相吻合，从而不断引领农民群众树立先进的价值观念、积极的精神风貌、良好的生活方式以及健康的风俗习惯等。通过学习传统经典文化、传唱道德歌曲，讲述身边好人故事等形式来营造正向和浓厚的文化氛围，以消除传统落后思想对农民群众价值观的影响。此外，还可以结合农民群众的客观实际需要，提供夜班、扫盲班、素质提升班等多种学习途径，以农民群众喜闻乐见的语言和形式对农民进行价值观教育，从而增强教育效果。

2. 以重建乡村文化来滋养文明乡风

乡村文化既有积极因素，也有消极因素，要对其进行文化再生产，重建中国乡村文化。乡村文化重塑可以促使农民培育先进的价值观念、积极的精神风貌、良好的生活方式以及健康的风俗习惯等，解决农民群众的"精神短板"。现代社会是一个法治社会，要规范农民的行为就必须使他们受到规范、规章的约束，而村规民约因符合当地群众和当地村落的文化特性，对于农民群众具有直接的影响效力。因而我们要制定科学的村规民约，将移风易俗内容纳入村规民约之中，充分发挥村规民约对农民群众的约束作用。我们可以通过致富能手评选、道德模范评选、文明家庭创建等活动，弘扬农村社会新风，形成自治、法治、德治相结合的乡村治理体系，从而引导树立健康绿色的乡村文明风气和生活方式。

3. 以丰富的精神文化生活培养文明乡风

深入乡村基层社会，开展形式多样的乡村文化活动，增强农民对乡村文化的认同和自信，在实践活动中不断纠正农民的错误价值观。一是宣讲活动品牌化。要创建理论宣讲品牌，以农民群众喜闻乐见的语言和形式，结合农民群众的身边人和身边事，让党的理论飞入寻常百姓家。二是文明实践活动常态化。通过常态化制度化地开展节庆活动、主题活动和榜样教育评树活动等，促使先进的价值观念、积极的精神风貌、良好的生活方式和健康的风俗习惯形成，从而增强凝聚力、吸引力和影响力。这需要持续推进移风易俗，培养文明乡风。三是开展形式多样的文化活动。推进文化下乡活动常态化制度化，积极开展电影下乡、书画下乡、大合唱和广场舞等形式多样的文化活动。这不仅能够丰富农民的精神文化生活，而且有利于形成全民参与文化建设的环境氛围。

注释

[1] 孟庆龙：《人的解放与中国式现代化新道路》，《南开学报（哲学社会科学版）》
2022 年第 4 期，第 13 页。

[2] 《十九大以来重要文献选编》（上），北京：中央文献出版社 2019 年版，第
150 页。

[3] 郭智惠：《乡村图书馆参与乡村文化振兴的现实背景、功能定位和实现策略》，
《农业经济》2022 年第 4 期，第 68 页。

[4] 陈锡文：《充分发挥乡村功能是实施乡村振兴战略的核心》，《中国乡村发现》
2019 年第 1 期，第 3 页。

[5] 加芬芬：《传统文化复兴与村庄文化功能优化》，《探索》2019 年第 2 期，第
181 页。

[6] 刘欢：《乡村振兴视域下乡风文明建设研究》，吉林大学 2021 年博士学位论文。

[7] ［法］P. 布尔迪约，J-C. 帕斯隆：《再生产——一种教育系统理论的要点》，
邢克超译，北京：商务印书馆 2002 年版。

[8] 《留住乡愁 绽放新颜——传统村落保护激发乡村活力》，https://baijiahao.
baidu. com/s? id＝16421936178852093099&wfr＝spider&for＝pc，引用日期：
2022 年 8 月 21 日。

[9] 《中办国办印发〈乡村建设行动实施方案〉》，《人民日报》2022 年 5 月 24 日，
第 1 版。

[10] 陆遥，朱彦超等：《我们的村晚 好戏连连》，《浙江日报》2018 年 2 月 9 日，
第 9 版。

[11] 李丹：《11089 个村（社区）有了红白理事会》，《四川日报》2018 年 11 月
27 日。

[12] 《四川富顺土地村：全国文明村"锦上"再"添花"》，http://sc. people. com.
cn/n2/2021/0608/c379469－34766914. html，引用日期：2022 年 8 月 21 日。

[13] 韩会芳：《"道德积分"为乡村治理"加分"》，人民网－四川频道，http://sc.
people. com. cn/GB/n2/2020/0725/c379469-34182584. html，引用日期：2022
年 8 月 21 日。

［14］赵瑞华，孔君英：《论传统文化的思想政治教育功能》，《理论月刊》2011 年第 7 期，第 187 页。

［15］习近平：《论全面深化改革》，北京：中央文献出版社 2018 年版，第 405 页。

［16］习近平：《论"三农"工作》，北京：中央文献出版社 2022 年版，第 230 页。

［17］任成金：《国家治理现代化视域下乡村文化建设的多维透视》，《云南社会科学》2020 年第 5 期，第 50 页。

［18］刘敬敬：《乡村文化振兴的现实困境及路径选择》，《文化学刊》2021 年第 1 期，第 154 页。

［19］夏小华，雷志佳：《乡村文化振兴：现实困境与实践超越》，《中州学刊》2021 年第 2 期，第 75 页。

［20］任和：《中国农村公共文化服务供给：以送电影下乡为例》，《中国农村观察》2016 年第 3 期，第 64 页。

［21］王向阳：《当前我国农村"天价彩礼"的产生机制及治理》，《西南大学学报（社会科学版)》2021 年第 5 期，第 37 页。

［22］万远英：《民俗文化——新农村乡风文明建设》，北京：中国社会科学出版社 2018 年版，第 22 页。

［23］梁漱溟：《乡村建设大意 答乡村建设批判》，北京：中华书局 2018 年版，第 34 页。

［24］同［23］，第 52 页。

［25］周秋琴：《乡村振兴视域下乡风文明建设路径研究》，镇江：江苏大学出版社 2019 年版，第 75 页。

［26］《马克思恩格斯文集》（第 2 卷），北京：人民出版社 2009 年版，第 566 页。

［27］《十七大以来重要文献选编》（下），北京：中央文献出版社 2013 年版，第 581 页。

［28］同［2］，第 35 页。

［29］韩鹏云：《乡村治理现代化的实践检视与理论反思》，《西北农林科技大学学报（社会科学版)》2020 年第 1 期，第 102 页。

［30］同［16］，第 230 页。

第十一章 乡村建设行动的重要保障：
提升乡村治理效能

中央农村工作会议的重要内容之一即为"加强和改进乡村治理"，乡村治理既是国家治理的重要部分与基础支撑，又是实施乡村建设行动的坚实基础，为此要不断提高乡村善治水平，通过有效的管理实现乡村经济社会的良好运行和有序发展，推动乡村建设行动的有效实施。一方面，乡村治理效能的提升意味着自治、德治、法治"三治合一"综合能力的提升，改善了乡村内部治理结构，也为乡村建设行动实施过程中所面临的一系列乡村深层次结构问题提供了一套解决办法与协调机制。另一方面，乡村治理效能的提升是追求善治的过程，即不断最大化地实现社会管理活动及其过程的公共利益，推进乡村秩序等公共产品供给的公平性与普惠性，从而为乡村建设行动的实施提供重要保障，助力乡村建设行动更为有效的、高质量的实施。

所谓乡村治理，即以乡村政府为基础的国家机构和乡村其他权威机构给乡村社会提供公共品的活动。[1] 在近代以前，中国历代王朝统治下的基层政权机构极少干预乡村活动，但随着19世纪末期中国被迫进入现代化进程，与现代化相伴随的国家转型就是要实现现代国家的政权建设，可以说现代国家的建设就是一个公共权力不断寻求国家与社会、市场关系合理化的持续性历史过程。[2]其主要特征体现为政府权力下移，这是由于农业文明的起点在乡村，为了弥补城市和工业发展的不足，增强对乡村社会资源的汲取能力，国家政权不断将行政机构延伸进乡村社会，并不断扩张，以试图对乡村社会进行更深的控制。但杜赞奇在对华北农村的研究中指出，在税费压力不断增加的基础上，国家权力的这种延伸与扩张忽视了乡村权利文化网络中的各类资源，最终导致了乡村精英要么变穷要么出逃，乡村传统的"权力文化网络"瓦解，出现了"赢利性经济"替代"保护型经济"的局面，基层治理效能不仅并未实现有效提升，而且国家对乡村社会的榨取能力远高于对其的控制能力，并最终导致国家政权特别是财政方面的"内卷化"。新中国成立以后，通过在基层建立与国家政权相联结的各级组织，加强对农村事务的监管，乡村治理国家政权"内卷化"扩张才逐渐走向终结。自新时代以来，国家力量在村庄内部结构及其日常运转模式变化中起到了加速推动的作用，党对"三农"工作的领导更加有力有效，为乡村有效治理提供了良好的基础。乡村治理日益成为国家治理在乡村领域的具体表达。由此可见，国家政权与乡村社会力量是影响乡村治理模式的两个变量，二者只有达到相应的平衡与更深的融合，才能够实现乡村社会的有效治理[3]。而乡村治理作为实施乡村建设行动的社会基础，其目标只有与乡村发展的需要有机匹配时，才能够促进乡村社会的高质量发展。[4]因此，乡村建设行动的实施需要创新和变革乡村治理体制，建构符合实际的乡村治理模式。

一 乡村建设行动为何要提升乡村治理效能

乡村之所以需要进行治理，是出于乡村社会功能的变迁与调整，其实质是为了在现代化进程的城乡互动中实现对乡村的重新定位与整合，由此乡村治理的根本目标就在于要实现对乡村社会功能的调整[5]，可以说乡村建设行动的有效实施需要以乡村治理能力的有效提升为基础。而在实施乡村建设行动的过程中，乡村治理的主要功能不仅局限于社会领域，它对于合理分配乡村公共资源、形塑乡村权力文化网络、增强乡村自我发展动力、重构乡村"情感共同体"等都具有重要作用。

（一）形塑乡村权力文化网络的需要

杜赞奇充分肯定了"权力文化网络"对乡村治理的重要价值，指明直至19世纪末，中国政府在乡村的权威以及乡村自身的稳定发展都是通过"权力文化网络"来维系的[6]，而20世纪初的中国由于未能有效利用原有权力文化网络，从而在乡村中无法顺利实现合理化和官僚化，其强行扩张致使国家基层政权的"内卷化"。有效的乡村治理会充分应对社会转型对权力的文化网络的消解，并克服其负面功能，重构并发展既适应社会变迁现实需求，又深植于传统文化的内外兼收的新型"权力文化网络"，这是实现乡村社会有序发展，高质量实施乡村建设行动的重要基础。第一，有助于多元治理主体协同发力。权力的文化网络是以各类组织和关系为依托，并由其运作所形成的各种规范构成的一个天衣无缝的网络[7]，各种组织和关系是乡村"权力文化网络"建构的基本依托[8]。有效的乡村治理打破了乡村精英对乡村公共事务的治理主导权，促使普通农民、乡村组织、村委会、乡政府等治理主体均能参与到乡村治理之中，而他们之间的互动关系则构成多元主体协同的文化网络。第二，有助于形成合理有效的乡村公共规则。村民的自我管理、教育与约束需要依靠乡村公共规则来进行实现与展开，有效的乡村治理有助于通过搭建公共沟通平台、唤醒乡村记忆、培育公共精神等方式形塑乡村认同，构建起村民自觉认同的乡村公共规则。第三，有助于重建和优化乡村社会秩序。在构建合理公共规则及多元主体的基础上，有效的乡村治理有助于缓解各个治理主体之间的矛盾冲突，实现乡村社会团结。

（二）提升农村公共服务供给的需要

在推进农村公共服务体系建设过程中坚持以农民基本公共服务需求为导向，从农民群众最关心、最直接、最现实的利益问题入手，这需要通过夯实乡村建设的社会基础，健全农村公共服务体系来解决。而为农民提供公共服务是乡村治理的重要主题，健全的公共服务体系既是改变乡村"空心化"、提升乡村生活质量的基础和前提，又是乡村治理的重要内容。[9]因此有效的乡村治理能够提供便利的公共服务，提升乡村治理的社会基础，其既是服务型治理的现实需求，也是实施乡村建设行动的必然要求。具体来看，表现为两个方面。一方面，有助于提升乡村公共服务的供给能力。它能够在强化农民自身政治参与积极性的同时，充分调动政府、市场及社会组织提供农村公共服务的积极性，同时明确政府、市场、社会组织与农民之间的角色定位，并协调好各自之间的合作关系，以引导更多的公共服务资源进入乡村社会。另一方面，有助于提升公共服务的均衡配置能力。乡村治理既能通过提升乡村治理主体的公共责任意识与服务意识、重构乡村伦理等方式重塑乡村社会资本，实现对乡村社会的公共服务资源的有效整合，又能提升村委会的服务能力，并且促使农民协会等农村合作组织得到相应的支持和成长，助推乡村公共服务能力的整体提升，还能够协调好公共服务需求与供给之间的关系、不同供给主体之间的关系，从而满足农民对公共服务的多元需求并防止有限资源的浪费。

（三）增强乡村自我发展动力的需要

乡村建设行动的实施需要激发乡村自我发展的动力，以凝聚多方要素的共同参与，汇聚多方主体的合力作用。而这种动力与合力需要依赖有效的乡村治理来进行激发。第一，有利于激发乡村多元治理主体的活力。乡村治理效能的提升有利于打破原有自上而下、行政主导的治理格局，从而落实村民自治权，增强农民的致富积极性，在保障农民享有自我管理、自我教育、自我服务权力的同时，也使农民的角色由"被管理者"转变为乡村治理的主体。第二，能够促进乡村治理精英的培育、引进和引用。乡村治理效能的提升既有利于为乡村建设引入新的资源，还可以帮助村民提升技能和管理水平，从而极大提升农民的致富能力，帮助农民逐渐拥有自我发展的能力，这有利于培育具有创新精神、具有一定文化和技术水平的乡村建设主体。加强农民自身能力的提升来实现促进农民收入的增加、带动农业农村的发展，也是实施乡村建设行动的必由之路。第三，能够为农业生产提供必要的支持。乡村治理效能的提升不仅有利于完善农业生产基础设施，还可以在开拓市场、普及技术、提升公共服务等方面起到助推作用，从而为乡村发展提供基础保障。总之，可以说有效的乡村治理是"发酵剂"，以此为基点才能够激发农民的内生动力，助推农民实现物质及精神生活的富裕，助力乡村在公共服务、基础设施、农业发展、生态保护等方面的高质量、可持续发展。

（四）重构乡村"情感共同体"的需要

乡村本身具有共同体的属性，而这一共同体又需要情感的维系与整合[10]，可以说，传统的乡村社会具有将私人情感转变为公共情感的社会机制，能够构筑成乡村情感共同体。也正是乡村社会的这种"情感共同体"，让乡村社会持续发挥着"蓄水池"的作用，维护着社会的稳定。[11]新时代的中国农村，逐步由"熟人社会"走向"半熟人社会"，但是在农村生活的居民依然深受传统的乡土价值影响。因此，乡村建设行动的实施需要重塑乡村"情感共同体"，以形成一股合力化解价值冲突和行动冲突。在乡村原子化背景下重塑情感共同体最为关键的就是要使原子化分散的个体之间重新形成一种凝聚力，而这就需要在乡村社会中形成一种公共认同与价值共识，凝结成一种特定的乡村氛围，从而在乡村社会成员中形成一种自然的权威，而价值共识、自然权威和权力让渡是乡村治理中的三大组件[12]，由此可以说在乡村社会成员凝聚力的形成中，有效的乡村治理发挥着"黏合剂"的作用，推动着基础秩序及"情感共同体"的建立与维系。一方面，有助于营造良好文化氛围，加强村民之间的联系。它将乡村社会优秀传统文化中的道德习俗、村规民约等礼俗伦理进行创新转换，从而让村民在潜移默化中形成乡愁。营造宽松的舆论环境和德治文化氛围，有助于增进村民个体间的沟通联系，增强村民公共事务的参与度。另一方面，有助于形塑社会认同。它有利于村民更好地表达自身利益的诉求，拓宽了乡村治理中不同利益主体话语博弈和公共对话的渠道，进一步保障了村民公共事务的参与权和重大村务的决策权。同时，它还能够推进重构乡村道德伦理及加强乡村文化建设，从而不断激发乡村成员的内生动力与规则、集体等各类社会责任意识，形成有效的道德约束与激励。

【专栏 11.1】

杜赞奇及其权力的文化网络理论

基于 1900—1942 年间对华北农村的考察，杜赞奇在《文化、权力与国家——1900—1942 年的华北农村》一书中提出了"权力的文化网络"这一重要概念。它既不同于施坚雅的市场理论体系，也不同于"乡绅社会"模式，而是把这些理论包含进来，用"权力的文化网络"阐释乡村间的权力模式，从国家和社会的互动关系来说明乡村社会结构的整体性。

"权力的文化网络"是一个乡村社会权力结构方面的教育社会学的概念，是指乡村社会内生的，以组织为基础的，包含着宗教信仰、相互感情、亲戚纽带以及乡村民众所认可并受约束的是非标准在内的象征符号及价值规范。其中，"文化"是指各种关系与组织中的象征与规范，它包含着宗教信仰、相互感情、亲戚纽带以及众人所承认并受其约束的是非标准。"权力"是指个人、群体和组织通过各种手段获得的他人服从的制度性力量，包括暴力、强制、说服以及对原有权威和传统的继承。"网络"则是乡村的组织关系以各种形式错综交织形成的一个个权力关系的网结，汇聚了国家地方政权、家族、宗教、民间组织等权力主体，村庄平面上的权力斗争以及国家政权企图深入乡村社会内部加强社会控制的努力都是以这一网络结点为中心展开的。

因此，"权力的文化网络"不仅沟通了乡村居民与外界的联系，而且成为国家政权深入乡村社会的渠道。

（根据杜赞奇《文化、权力与国家——1900—1942 年的华北农村》编写，江苏人民出版社，2003 年）

二 乡村治理效能提升的现实困境

乡村治理成效直接影响着民众生活和社会秩序[13]，稳定有效的乡村治理是实施乡村建设行动的基础。当前，我国积极推进乡村治理现代化建设，治理效果初显成效，"一核多元"治理模式初步建构、现代治理体系基本形成，数字乡村建设势头强劲，治理能力得到提升。但在取得成绩的同时，由于市场经济的冲击及数字化技术的应用，我国的乡村治理也面临着国家权力下沉与乡土社会本位矛盾下的"乡村不动"、现代市场体系与传统文化网络悖论下的"秩序式微"、虚拟公共空间与现实公共空间碰撞下的"技术异化"等多维困境。

（一）农村基层的积极性和主动性不能得到有效发挥

国家政权与乡村社会力量是影响乡村治理模式的两个变量，二者只有达到相应的平衡，才能够实现乡村社会的有效治理。新时代，伴随着财政资源、项目资金、公共服务、制度规范、信息技术等密集进入乡村社会，国家力量"重新进入"农村社会，并直接介入乡村社会的具体事务[14]，激起了乡村场域诸多反应，国家权力与乡村社会力量并未实现相应的平衡。

出现农村基层治理"内卷化"现象。所谓内卷化就是指基层秩序并没有随着资源投入量增加而改善，甚至还会出现资源投入越多而基层形式主义和矛盾越多的悖论现象。[15]新时代，国家力量"重新进入"农村社会的突出表现即为国家投入大量资源到乡村，而同时还伴随着规则、考核、规范等的下乡，一些基层干部在进行乡村治理时所关注的重点不是维持秩序，也不是发展生产、改善民生，而是一切围绕国家目标行动，上级让干什么村干部就做什么，所有的工作及工作方式、流程、规范、目标等都是唯上的[16]。村干部工作繁忙却与村民群众的需求脱节，无法切实解决村民所面临的实际问题，这就造成当前基层治理存在局部空转与形式主义，导致农村基层治理"内卷化"现象的出现。

行政与自治之间出现矛盾。国家权力的下沉意味着乡村社会中的行政控制与干预会不断被强化与扩张，但是这种权力有时却难得到有效的公共回应，从而出现"政府干，农民看"的现象。在国家权力下沉的过程中，越来越多的村级工作从自治事务转变为了行政工作[17]，例如乡村的人居环境整治工作本身应是政府与村民的共同行动，但当一些基层政府投入大量资金、人力等时，农民反而会认为整治村庄环境是政府而不是自己的责任，对于乡村治理及乡村建设的参与积极性不高。同时，由于政府与农民的权责边界不清楚，基层治理组织又缺乏对农民诉求进行区分和分类的能力，使得基层治理组织的行政化与村民自治诉求无法契合，有限的基层治理资源被消耗。

"一肩挑"制度下"村两委"的越位与缺位问题并存。部分地方村支书兼任村主任的"一肩挑"治理模式提升了乡村的治理效能，但是由于监管、职责划分等原因，当前还面临着诸多突出的矛盾。具体表现为：权力集中致使监管缺位、"一肩挑"易变"一言堂"，职责不清致使风险内卷、"一肩挑"难以"双过硬"，发展受限致使内生动力不足、"一肩挑"易触"天花板"、人才外流致使选拔范围受限、"一肩挑"难达"高标准"等难题，致使基层党组织的治理效能降低，难以发挥有效的制度优势。

（二）传统的权力文化网络面临消解

在上文论述的国家力量下沉的同时，乡村社会同时又面临着市场化的冲击，而市场化就必然伴随着利益、需求的多元化以及各类资源的流动，"乡土中国"转型为"城乡中国"，乡村社会逐渐由"熟人社会"走向"半熟人社会"，乡村结构表现为利益网络格局，而非简单的文化网络格局[18]。乡村权力结构就发生了从以"文化"为核心到以"利益"为核心的转型[19]，乡村社会治理也不再是封闭式、单一性、静态化的管理，而变成动态化、流动式、多元性的治理[20]，在此种背景下乡村治理出现了种种困境。

现代市场体系对传统权力文化网络的组织基础的消解。人口外流削弱了乡村社会治理的内生性，多元主体矛盾突显，乡村治理呈"无主体性"特征。多元治理主体围绕利益问题，在博弈和融合的过程中不断地重构着彼此的行为，其具体表现有三点。一是有些农民存在"等靠要"思想。受市场化的冲击，大量农村青壮年劳动力流向城市，农民更多的成为经济人，更多的关注自身的利益发展，而对自身乡村治理的主体地位认知模糊，对村庄公共事务越来越冷漠，出现公共事务"事不关己高高挂起"的心态与现象，参与乡村治理的积极性与主动性明显不足，缺乏动力。二是乡村公共权力的治理力量弱化。传统权力文化网络中能够在乡村治理中发挥重要作用的乡村"能人"也在市场化的冲击下陆续离开乡村，乡村中的民间组织如长老会、族老会等逐渐式微，庙会、水会、宗祠等传统的组织形式和关系也在现代化进程中逐渐消失，传统的治理主体力量逐渐弱化甚至消失。而同时乡村中的"两委组织"的治理能力与调动资源进行乡村建设的能力受到限制，治理能力不够。三是乡村精英与农民的联系减弱。在乡村治理中发挥重要作用的一些乡村精英、村干部受市场经济下利益的驱使，与农民的关系逐渐从"保护型"向"营利性"角色转变，二者之间的联系减弱，同时乡村社会中的精英关注点也发生了由整体利益向个人利益的转向。这也就使得乡村实现有效治理的前提——行政体系内部、农民内部以及行政体系和农民之间形成基本共识的平衡被打破[21]，乡村治理局部性地呈现出缺乏精英引导、缺乏民众参与、缺乏民众支持的特征。

现代市场体系对传统权力文化网络的价值基础的冲击，也就是现代市场体系下价值多元与秩序认同艰难耦合的难题。受市场化的冲击，乡土社会的文化价值体系受到冲击，传统的权力文化网络逐渐退化，传统社会的价值规范和权威的运作网络开始失效，农民与土地在乡土社会中所形成的天然的依赖关系被打破。乡村礼俗秩序式微和共享性道德秩序范围缩小致使信任伦理感知逐渐弱化，情感基础发生更迭，同时乡村社会的原子化又导致公共精神流失，乡村原有的关系网络断裂，情感共同体出现分离。村民个体之间的联系及集体行动能力面临弱化，各个村民之间的联结也逐渐减弱，彼此之间疏远，曾经的情感联结淡化。这种人情纽带的疏离与弱化促使村民选择逐步脱离乡村公共事务。

（三）治理与技术难结合

乡村公共空间是指村民就涉及公共利益的话题展开讨论、交流以达成共识的重要场所，对维系乡村社会秩序、营造乡村共同体具有重要意义。[22]从这一意义上讲，虚拟公共空间则是指村民基于移动互联网等技术手段而形成的公共场所（网络公共平台）。[23]近年来，乡村社会的现实公共空间不断萎缩，虚拟公共空间不断建构拓展。但在此过程中，由于农村信息基础设施建设滞后，同时面临着村民"非数字化"传统生活习惯的"路径依赖"的限制，虚拟公共空间的建构本身就缺乏有效的支撑，同时技术与治理的结合难度又导致出现了技术排斥与挤出、技术用途异化等现象，不利于数字乡村的建设，也限制了数字化技术在乡村治理中发挥出最大效用，甚至给乡村治理带来了一些负面效应。

一方面，存在技术排斥与挤出现象，致使乡村治理及乡村建设的内生性力量逐渐边缘化。部分农村弱势群体因无法独立、熟练使用各类数字设备而被排斥在虚拟公共空间之外，也意味着在推行数字乡村治理的过程中，这部分人群难以有效表达自己的诉求，在一定程度上导致虚拟公共空间与现实公共空间之间无法实现紧密融合。同时，部分村民利用数字化技术来强化宗族成员的"共同利益"，导致对其他村民的排斥。此外，部分村干部也或因能力不足而无法胜任技术治理等数字乡村建设工作，而受制于"政治锦标赛体制"的激励[24]，地方政府会采用下派或者外聘的"技术官僚"入驻乡村[25]。这种技术官僚型治理试图把所有集体问题化简为"A"或"B"的选择题，并通过不断创新更准确计算"A"和"B"的技术方法来提高治理的有效性。这种模式一方面为所有集体问题的解决提供了标准化答案，另一方面又排斥了普通民众的政策参与。这就导致部分了解村庄状况但缺乏技术治理能力的村庄内生型干部被挤压出乡村治理的舞台，虚拟公共空间的构建易陷入高度依赖外部主体的困境，也导致本可以积极参与乡村治理的内生性力量逐渐弱化。

另一方面，存在技术用途异化现象，致使反治理问题的出现。一是导致"重技术、轻治理"现象。互联网技术与基层治理应用结合不紧密，更多地重视数字治理平台的建设，却疏于"互联网基层治理"的应用，有"重技术、轻治理""重技术、轻服务"之嫌[26]。二是导致"智能官僚主义"现象。在现实中部分地方政府存在过分强调和关注数字乡村建设、建构虚拟公共空间的现象，将更多的精力花费在访问量、公开信息数量等量化指标上，从而导致智能官僚主义[27]现象的出现，即数字技术"权力"的泛用、误用现象，是数字化技术的社会和人际交往行为的失控、失调和失序。三是导致村民的"不务正业"现象。对绝大部分村民来说，智能手机是其利用数字化技术最主要的工具，但在使用智能手机的过程中，部分村民存在观看低俗、伪劣信息以及进行赌博等行为[28]，导致个人素养下降，参与治理的积极性、能力和水平都有所下降，致使乡风文明建设缓慢。

【专栏 11.2】

数字乡村建设与治理能力现代化

数字乡村建设，是指加快农村地区信息基础设施建设，推动信息技术与农村生产生活全面深度融合，推动远程教育、远程医疗等应用普及，构建乡村数字治理体系。

数字乡村的重点任务包括加快乡村信息基础设施建设、发展农村数字经济、强化农业农村科技创新供给、建设智慧绿色乡村、繁荣发展乡村网络文化、推进乡村治理能力现代化、深化信息惠民服务、激发乡村振兴内生动力、推动网络扶贫向纵深发展、统筹推动城乡信息化融合发展等十个方面。

推进乡村治理能力现代化，提升乡村数字化治理效能是数字乡村发展的一大重点，包括推进农村党建和村务管理智慧化、提升乡村社会治理数字化水平、推进乡村应急管理智慧化、运用数字智能技术平台助力农村疫情防控工作等。

第一，乡村数字基础设施建设加快推进，包括乡村网络基础设施建设成效显著和乡村融合基础设施建设全面展开。第二，智慧农业建设快速起步，包括种业数字化探索起步、种植业数字化多点突破、畜牧业数字化成效凸显、渔业数字化稳步推进、农垦数字化领先发展、智能农机装备研发应用不断突破、农业农村管理数字化转型局面初步形成。第三，乡村数字经济新业态新模式不断涌现，包括农村电商保持良好发展势头、乡村新业态蓬勃兴起、数字普惠金融服务快速发展。第四，乡村数字化治理效能持续提升，包括农村党务村务财务网上公开基本实现、"互联网＋政务服务"加快向乡村延伸覆盖、乡村基层综合治理水平不断提高、乡村智慧应急能力明显增强。第五，乡村网络文化发展态势良好，包括乡村网络文化阵地不断夯实、乡村网络文化生活精彩纷呈、数字化助推乡村文化焕发生机。第六，数字惠民服务扎实推进，包括"互联网＋教育"服务不断深化、"互联网＋医疗健康"服务持续提升、"互联网＋人社"服务逐步覆盖、公共法律与社会救助线上服务加快普及、"三农"信息服务更加便捷深化。第七，智慧绿色乡村建设迈出坚实步伐，包括农业绿色生产信息化监管能力全面提升、乡村生态保护监管效能明显提高、农村人居环境整治信息化创新应用。第八，数字乡村发展环境持续优化，包括政策制度体系不断完善、协同推进的体制机制基本形成、标准体系建设加快推进、数字乡村试点示范效应日益凸显。

（根据 2019 年 5 月 16 日中共中央办公厅、国务院办公厅印发的《数字乡村发展战略纲要》和《中国数字乡村发展报告（2022 年)》编写）

三 提升乡村治理效能的实践路径

贺雪峰指出，乡村治理的核心在于要以推进乡村社会的可持续发展为目标，采取各类方式实现对乡村社会的管理并推进乡村自我管理。而有效的乡村治理既是乡村建设行动的基础，也是乡村建设行动的重要任务。因此，我们应当围绕国家权力下沉与乡土社会本位矛盾下的"乡村不动"、现代市场体系与传统文化网络悖论下的"秩序式微"、虚拟公共空间与现实公共空间碰撞下的"技术异化"等问题，着力完善治理结构、激发治理活力，优化治理体系、拓展治理空间，构建以数字化技术为支撑、乡土性与现代性相耦合、国家治理与社会多元主体协同发力的乡村治理新模式，推动中国乡村治理模式从传统向现代的转型与发展，从而进一步提升乡村治理能力，使乡村建设向着高质量、现代化的目标不断奋进。

（一）以"党建引领"完善治理结构，明确乡村建设方向

乡村治理的有效提升需要以中国共产党的领导作为根本保障。正如习近平总书记所强调，夯实乡村治理这个根基要采取切实有效的措施，强化农村基层党组织的领导作用。针对当前乡村治理所出现的行政化等问题，必须坚持和加强党对乡村治理的集中统一领导，如此才能进一步强化基层的治理能力和自治自主权，实现"被领导的自主"[29]，为实施乡村建设行动提供理论指导和方向保障。

首先，要加强农村基层党组织建设，不断激发基层党组织的活力。一方面要做到党建活动的定期开展，同时要善于应用网络等新型技术手段，拓展丰富党建活动的形式，从而不断提升基层党组织自身的带动力、组织力与号召力，增强吸引力。另一方面则是要通过教育等方式手

段，不断增强基层党组织的领导力，同时要在乡村治理的各个领域都坚持党的领导地位，从而更为充分地发挥党总揽全局、协调各方的领导核心作用。其次，完善基层党组织的工作规范和工作体制机制。避免基层党组织工作被规则、考核等行政规范过度束缚，要将乡村治理的重点和重心放在乡村发展之上，同时也要加强对基层党组织的监督，协调处理好其与各级组织之间的关系，既要做到坚持基层党组织的领导地位，又要充分激发各类社会组织、经济组织等的积极性，增强其参与度，使其战斗堡垒作用能得到充分发挥。最后，加强党员干部队伍建设，优化基层党员结构。党员队伍是农村基层党组织的"细胞"[30]，因此要健全系统培训体系，不断促进基层党员干部宗旨意识的强化、业务能力的提升，在提要求、压担子的同时，配套完善晋升机制、提高薪资待遇等措施，夯实基层党员干部后备人才队伍，推动基层党员干部队伍实现"双过硬"，达到"高标准"，从而推动乡村治理能力的不断提升。

（二）以"协商共治"激发治理活力，增强乡村建设动力

乡村治理是个系统工程，乡村建设行动也是个系统工程，涉及方方面面，需要最大限度地激发和凝聚乡村治理的多元主体活力，以增强实施乡村建设行动的动力。十九届四中全会明确提出要构建多元主体协同的基层社会治理新格局[31]。为此，我们应当要在坚持党委领导的基础上，构建"政府负责、村民自治、社会协同"的多元主体协同共治的治理结构，以解决"国家动而乡村不动""干部干村民看"的难题，实现"国家力量在场"与"村民集体意志主导"的双重面向[32]，激发政府、农民及社会组织等多种力量的治理活力，以增强乡村建设的内生动力，实现二者的协同发展。

首先，提升基层政府的治理效能。要加强基层政府的公共服务职能，以提升乡村治理效能、服务乡村发展为目标推动乡镇政府职能改

革[33]，同时还应当制定基层政府的权力清单，厘清"乡政"和"村治"的权力边界，实现"去行政化"，以确保村民的自治权能够得到独立行使。其次，坚持农民在乡村治理中的主体地位，充分发挥村民自治作用。马克思指出"是人民创造国家制度"[34]，这句话充分表明了人民的主体作用。因此，提升乡村治理的效能就必须充分发挥村民的自治作用，不断激发农民自身巨大的创造性与积极性。为此，既要充分推动乡村文明的建设，塑造新型乡村德治秩序，从而充分激发基层群众自治的内生动力，又要通过拓宽各类参与渠道，使得基层群众的声音能够得到更好的表达与传达，以充分调动广大村民参与村级事务的积极性。最后，发展乡村社会组织，促进协同治理。乡村社会组织能在乡村治理的过程中为村民提供精准化和个性化的服务，是实现乡村有效治理的一支重要力量。为此要通过减少政府干预、提供有效的政策和资金支持等措施来优化乡村社会组织发展的环境，同时要不断完善乡村社会组织发展的相关法律制度，以明确各类社会组织的权责范围和运行规范。此外，乡村社会组织还应当通过不断完善内部管理制度、提高人员整体素质等手段来加强自身建设，以增强自身发展活力，实现持续发展。

（三）以"文化网络"优化治理模式，重塑乡村建设秩序

"权力的文化网络"中的"文化"就是指被乡村社会所认同的象征与规范，如家规、村规及宗教等[35]，而这些就使得乡村社会能够形成一种共同的规范与象征，从而形成一种对自然权威的社会认同。[36]而以村规民约、习俗制度、共同记忆为基础的价值共识，又是长期保持乡村良好秩序的内在力量[37]，具有矛盾调解、价值塑造及教化规训功能[38]。因此，面对市场化冲击所造成的村民"个体化""私利化"，乡村社会文化基础受到冲击，乡村公共性渐渐丧失，乡规民约、道德价值难以发挥整合作用等问题，就应当通过培育公共精神、增强乡村社会认同等措施

优化、重构现代化"权力的文化网络",从而形塑更为公正、有效的乡村建设秩序。

首先,强化价值引领。坚持对村民的教育引导,要通过更为多样、有趣的方式引导形成更为文明的、符合时代发展的乡村社会公共规则(如村规民约、家规家训等)[39],从而实现社会主义核心价值观的内化于心外化于行,以不断提升农民的思想道德水平和科学文化素质,提升村民参与治理的集体、主体、责任意识与能力。其次,培育公共精神。创新乡村公共活动的多种形式,拓展乡村公共活动空间,以引导农民积极参与公共生活,不断强化农民的公共服务精神。既要不断汲取传统乡村规则中的治理智慧,同时也要遵循时代发展的新要求与新使命,构建自觉获得村民认同的乡村公共规则。最后,弘扬乡俗传统。乡俗传统是历经千年洗礼后传承和发展的文化产物,对村民的精神塑造具有深远影响。[40]通过将农耕文化与现代文化相结合,进行整合式创新,对庙会、村戏等进行传承与发展,以唤醒乡村群众的乡村社会记忆,促进乡村民众的文化认同,构建乡村社会的精神家园。

(四)以"数字赋能"拓展治理空间,提升乡村建设效能

"十四五"规划纲要提出了要以"互联网+基层治理"完善数字乡村治理体系的要求。面对当前数字化技术与治理相结合所导致的"技术异化"现象,应当通过深化、优化"数字赋能"的方式来推动数字乡村的建设,不断实现现实与网络公共空间的交融互动发展,从而拓展乡村治理的空间。这是推动乡村基层治理、赋能乡村建设、实现乡村繁荣发展的有效路径。

首先,要夯实数字乡村建设的基础设施建设及资金人才支持。政府要通过财政投入、整合社会资本等方式加大乡村治理数字化平台建设的资金投入,通过加强人力资源培训、建立健全多元主体协同机制来夯实

数字乡村治理的人才支撑，同时不断完善农村水利、电网、交通、物流等基础设施建设，从"硬件设施"搭建和"软件平台"开发两个方面着手完善农村信息基础设施[41]。其次，要提高乡村基层数字化治理意识与参与水平。政府与农民参与数字乡村治理的深度与广度直接关系着数字乡村治理的长效发展。为此要通过加强宣传教育、开展数字化平台应用基本技能培训等方式，提升基层治理人员以及农民的参与水平和参与意识，以减少"技术挤出及排斥"现象的出现，强化积极参与数字乡村治理的内生性力量。再次，要建立以村务微信群、村务公众号等为载体的村民互动平台。如搭建公共沟通平台、营造公共舆论平台，鼓励、引导外出村民积极参与村庄公共事务，以加强村民之间的关联。最后，要协调处理好治理与技术之间的关系。要始终以农民需求及实用性为主导，坚持将数字化技术与乡村社会的文化、规范和习俗相适应，从而增强数字包容性。同时要建立制度化的约束机制，规范技术应用，避免技术用途异化现象。此外，还应当推行数字"一张表"改革，避免重复、无用工作，僵化管理程式等"智能官僚主义"的出现。

注释

[1] 党国英：《我国乡村治理改革回顾与展望》，《社会科学战线》2008 年第 12 期，第 1—17 页。

[2] 杨雪冬：《市场发育、社会生长和公共权力构建：以县为微观分析单位》，郑州：河南人民出版社 2002 年版，第 6 页。

[3] 徐勇：《"政党下乡"：现代国家对乡土的整合》，《学术月刊》2007 年第 8 期，第 13—20 页。

[4] 刘涛：《中国共产党百年乡村治理的功能定位、实践逻辑及时代任务》，《人文杂志》2021 年第 8 期，第 10—18 页。

[5] 郑文宝：《乡村治理的理论逻辑及路向分析——一种宏观视角的审视与判断》，

《云南民族大学学报（哲学社会科学版）》2020年第2期，第58－65页。

[6] ［美］杜赞奇：《文化、权力与国家：1900—1942年的华北农村》，王福明译，南京：江苏人民出版社2003年版，第5页。

[7] 同［6］，第9页。

[8] 傅琼，曹国庆，孙可敬：《乡村非正式组织与新型权力文化网络建构》，《江西社会科学》2013年第5期，第194－198页。

[9] 蒋国河，刘莉：《从脱贫攻坚到乡村振兴：乡村治理的经验传承与衔接转变》，《福建师范大学学报（哲学社会科学版）》2022年第4期，第60－71+171页。

[10] 杨慧，吕哲臻：《个体化视域下乡村社会情感共同体重塑》，《中国特色社会主义研究》2022年第2期，第89－88页。

[11] 贺雪峰：《关于实施乡村振兴战略的几个问题》，《南京农业大学学报（社会科学版）》2018年第3期，第19－26+152页。

[12] 丁胜：《乡村振兴战略下的自发秩序与乡村治理》，《东岳论丛》2018年第6期，第140－148页。

[13] 李三辉：《乡村治理现代化：基本内涵、发展困境与推进路径》，《中州学刊》2021年第3期，第75－81页。

[14] 田孟：《制度变迁中的中国乡村治理生活化转向》，《深圳大学学报（人文社会科学版）》2022年第4期，第15－25页。

[15] 陈义媛：《国家资源输入的内卷化现象分析——基于成都市村公资金的"行政吸纳自治"》，《北京工业大学学报（社会科学版）》2020年第1期，第34－40+46页。

[16] 贺雪峰：《规则下乡与治理内卷化：农村基层治理的辩证法》，《社会科学》2019年第4期，第64－70页。

[17] 桂华：《迈向强国家时代的农村基层治理——乡村治理现代化的现状、问题与未来》，《人文杂志》2021年第4期，第122－128页。

[18] 苑丰，金太军：《从"权力的文化网络"到"资源的文化网络"——一个乡村振兴视角下的分析框架》，《河南大学学报（社会科学版）》2019年第2期，第41－48页。

［19］郑永君，张大维：《社会转型中的乡村治理：从权力的文化网络到权力的利益网络》，《学习与实践》2015 年第 2 期，第 91—98 页。

［20］祝丽生：《培育公共精神：化解乡村社会治理困境的内生路径》，《河南社会科学》2022 年第 6 期，第 92—100 页。

［21］同［14］。

［22］郭明：《虚拟型公共空间与乡村共同体再造》，《华南农业大学学报（社会科学版）》2019 年第 6 期，第 130—138 页。

［23］同［22］。

［24］周黎安：《中国地方官员的晋升锦标赛模式研究》，《经济研究》2007 年第 7 期，第 36—50 页。

［25］刘天元，田北海：《治理现代化视角下数字乡村建设的现实困境及优化路径》，《江汉论坛》2022 年第 3 期，第 116—123 页。

［26］陈桂生，史珍妮：《面向共同富裕的数字乡村建设：基于"做大蛋糕"与"分好蛋糕"的分析》，《行政管理改革》2022 年第 7 期，第 25—34 页。

［27］胡卫卫，陈建平，赵晓峰：《技术赋能何以变成技术负能？———"智能官僚主义"的生成及消解》，《电子政务》2021 年第 4 期，第 58—67 页。

［28］江维国，胡敏，李立清：《数字化技术促进乡村治理体系现代化建设研究》，《电子政务》2021 年第 7 期，第 72—79 页。

［29］周文，刘少阳：《乡村治理与乡村振兴：历史变迁、问题与改革深化》，《福建论坛（人文社会科学版）》2021 年第 7 期，第 47—59 页。

［30］于健慧：《党建引领乡村治理：理论逻辑及实现路径》，《西北师大学报（社会科学版)》2022 年第 1 期，第 50—57 页。

［31］《中共中央关于坚持和完善中国特色社会主义制度、推进国家治理体系和治理能力现代化若干重大问题的决定》，《人民日报》2019 年 11 月 6 日，第 1 版。

［32］邬家峰：《乡村治理共同体的网络化重构与乡村治理的数字化转型》，《江苏社会科学》2022 年第 3 期，第 81—89 页。

［33］同［13］。

［34］曹典顺：《自由的尘世根基——马克思〈黑格尔法哲学批判〉研究》，北京：

中国社会科学出版社 2009 年版，第 33 页。

[35] 同［6］，第 1 页。

[36] 魏治勋：《论乡村社会权力结构合法性分析范式——对杜赞奇"权力文化网络"的批判性重构》，《求是学刊》2004 年第 6 期，第 99—104 页。

[37] 丁胜：《乡村振兴战略下的自发秩序与乡村治理》，《东岳论丛》2018 年第 6 期，第 140—148 页。

[38] 王留鑫，赵一夫：《文化振兴与乡村治理：作用机制和实现路径》，《宁夏社会科学》2022 年第 4 期，第 100—105 页。

[39] 张会萍，周靖方，赵保海：《乡村振兴视阈下乡村治理的困境与出路》，《农业经济》2019 年第 3 期，第 9—11 页。

[40] 梁纪毅：《新时代乡村治理：困境与破局》，《农业经济》2021 年第 10 期，第 43—45 页。

[41] 文丰安：《数字乡村建设：重要性、实践困境与治理路径》，《贵州社会科学》2022 年第 4 期，第 147—153 页。

第三篇

第十二章 乡村建设行动的四川探索

四川是全国农村改革的排头兵，奏响了中国农村改革的序曲。四川广汉金鱼公社"包产到组"与向阳公社"摘牌建乡"是四川农村改革最具历史意义的标志性事件。回顾四十余年来的农村改革历程，四川始终走在改革前列，始终保持"敢为天下先"的勇气、"不待扬鞭自奋蹄"的干劲、"不夺丰产不回头"的决心、"众人拾柴火焰高"的氛围，释放了农村生产活力，收获了巨大物质财富，创造了敢为人先、艰苦奋斗、勇于担当、勠力同心的农村改革精神。站在新的历史起点，我们要努力汲取农村改革发展成功经验，凝聚改革共识，形成改革合力，深入推进四川改革开放事业，奋力推动治蜀兴川再上新台阶。

强国必先强农，农强方能国强。2022 年是乡村建设行动的开局起步之年，四川各地区各部门深入学习领会习近平总书记关于乡村建设的重要指示，认真贯彻落实中共中央办公厅、国务院办公厅印发的《乡村建设行动实施方案》，制定了《四川省乡村建设行动实施方案》，建立了各负其责、合力推进的责任体系，搭建了覆盖面广、针对性强的政策体系，形成了着眼长远、科学规范的制度体系，构建了多元投入、多方参与的保障体系。目前，四川省乡村建设取得实质性进展，农村基础设施短板基本补齐，农村公共服务水平持续提升，农村人居环境大幅改善，农村公共基础设施管护机制基本建立，农村精神文明建设显著加强，一批具有辐射带动能力的中心镇（村）加快建成，农民获得感、幸福感、安全感进一步增强。因此，在前期对乡村建设行动理论研究和实证研究的基础上，深入总结分析乡村建设行动四川探索的生动实践，将会为全国乡村振兴和乡村建设提供一定的借鉴意义，也会对四川擦亮农业大省"金字招牌"具有一定的指导价值。

一 彰显乡村生产功能的四川探索：打造更高水平的"天府粮仓"

我国是人口大国，吃饭问题是国家发展的头等大事。党和政府高度重视粮食安全问题，习近平总书记把粮食安全摆到了"国之大者"的战略层面和政治高度，并确立了"以我为主、立足国内"的国家粮食安全战略，从国家战略层面对粮食安全进行把控。四川自古以来便有"天府之国"美誉，川粮的供应对保障国家粮食安全具有重要的意义。

（一）喜中存忧：天府粮仓的粮食生产现状

四川是我国重要的人口大省和农业大省，粮食安全不仅关乎四川经济发展，而且对于保障全国粮食安全也具有重要意义。战国时期，蜀郡太守李冰修都江堰，广开稻田，造就了成都平原的沃野千里，极大地提高了四川地区的粮食生产能力，在历史上为四川积累了"天府之国""天府粮仓"的美誉。新中国成立之后，饱受战乱之苦的农业开始稳定发展。1953—1957 年四川顺利完成"一化三改"，并大力推广农业技术，选育优良农业品种，农业和粮食生产获得长足发展。[1]改革开放后，经济结构调整，家庭联产承包责任制广泛推行，四川省提出"绝不放松粮食生产，积极发展多种经营，大力发展乡镇企业""稳粮调结构，增收奔小康"等口号，使农村经济结构发生了巨大的改变。20世纪70—80年代的"民工潮"和经济作物的高附加值，尽管极大地促进了农业和农村经济发展，但也使得农村和农业生产逐步出现了"非农化"和"非粮化"的发展趋势。在经济作物高收益的影响下，经济作物种植面积不断扩大，特别是油菜作物的种植，面积从1978年的37.1万公顷快速增长到1995年的85.2万公顷。这造成了种植业内部粮食作物产值比重由1978年的77.6％下降到1995年的62.7％，经济作物比重由11.2％上升到15.1％。步入新世纪之后，农村经济结构发展进一步完善，但就粮食播种面积而言，四川粮食种植面积仍呈现缓步下降的趋势。尽管2005年粮食总产量3409.2万吨，比2004年粮食总产量3326.5万吨增加了2.5％左右，但是与20世纪90年代末粮食产量相比仍有明显差距。[2]总体来说，农业基础薄弱的现实仍没有彻底改变，农村农业生产方式仍以小农生产为主，并伴随着明显的"非粮化"趋势，粮食供应呈现结构性紧张，无法实现与现代化大农业生产的有效衔接。党的十八大以来，习近平总书记强调中国人的粮食安全主动权必须掌握在自己手中，粮食生产要坚持党政同责。2021年四川全年粮食产量3582.1万吨（716.4亿斤），再创历史新高。[3]2022年6月8日，习近平总书记来川视察，在眉山市东坡区太和镇永丰村就"三农"工作提出一系列重要要求，表达了对四川建设农业强省，打造更高水平的天府粮仓的殷切期望。

（二）三对矛盾：天府粮仓的困境

党的十八大以来，四川粮食生产步入新的历史发展阶段，面对世界百年未有之大变局与中华民族伟大复兴战略全局，四川作为人口大省和农业大省要发挥保障粮食安全的重要作用，必须清晰地认识当下农业发展的三对结构性矛盾。

都市农业与保障粮食安全的矛盾。随着现代化和城市化进程不断加快，城市扩张使得越来越多的失地农民向城市集聚，依附城市的城郊地区随之产生都市农业。成都平原是四川的重要粮食生产区，成都市的扩张改变了城市周边地区的农业形态，成都平原的农业生产不得不从粮食作物种植转向休闲农业，在原本生产的基础上扩展出非生产服务功能[4]。在发展过程中逐步压制生产功能，形成了以旅游资源为主的休闲农业，并以传统农耕体验为基础，衍生出农家乐、农业观光、农业生活等产业，带动了周边经济的发展，增加了农业生产的经济效益。但从粮食安全层面来看，城市休闲农业的发展排挤了原本的粮食生产，将粮食产量压力在无形中转移到周边经济较为落后的市、县地区，同时也将粮食生产的压力从成都平原转移到周边的丘陵、山地，造成了粮食产量的下降。

城市建设用地与农业耕地的矛盾。粮食总产量取决于播种面积、粮食和经济作物播种面积比例和粮食单产。而播种面积主要由耕地面积和复种指数决定。[5] 随着城市化进程的加快，人口不断涌向城市，城市面积不断扩大，导致城市建设不断向农业索要土地。在土地争夺的过程中，不仅造成了四川省内耕地总量和人均耕地绝对数量的减少，而且存在良田上山、掠夺性经营等行为，降低了农田的质量。耕地绝对数量的减少以及耕地质量的下降成为影响四川粮食安全的重要因素。

农民追求经济利益与保障粮食安全的矛盾。粮食安全一头连着国家战略，一头连着百姓生活。数千年的农耕历史，在中国农民的血脉中镌刻了强烈的粮食生产的忧患意识。但随着经济快速发展，城市化建设提高了农民对经济价值的认识。[6] 市场经济条件下，种粮农民从传统小农逐渐转变成为具有经济理性的"经济人"，农业生产更加追求经济效益。

在经济利益的主导下，大量农民外出务工以维持家庭生计，具有明显的"非农化""非粮化"行为倾向。在特色农业产区，农民会根据当地环境因地制宜进行"稻虾轮作"模式等特色农业生产，但在粮食作物经济效益下降时，农田往往会被种粮农民"隐形撂荒"，出现双季稻单季生产，"稻虾混作"实际只养龙虾不种水稻等农业"经济人"行为。

（三）打造更高水平天府粮仓的破局路径

擦亮四川省农业大省的金字招牌，打造更高水平的天府粮仓，是习近平总书记对四川粮食生产的殷切期许，也是四川农业发展一以贯之的目标与追求。

一图到底，合理规划。乡村建设行动是全面推进农村现代化建设的重大部署，是解决三农问题的现实途径。落实《乡村建设行动实施方案》，首先就是要制定一个规划，确保一张蓝图绘到底。四川省委省政府贯彻乡村建设行动方案精神，因地制宜实施乡村建设行动，着力提升乡村生产功能，保障粮食安全，先后划分出粮食生产和农产品供应区域，建成全省 90 个粮食生产重点县，划分水稻生产功能区、玉米生产功能区、小麦生产功能区等，合理分配粮食生产压力，实现重点突出、保障有力的粮食生产规划蓝图。

多点发力，夯实"天府粮仓"农业生产基础。五谷者，万民之命，国之重宝。打造更高水平的天府粮仓，是要在现有水平上实现全省范围粮食生产规模的扩张和生产水平的提升。2022 年，四川省委省政府吸收借鉴 2021 年全省粮食生产经验，继续优化提升粮食产量，抓住川内春粮生产的主要目标，因地制宜规划川内各地区粮食生产活动。在达州渠县临巴镇凤凰村，玉米长势喜人；德阳中江县永太镇多宝村，深绿的水稻抽出稻穗；泸州市合江县白沙镇坡地上，酒红的高粱压弯枝头……川北到川南，丰收势头延续。另外，四川省深入贯彻"藏粮于地，藏粮于技"战略，在全省范围内开展撂荒地整治和高标准农田建设任务，"五良"融合的持续推进为粮食单产提升创造条件。不仅如此，还要向撂荒地要粮，向科学管理要粮，充分利用安宁河谷等平原宜种地区，进行粮食生产，将安宁河谷打造成为继成都平原之后的"第二天府粮仓"。落实激励奖补政策，安排专项资金 1 亿元支持新型经营主体和村集体经济组织参与整治，提升农民种粮积极性，从而形成种植、耕地、农业装备、农业科技、农民共同发力的更高水平天府粮仓。

【专栏 12.1】

四川省打造"更高水平天府粮仓"重大工程

1. 国家粮食安全产业带建设

依托四川省 90 个粮食生产重点县，建成 2770 万亩水稻生产功能区、1850 万亩玉米生产功能区、1300 万亩小麦生产功能区、1600 万亩薯类生产功能区，统筹布局粮食生产、加工、储备、流通等能力建设。持续开展耕地"非粮化"遥感监测。

2. 优质粮食工程

统筹实施粮食绿色仓储、品种品质品牌、质量追溯、机械装备、应急保障能力、节约减损健康消费"六大提升行动"。完善粮食质量安全检验监测体系、追溯体系和粮食产后服务体系，建成粮食产后服务中心 362 个、粮食质检机构 88 个，推动 40 个粮油产业高质量发展示范县建设。

3. 打造第二天府粮仓

将安宁河谷作为农业生产基地，着力打造"第二天府粮仓"，建设安宁河谷现代农业示范区，新建和改造提升高标准农田 100 万亩，力争建成节水型灌溉农田 10 万亩、特色经果林示范基地 100 万亩、现代化标准化设施蔬菜 5 万亩、现代化标准化设施花卉基地 2 万亩、现代智慧农业示范基地 10 万亩。

（根据四川省人民政府《四川省"十四五"推进农业农村现代化规划》编写，川府发〔2021〕11 号）

二 优化乡村生活功能的四川探索：推进乡镇行政区划和村级建制调整两项改革

（一）两项改革赋能乡村振兴

乡镇行政区划和村级建制调整两项改革是四川在 2019 年根据全省情况，为贯彻十九届四中全会精神，加强和改进乡村治理的基础性、创新性的重大举措。两项改革是四川近年来涉及最广泛、群众最关注、影响最深远的重大基础性改革之一。[7]2019 年以来，四川省各级各部门贯彻落实省委省政府关于推进乡镇行政区划和村级建制调整改革重大决策部署，将两项改革作为"一把手"工程高位推动。此前，两项改革"前半篇"文章基本完成。通过改革，实现了县域空间结构、政权体系、治理架构的历史性重塑。2022 年，各地各部门涌现出了一大批真抓实干、敢于担当、开拓创新、主动作为的先进典型，圆满完成了改革任务，实现了四川省县域经济版图整体性重塑，城乡融合发展格局系统性再造，基层治理体系和治理能力结构性变革。同时，省民政厅、人力资源和社会保障厅共同授予 100 个单位"四川省乡镇区划和村级建制调整改革先进集体"称号，为实施乡村振兴，新型城镇化、成渝地区双城经济圈建设等重大战略提供了坚实的底部支撑。

盘活了农村闲置资产。两项改革后有不少镇村公有资产闲置下来，各地根据自己的实际，采取多种方式盘活了闲置资产。如德阳市旌阳区孝感街道红伏村，把农业机械所改造成了乡村历史文化馆和游客服务中心；绵竹市清平镇棋盘村废弃的水厂已被改建为"棋盘部落"；绵竹市九龙镇的废砖厂被改建为具有窑洞风情的酒店，无人申请居住的廉租房经绵竹市政府批准后被打造为酒店。巴中市南江县光雾山镇将村里一些空余的活动场所，租赁给了一家旅行社，以租地的方式增加村民的收入，同时，还将一些资产相对偏远、处置难度大的房子，改造成便民服务代办点、养老院、日间照料中心等。甘孜州实行镇村闲置资产"台账化"经营，实行国有资产分类，使99000多平方米的土地得以盘活。绵阳市盐亭县黄甸镇三学村将整合后空余的办事处建成一个小型冷冻仓库，为一家公司的大型孵化器提供冷冻和加工服务，一年能为全村带来3万多元的收入，让50多名村民就地务工。宜宾市南溪区裴石镇石盘村将闲置办公楼改造成加工厂，为当地提供就业岗位30余个，为村民实现创收共计100余万元。以上这些盘活资源的措施使农村建制"多、小、散、弱"的格局得到改善，使农村的资源得到最优分配。

拓宽了产业发展空间。随着村庄规模的不断扩张，整个村庄的发展格局也随之展开。如达州市万源市石塘镇，依托传统的茶叶优势，引入了当地的经营者，大力发展茶叶生产。其中的双合村由原长田坝村、原陈家坝村合并后，形成了一个规模茶园，吸引了大量的村民将闲置的耕地承包出去。现已采取"公司＋专业合作社＋基地＋农民"的方式发展了3000多亩的茶园，年平均收入超过了50万元，土地稀缺和劳动力短缺问题得到解决。乐山市也通过优化乡村布局来扩大产业增量，目前全市乡镇平均面积从58.36平方公里增加到96.39平方公里、平均人口从1.61万人增加到2.66万人，全市40个乡镇级片区中，农文旅融合项目已有429个，5年内预计将有超800亿元资金投入乡村。巴中市南江县公山镇同心村并入卫星村后，金银花种植面积不断增加，现已经达到

3500 公顷；红光镇柏山村整合了原来的柏山村和茨竹村，以村集体入股，代管代种，经销代销，村民入股，发展葡萄 1500 亩、茭白 520 亩、脆蜜李 560 亩和渔业 103 亩。绵阳市盐亭县黄甸镇利和村是原汪沟村与原盛水村整合而成的，这个村利用合并村的人脉资源，为外出打工的农民集资 1000 多万元，建成千亩蚕桑产业园、930 亩柑橘产业园、200 亩生态鱼塘，建成小蚕共育服务中心 1 处和现代化标准蚕房 3000 余平方米。

便利了农民精神文化生活。在推进"两项改革"后，南充各县市区乡镇面积变大，便民服务半径变长，如西充县共设有 23 个便民服务中心、22 个便民服务站、295 个便民服务点，每个服务点都增加了爱心雨伞、充电宝、血压计、药箱等生活用品，并增设了残疾人专用设备展示点、图书阅览厅等。行政区划内便民服务点位覆盖率达 100%，不仅解决了服务点分散，部分办公室人满为患的问题，还方便了群众的文化生活。德阳市将闲置下来的原扬嘉镇政府办公用房转型为服务综合体，即德邻中心·青甜扬嘉综合体，该综合体建筑面积 2380 平方米，服务人口达 26000 名，设有舞蹈室、乐器室、书画室等，并雇用了专职医师，为老年人提供健康服务。此外，还设立了便民服务大厅、企业一站式服务中心、法务服务中心等多个功能区域，构建 15 分钟便民服务体系。广元市昭化区卫子镇将老村委会办公室改建成日间照料中心，给村里的 800 多名老年人提供活动场地。巴中市南江县杨坝镇利用休闲广场、迎宾大道和一些未利用的店面，购买花箱，种植景观树、花卉，配备运动设备，设置街灯，打造民俗文化中心，建设日间照料中心、老年活动中心，不定期开展丰富多彩的文体活动。

可见，自 2019 年年初以来，四川推进的"两项改革"重塑了乡村经济和治理格局，最大限度地解决了乡镇整体呈现出的"数量多、规模小、分布密、实力弱"的问题，乡村"空心化"、产业"空壳化"和

"三留守"等问题也得到了缓解。合并村给产业经济、公共基础设施、群众精神文化生活的发展带来的加成效应，是推动两项改革"后半篇"文章走深走实的缩影。

（二）两项改革须克服的四个现实问题

2019 年以来，四川省以基层行政区划优化设置推动多领域改革，实现顶层规划与基层格局的协同耦合、上位推动和基层成长的互促共进、战略基点和基层实感的内在统一，对全国其他区域的乡村振兴实践具有重要启示意义。此后，在 2021 年年初，将"后半篇"的工作再一次展开，把两项改革的成果聚焦聚力到其他多个领域。在四川省两项改革中，大部分规模较小而被撤并的乡镇和村庄，都依托邻近经济实力比较强的乡镇建立新的街区转变为发展的重心。而被撤并的老场镇，其行政性和生产性作用减弱，以居住功能为主，这既影响了其工作效率，又加大了运营费用，已成为制约经济发展和乡村治理的重要因素，表现在：

基层事务与管理权限不相适应。权责关系是行政组织运作的基础性问题，2020 年《中共中央关于制定国民经济和社会发展第十四个五年规划和二〇三五年远景目标的建议》针对基层治理提出要"推动社会治理重心向基层下移，向基层放权赋能"。目前通过改革已经为乡镇放权扩能，但乡镇的承接能力仍与事务不相匹配，特别是乡镇综合行政执法面临困难，主要体现在有职无"权"。如有些机关所提供的业务与内容交叉重叠，职能模糊，有些虽设立了机关，但授权不足，徒有其名。目前，我国农村地区实行的农村综合行政管理体制还处在转轨时期，农村地区存在着秸秆焚烧、污水排放等问题，乡镇并未完全发挥综合执法主体作用。县级部门虽以"属地管理"原则，交由乡镇自行处理，但因权事不符而无法完全落实工作。

资产闲置较多与办公场所紧张并存。存在部分用地和行政办公楼、文化活动中心等公用设施由于职能外迁而闲置的现象。一方面闲置资产较多。在乡镇行政区域和村庄体制的调整和改造中，被合并的乡镇行政办公用房和社区活动场所的使用率较低，部分撤并的镇村两级学校也存在闲置情况。如泸州市合江县原五通镇由于对发展的重视程度下降，缺乏在其合并前后对人口、资源、经济、社会发展以及场镇的发展状况等方面的研究，带来部分乡镇的用地闲置的问题；原佛荫镇因被撤并的旧城工业集聚程度不断下降，经济职能不断缩小，消极空间日益增多，出现发展规模不明确、土地利用效率下降等问题；原自怀镇部分被撤并乡镇因场镇功能弱化，空置的乡土建筑数量日益增加。遂宁市射洪市镇村的部分资产如村活动室、村小等固定资产是由多个单位共同出资修建的，因建成时间较为久远，用地审批和建修资料都已经无法找到，产权不明晰，无法按照合法程序进行处置，或虽有途径和渠道进行处置，但碍于权限、程序等原因不能处置，导致资产仍旧闲置。另一方面办公场所紧张。改革合并后的乡镇职工人数增加，办公用房普遍紧张，有的乡镇只能分散办公，日常管理及群众办事极不方便。

干部能力素质与工作要求有差距。主要体现在有职无"人"。村、社区干部是推进基层治理的重要力量，其能力素质如何，在很大程度上影响基层治理效果。村级建制改革后，村组面积及人口都成倍增加，服务半径增大，对村干部的要求也更高。然而乡镇办公人员多由改革之前的人员转任，加之乡镇持证上岗的人员较少，且部分村干部受文化程度、思想观念、地域等因素影响，对本村的工作缺乏创新，观念陈旧、思路不明，特别是在化解基层矛盾方面的能力明显不足，基层治理力量整体上较为薄弱。比如巴中市某些镇被撤并后存在村供水工程管护主体不明、责任不清、效益发挥不充分等问题；遂宁市射洪市的村两委干部既负责村民自治和社会管理，又直接负责集体经济经营管理，多数村两委干部没有经营集体经济的专业背景，无法在集体经济发展和解决问题上给出科学、有效的决策。干部选拔任用困难，投入的资源也像"撒花椒面"一样收效甚微，一些新组建乡镇还出现了原有乡镇工作人员抱团的现象，严重影响了工作的开展。

公共服务品质与群众需求不匹配。在两项改革后，多镇合一，被撤并的乡镇由原先的城镇公共服务机构承担农村社区和农村居民的基本公共服务功能。然而部分公共服务设施因服务等级降低无法满足需求，例如泸州市合江县新设立的荔江镇的卫生院，由于行政区域的变动，而转为了"社区卫生服务中心"，它的服务职能主要集中在基础卫生方面，医疗卫生服务水平低于原乡镇卫生院，服务功能不能满足人民群众的需要。因此，有的地方乡镇合并后，往往要分片办公，分片管理，既给管理带来困难，又给人民的工作和生活带来一定的不便；民生事项与群众的需要不相适应，"僵尸"事项、凑数事项多；一些乡镇、建制村保留的便民服务分站或服务站业务不饱和，存在着逐渐缩小的趋势。

（三）精准发力："后半篇"文章探索实践

两项改革联动的实质是追求共同的、良性的发展，新型社区生活空间的重塑，不仅在于社区物质条件和景观环境的改善，更在于对"新农人"人际关系和文化的重构。因此四川省想要擦亮金字招牌，就要把两个改革的"后半程"放在更高的位置上，并采取更实的举措。在改革方法上强化交流与换位思维，在改革时机上坚持步调一致，在改革手段上分工明确实现政策的配套与协调。

加强职权匹配，提升基层治理效率。在做好两项改革"后半篇"文章中，要以群众需求为导向，完善执法协调机制，整合县级部门在乡镇所设司法站、法律服务所人员，由乡镇行政执法办公室统一调配，开展综合执法活动，转变单一执法者为共同执法者，有效化解重复执法、推卸责任的问题，提高执法效率，提升执法效能。例如，为进一步解决宜宾市翠屏区李庄镇执法力量分散、执法力量薄弱的问题，翠屏区政府将公安、市场监管、城市管理等力量整合起来，构建"一支队伍管执法"的新局面，担负起简政放权后的 140 项行政权力，打通了基层综合执法"最后一公里"。

合理处置闲置资产，提升镇村经济活力。一方面清产核资，摸清家底。要对撤并乡镇和村的资产、债权债务、工程款项拨付、财务收支等事项进行一次全面清理和审计，避免给国有资产造成不必要的损失。另一方面利用资源，盘活资产。充分运用清产核资成果，对乡镇和村集体闲置资产和可利用的资源加以整合，通过流转、出租等形式，确保资产保值增值。广元市昭化区现有乡镇、村庄的空闲用地 103 个，该区以民生为本，以公共利益为重点，扶持村级集体经济，通过多种途径，使闲置的土地得以充分利用。如射箭镇五房村为扶持农村旅游业发展，将村委办公大楼改建为旅游公司。达州市宣汉县渡口土家族乡桃溪村将闲置的农村公房、学校等资产全部利用起来，建成了"桃溪山居"，共有 46 个客房，为全村带来了 30 多万元的收入；将闲置的 750 平方米的空地变成了 30 多个停车位，为村集体每年创收 1.5 万余元。

完善机制体制，提升基层干部能力。一方面加强学习培训，提高综合能力。压紧压实村、社区干部责任，解决基层治理"末梢堵塞"现象，打通农村基层治理"最后一公里"。如乐山市峨边县自 2019 年起围绕农业实用技术、乡村文明新风、感恩奋进教育等方面的实际需求，根据区域和自己的实际情况，通过"走下去""请上来"的形式，组织乡镇基础班、部门行业班、县级精品班，重点开展针对专业合作社组织法人、致富带头人、返乡创业的进城务工人员等的培训。让基层干部真正成为党和政府的宣传员、一心为民服务的勤务员、善于化解矛盾纠纷的调解员，不断提升群众安全感、幸福感和满意度。另一方面搭建交流平台，拓宽用人渠道。要在县级部门与乡镇之间、乡镇与村（社区）之间形成合力，建立基础信息共建共享共认平台，减少基础信息填报的频次和数量，减轻镇村负担压力，让基层干部将更多的时间和精力投入服务群众、办理具体业务工作上。亦可试点选用有干事热情的 65 岁以下退休老干部，同时加快发展年轻党员，进一步畅通村级后备干部进出通道。

培育扶持社会组织，改善民生服务。当前我国人民群众对公共服务的要求越来越高，但公共服务领域和数量与实际需要仍有很大的距离，服务型政府的实践尚未形成完整有效的发展规划体系。首先应当加大民生领域政府购买服务项目资金的投入力度，提高财政资金使用效益，补齐基本公共服务短板。其次应当加大社会组织培育力度。社会组织是农户两项改革的后勤保障，也能够弥补政府政策实施的不足。应着力培育一批本土社会组织，挖掘党员志愿者、离退休人员、原村落乡贤等多元社区治理资源力量，推行"镇街—社区—网格—楼栋"四级社区治理模式，实现对个体差异化的有效联结，提升公共服务能力。最后应当打造"一站式生活圈"。社区生活圈是城乡空间最基本的"细胞"，马克思认为空间是社会生产实践的基础，是一切生产和一切人类活动所需要的基本要素。[8]为此，要在乡村社区内建设党群服务中心、文体活动广场、村级办公场所、公园、停车场等配套设施和公共生活空间，打造以"人"为核心的"市井生活圈""云集市""乡村电影院""民间音乐会""共享图书馆"等各项生活和娱乐服务，完善便民服务平台，打通惠民利民的"最后一公里"。

三 涵养乡村生态功能的四川探索：川西林盘的保护性发展

川西林盘是四川省结合千年蜀地文化和当前农村发展实际重点推广

发展的复合型乡村生活模式，对当前乡村生态建设具有典型示范作用。川西林盘作为古老的乡村聚落形态，集生产、生态、生活功能于一体，通过具有传统智慧的空间叙事结构，在满足居民生产、生活需求的同时推动乡村生态资源价值实现。

（一）川西林盘的保护性开发现状

"一江春水润蜀州，一邑良田万亩稻。"作为川西平原上最传统的农耕人居聚落，川西林盘俨然书本里的"世外桃源"。但随着现代化进程的不断发展，许多林盘聚落陷入了发展困境，传统民居被改造，农村人口在城市的巨大虹吸效应下不断减少。随着乡村振兴战略的不断推进，川西林盘对农业经济发展、农村生活条件改善以及农村生态环境保护的重要作用日益凸显，川西林盘重点保护、修复和开发规划不断推进，取得了良好的经济价值、生态价值和社会效益。目前，川西林盘成为四川乡村建设行动的重要形态和发展载体，形态丰富，各具特色，主要存在农业型、园区型、景区型、文化型和综合型等五种发展形态。川西林盘将传统农耕文明与现代生产要素相结合，发挥农业产业的生态价值和环境意义，满足人民群众对美好生活的向往，形成了多元化、生态化与现代化的美丽宜居乡村。

通过林盘整治提高生态价值。川西林盘整合各项生态资源，推动乡村环境整治，实现林盘生态效益与经济效益的同步提升。如大邑稻香渔歌林盘大力保护原有生态环境，将农作物从形态、色彩、肌理等方面重新规划与布局，提高农作物的观赏性和艺术性，发挥田园风光的优势。良好的林盘生态为高品质的农业、农创、项目提供了发展空间，大邑县作为川西林盘保护修复示范县，与中国农科院合作，建设稻鱼稻鸭稻果共生、有机黑稻种植等种养试验田，推动了"合作社＋公司＋职业经理人"的农业模式不断发展，使得农民收入金额不断增长、结构不断多元化。再如蒲江县箭塔村另辟蹊径，以党建组织为引领，文化资源为载体，全体村民为主体，利用小资本撬动大发展。箭塔村留存汉墓、明驿井、清代大型水利工程等历史遗址，底蕴深厚，文化遗产丰富，具备文化重塑和再造发展的独特优势。箭塔村因地制宜、扬长避短，通过结集出版《箭塔村志》，将失落的文明与遗迹逐一修整保护，利用村落林盘的天然条件，累积社会资本、货币资本、智力资本，吸引文化人才，盘活茶马古道的林盘聚落。

积极推动乡村生态产品价值实现。生态产品价值实现是乡村生态建设行动的关键，也是川西林盘建设的优势所在。川西林盘通过独特的生活方式、人居体验和空间建构，将自然生态环境中蕴藏的内在价值显化为经济效益、社会效益，实现生态价值最大化。大邑县稻香渔歌林盘通过科技赋能产业，实行本地农和都市农相结合、"农耕+科技+艺术+教育"的双线并行政策，布局具有大邑特色的现代农业产业，以多元化的产业线构成内涵丰富的产业树，将原本的传统村落变成了集特色农业、民俗体验、亲子娱乐等为一体的现代村落，真正实现了产景相融、产旅一体、产村互动的田园文旅综合体。崇州市观胜镇严家弯湾林盘则以土地入股，成立弯湾园林农民专业合作社和鸳鸯竹乡村民俗旅游专业合作社，按照"把市场搬到家门口"的发展理念，提升盆景苗木产业市场延伸功能。通过壮大集体经济，撬动社会资本投入，实现"绿水青山"向"金山银山"转变。[9]都江堰市青城山马家林盘通过成立马椅子竹编农民专业合作社，提高竹艺品生产效率，缩短工期，扩大产能，传承古法工艺的同时，带动村民致富增收。目前，"马椅子"品牌效应形成，依靠精准营销和精湛手艺，实现1000余单月销量，加上竹工艺品和竹装修，总产值达65万元左右，为合作社成员每月增收2000多元。与此同时，"马椅子"通过淘宝网店等电商平台，拓宽销售渠道，增强品牌影响，力争做大做强。

着力改造乡村生态生活环境。川西林盘作为古老的农村聚落形态与现代农业生产生活方式存在一定差异。随着乡村振兴战略的不断发展，川西林盘生活环境得到改造提升，在保留传统特色的同时，具备了现代生活的便利与宜居。大邑县安仁南岸美村林盘通过聘请国际知名设计师以先进美学理念设计乡村生产生活空间，规划场景功能，共同打造乡村生活空间。与此同时，在生态生产生活空间构建过程中将村内部分老川西宅院重新改造，还原川西民居建筑特点，有效保护生态自然和林盘肌理，最大程度保留原始自然风光，演绎川西人的真实生活居所。成都市双流区帅家院子通过人居整治行动，积极进行"水美乡村"小微项目院落场景打造，通过开放式社区微公园，营造典型古蜀农耕文化传统生活复合型共享空间，优化林盘空间布局，丰富村落文化表达，共享生态价值与经济效益。

（二）川西林盘的发展利用困境

近年来，川西林盘得到了重点保护和理性开发，取得了良好的生态社会效益。但川西林盘的发展利用在乡村建设过程中仍然存在一定问题，面临着党建引领不强、文化传承不足、项目同质化明显和功能性缺失等发展困境。

川西林盘党建引领不强。川西林盘建设是复杂的系统工程也是重大的民生工程，必须坚持党的集中统一领导，以人民为中心进行科学规划和系统思考。大量工商资本进入川西林盘建设，必须以党建引领进行监督规范，做好林盘整体规划和公共空间打造，有序引进产业，避免"跑马圈地""烂尾"频出的建设困境，实现川西林盘的共建共享。

川西林盘文化传承不足。文化赋能，才能增强乡村发展底气。当前，部分川西林盘在建设过程中存在大拆大建、挖山填塘、过度设计的发展心态，导致文化传承不足。主要体现在：一方面，过于强调川西林盘的现代化设施。以统一、规整、市场化的建设方案改造川西林盘生活环境和整体风貌，在川西林盘的自然与文化遗产守护传承工作中存在缺陷，忽视对川西林盘历史底蕴和文化特色的挖掘，造成文化传承的破坏。另一方面，难以将传统川西林盘与现代生活衔接。忽视川西林盘的文化特色，难以实现对林盘地方故事、传统手工、故址遗迹的精准提炼和市场转化，无法使村民、游客与川西林盘空间产生情感共鸣，获得归属感和幸福感，导致乡村文化精神回归与可持续发展行动成为泡影。

川西林盘项目同质化明显。川西林盘已成为四川省农商文旅体融合发展的重要载体，是巴蜀文化与生活方式的核心体现和个性表达。但目前一些川西林盘在建设中缺乏对地方历史文化特质的梳理，对自身林盘特色认识不足，追求"多干快上"，不能做到"人无我有、人有我优、人优我精"。一方面，追逐经济利益导致林盘建设同质化。过于强调经济效益，热衷于复制"网红模板"，沉迷于"花果节＋农家乐"的低端产业模式。另一方面，业态黏合度不足。农商文旅体融合发展是川西林盘发展的未来趋势，但目前川西林盘农商文旅体等不同业态间黏合度不足，农业产业与文化产业发展落后于能够带来即时收益的旅游产业，产业具有一定单一性，无法形成兼具生产、生活、生态、文化等多重功能的新乡村，导致林盘建设同质化特征明显。

川西林盘多功能性缺失。从功能上看，川西林盘集生产、生活、居住等多种功能于一体，是一种有着深厚历史积淀的居住系统。[10]但川西林盘建设发展过程中存在功能缺失问题。其一，经济功能缺失。作为传统的农业生产聚集地，部分川西林盘对自身经济价值认识不足，其现代生态价值目前还没有被充分开发，使川西林盘经济价值处于一个阶段性的低谷期。[11]其二，生态功能不足。川西林盘发展过程中生产功能与生活功能始终优于生态功能，利用川西林盘独特的生态风格开展超过环境承载力的商业性经营活动，会破坏自然环境，造成环境污染。其三，文化功能缺失。大部分林盘通过引进资金项目促进林盘整治与发展，忽略了林盘的内生动力和文化底蕴，追求商业利益和经济价值，对传统民居、遗迹旧址、风俗习惯不了解、不重视、不在意，采取一刀切的手段对林盘进行整治建设，破坏林盘的生态底蕴和文化内涵。

（三）激活川西林盘生态功能的现实途径

川西林盘建设必须坚持党建引领，树立生态文明价值理念，贯彻以人民为中心发展战略，紧盯生态环境治理重点领域，实现生态产业化与产业生态化，实现"三生空间"功能有机耦合，建好、管好、护好、运营好生态资产，实现生态功能与生态效益的最大限度发挥，建设美丽宜居的山水田园。

加强党的集中统一领导，强化林盘生态建设顶层设计。通过党的集中统一领导，加强顶层设计，统筹当下和长远，避免林盘建设同质化，实现风险控制和有效监督。一方面，以党建引领发挥农民群众的主体作用，助力川西林盘建设发展。在川西林盘修复、保护与发展中贯彻党的组织路线，坚持党的领导，加强党的建设，积极做好党的组织工作，激发广大农民积极性、主动性、创造性，切实提高乡村振兴的组织力，激活乡村内生动力。另一方面，以党建引领凝聚乡村精神内核，加强川西林盘顶层设计。从组织层面重视林盘的生态建设和环境规划，解决当前乡村生态建设中的发展困境。通过党建引领作用，在产业选择与培育中倾听弱势群体和困难群众的合理诉求，以最广大人民群众利益作为林盘建设的指南针，避免精英群体对公共资源进行占有、挪用和操控的"精英俘获"行为和"去小农化"。

树立生态文明价值理念，传承川西林盘生态文化理念。必须注重林盘居民生态意识的培养，让人民群众拥有良好的生态意识和生态价值观念，由内而外地爱家乡、爱自然、重生态，以更加积极的姿态参与林盘生态文明建设，成为林盘环境保护和人居环境建设的生力军。当前农村居民的生态价值意识存在一些偏差，个人主义、传统主义、享乐主义和经济至上等错误思想影响着农业生产和农村居民生活。如何持之以恒地加强生态价值与保护教育，增强对自然生态的敬畏，改变及时行乐、无限度索求等错误观点，正确认识自然生态对农村居民的价值意义，从而树立尊重自然、保护自然的生态价值意识，是川西林盘建设中的重要议题。要通过空间建构，引导乡村居民依据美的尺度审视、调整人与生态环境的关系，加强自我反思，爱护林盘生态环境，将环保、绿色、文明、节俭理念贯彻到底，用理性、健康的生态价值理念，展示文明美好的川西林盘生态形象。

贯彻以人为本，构建共建共治共享生态格局。坚持农村生态建设以人民为中心，依靠人民、为了人民，成果由人民共享。首先，坚持人民主体地位，让人民成为乡村发展的动能。大力吸引乡创青年、非遗传承人回归乡村，在激活林盘发展的内生动力的同时，传承林盘文化，丰富文化生活，营造良好文化氛围，使得传统民居民宿、田园乡情有更加丰富的时代内涵，传承乡愁民情，打造川西最美田园综合体。其次，加强管理人才的培育。通过外部引入和内部培育等多元方式，吸引更多现代管理人才助力林盘建设，以现代化、市场化和国际化的营销视野和管理经验，推动林盘发展。最后，实现多元协作共建共治，以人民利益为导向，加强林盘生态服务功能，鼓励群众参与自治管理，积极建言献策，形成良好的乡村治理氛围。

紧盯生态环境治理重点领域，美化川西林盘自然风光。物质资料生产是满足人类生活最基本的生产，在物质资料生产的过程中难免会产生一定的废弃物，导致生态系统破坏、自然环境污染等问题。百年来，中国共产党致力于在农村大力推行绿色生产方式，贯彻生态文明理念，找到物质资料生产和生态环境、自然环境两者之间的最佳平衡点。首先是进行川西林盘观念革命。以习近平生态文明思想为指导，着力贯彻"绿水青山就是金山银山"的生态发展观，正确认识川西林盘经济发展与生态保护的辩证关系，实现绿色发展，生态致富。通过对绿水青山的合理保护，发挥主观能动性，保护性开发生态资源的经济价值，让农民钱包"鼓起来"的同时，使林盘环境"绿起来"，生态资产"富起来"。其次是加强川西林盘面源污染治理。一方面，加强前端预防。在农业生产过程中，进一步完善智慧大棚水肥一体化体系、病虫害监测系统、土地墒情监测体系建设以及测土配方施肥技术的普及，减少农业生产中的污染现象。[12]另一方面，强化中端监控。在农业生产养殖过程中建设污染监测系统，及时反馈农田作物、河流水域污染数据。最后是进行农业生产废弃物的集中处理。农业生产的过程不仅有农药和化肥对环境的污染，还有农业生产的"附属品"对环境的污染。但对这些"附属品"进行科学合理的处理，不仅不会污染环境，反而有益于保护环境。比如农业生产带来的秸秆，进行加工还田处理，利于肥田；饲养牲畜带来的粪便，进行沼气加工处理，可以产生清洁的燃气，从而实现废弃物的清洁再利用。

注重生态产业化与产业生态化，实现川西林盘生态效益最大化。优美的山水田园生态环境是川西林盘的最大优势和宝贵财富。生态产业化与产业生态化就是要贯彻"绿水青山就是金山银山"发展理念，推动农业生态产业建设，奠定乡村生态振兴的物质基础。一方面，贯彻绿色发展理念，通过农业产业转型，建设生态农业，筑牢生态宜居的物质基础。摒弃以往粗放消耗型的农村农业发展路径，以绿色、循环、低碳为导向，利用先进生态技术，改造传统农业产业，推广农业绿色生产方式，发展和构建优质高效、良性运转、节能的农业生态环境系统，促进产业绿色化发展。另一方面，整合农村生态资源。农村是人与自然最紧密的联结点，富有生态资源与田园风光，但农村产业结构失衡、发展观念滞后，难以整合农村生态资源。在生态宜居的历史要求下，以践行"绿水青山就是金山银山"理念的"两山银行"等市场化评估和管理方式，重新衡量乡村产业资源，调整产业结构。[13]与此同时，积极主动探索农村生态资源和生态产品价值转化，以产业为基、生态为媒，将乡村生态环境的独特风貌与旅游休闲相结合，发挥生态资源经济价值，实现农文旅融合发展，推动农村脱贫致富，促进川西林盘生态宜居。

必须建好管好护好运营好生态资产，实现川西林盘生态资源可持续。生态资源用之不觉，失之难存。习近平总书记强调，"农村生态环境好了，土地上就会长出金元宝，生态就会变成摇钱树，田园风光、湖光山色、秀美乡村就可以成为聚宝盆，生态农业、养生养老、森林康养、乡村旅游就会红火起来。"[14]对林盘生态资源不仅要心中有数，也要用之有方，做到建好、管好、护好、运营好农村生态资源，实现生态共建、共治、共享，推动生态产品价值实现和转化。首先，建好林盘生态资源无害化利用机制。从生产上秉持"减量化、再利用、资源化"的资源节约和生态保护原则，通过发展循环农业，推进废弃物资源化利用和资源利用高效化，实现农业无害化生产和资源利用最大化。其次，管好林盘生态资源的清洁利用。在生活中大力开发清洁能源，打造清洁水源，从而改善农民生产条件、生活条件，美化农村生态环境，打造整治田园风光。通过提升村容村貌，提供更加生态绿色的生活环境，以外部约束和内生引领共同作用，引导人民进一步增强生态意识，弘扬先进生态文明，促进农村人与自然的和谐共生。再次，护好林盘生态资源的市场体系。在市场经济体制，市场在资源配置中起决定性作用。农村生态文明建设不仅需要发挥各级政府部门和广大农村居民的共同作用，也需要充分发挥市场的作用。在环境保护和建设中引入市场机制，将生态环境成本纳入经济运行成本上，通过"环境付费"等方式，有效减少部分工业、农业以及个人对农村生态环境的破坏。最后，运营好林盘生态资源的消费性场所。正确利用新媒体、互联网营销和各大购物平台，加强多媒体合作，打造品牌效应，不断完善生态田园、绿色果园、优美民宿等体验消费、生态消费场景，持续推进生态采摘节、生态康养项目、生态教育培训等生态活动，让乡村生态田园综合体建起来、活下去、富起来。

促进"三生空间"功能有机耦合，提高美丽宜居生活水平。通过"三生空间"功能有机耦合完善川西林盘的多功能系统，深入挖掘生态资源、民俗文化资源，强调多业态复合联动，实现林盘经济效益、社会效益与生态价值的统一。首先，川西林盘建设必须紧跟时代，着力加强生态核算，摸清生态家底。通过将生态价值整理，引入社会资本共同成立运营公司，将川西林盘进行景区化、旅游化、休闲化打造，统筹规划乡村产业。其次，通过集体经济壮大，撬动社会资本投入，引进市场主体、盘活闲置资源。在人居环境改造中充分读取川西林盘建筑和景观特征，深度挖掘村庄在地文化，从工艺、色彩、实用功能等方面进行建造设计改建，探索林盘历史遗存的活化再利用方式。最后，加强对川西林盘的宜居建设，全面贯彻落实农村人居环境整治工程，在完善水电路气网等基础生活设施的基础之上，立足川西林盘特色，建设宜居宜业生态设施，提升人居生活水平。

【专栏 12.2】

何谓"川西林盘"

川西林盘是成都平原独特的村落聚居景观，通常坐落于农田周围，以高大乔木、竹林灌木、河流溪水为组成要素，形成生产功能、生态功能、文化功能等多重功能的复合型聚落形态。川西林盘具有悠久的历史文化，承载着丰富的民风民俗、文化气韵，对当前四川乃至全国的乡村建设行动具有重要的借鉴意义和范本价值。

首先，川西林盘是文化性的村庄聚落形态。源远流长的历史积淀，赋予了川西林盘深厚的文化氛围。特色的竹片泥墙，体现川西人居智慧；热情好客的川西坝坝宴，在觥筹交错中融洽邻里感情，和睦乡邻；陶瓷、刺绣工艺传承，凸显川西林盘文化的发展历程。

其次，川西林盘是生态性的村庄聚落形态。从建筑格局而言，"小集聚、大散居"的聚落模式为灌木竹林提供了生长空间，牢固水土，丰富物种，形成小型生态循环圈；就建筑形态而言，一字型、L型构造，高大乔木、竹林遮阴避风，围合成形态较规则的聚落结构，冬暖夏凉，居住怡人；就建筑美学而言，竹林掩映，白墙绿瓦，仿佛中国水墨画般的幽静写意，提供生态美学享受。

最后，川西林盘是综合性的村落聚居形态。川西林盘不仅仅承载着一般聚落简单的生产生活功能，还以优美、多元的植被景观为聚落提供生活资料、审美享受和生态保护。高大的乔木保持水土，调节气温；茂密的竹林提供手工原材料和时令农产品；蜿蜒的河流清溪在贡献生活用水的同时，营造出小桥流水人家的怡人气韵，体现"天人合一"的蜀地生活。

（根据陈其兵《川西林盘景观资源保护与发展模式研究》改编，中国林业出版社，2011 年）

四　重塑乡村文化功能的四川探索：农村精神文明建设的道德积分制

农村精神文明建设很重要，物质变精神、精神变物质是辩证法的观点，实施乡村振兴战略要物质文明和精神文明一起抓，特别要注重提升农民精神风貌。为了破解当前农村精神文明建设中的短板和难题，一些地方持续探索出道德超市、道德银行和道德股份等道德积分制的新模式，通过道德积分换取实物、道德积分抵押担保和道德积分入股分红等形式，把农村精神文明建设的"软约束"变成"硬实力"，聚沙成塔，以小积分撬动精神文明大改观。但与此同时，笔者在四川省成都市、广元市、巴中市、德阳市和自贡市等地调研发现，一些农村在道德积分制的探索过程中还存在"盆景多、推广少""程序多、便利少""成本多、收益少""计量多、思量少"等困难和问题。为了切实加强农村精神文明建设，以文明乡风为乡村振兴塑形铸魂，我们需要在道德积分制探索实践中突围破局，通过优化道德积分制的运行程序、降低道德积分制的运行成本和重构道德积分制的评定标准等措施，大力推广道德积分制，在全社会形成崇德向善的物质激励和舆论氛围。

（一）农村精神文明建设道德积分制的创新做法

道德积分制是以积分制为内核，激发人民群众崇德向善的正向激励和反向约束机制。一些地方基层在实践工作中逐步探索出了道德超市、道德银行和道德股份等创新做法，为破解农村精神文明建设的短板和难题提供了新思路。

1. 道德超市：以"德"换"得"，引导文明乡风

在广元市昭化区，道德超市的开设备受瞩目。村民通过"存储"道德行为，积累一定的道德积分，从而可在道德超市兑换相应的生产生活物资，这是道德超市的运行机理。道德超市把物质奖励和精神激励结合起来作为有益尝试。虽然物质奖励不是农村精神文明建设的最终目的，但是以道德超市为载体，让村民有机会以"德"换"得"，极大地激发了大家崇德向善的积极性，使精神激励的作用愈发明显。道德超市有效地增强了村民的文明意识，对农村精神文明建设发挥了积极作用。

2. 道德银行：让"德"者有所得，提升文明乡风

在巴中市巴州区，道德银行的成立引人关注。道德银行是道德超市的升级版，是道德与信贷的"联姻"。村民"存储"道德行为所获取的道德积分，不仅可以兑换生产生活物资和体检、旅游等服务项目，而且能以道德积分抵押担保来申请贷款。这种贷款的额度高、利率低、手续简便，为村民提供了强有力的发展支持。道德银行让"德"者有所得，有效地改善了村民的生产生活条件，极大地增强了他们的获得感和幸福感。道德银行让村民感受到了道德的力量，激发了更多的群众参与其中，有效地提升了乡风文明。

3. 道德股份：让"德"者持续可得，滋养文明乡风

在自贡市荣县，道德股份的设立惹人注目。道德股份是以道德积分入股集体经济，从而获得集体分红的一种道德激励的长效常态机制。道德股份把道德积分与集体经济相结合，建立相应的利益联结机制，是农村精神文明建设的一种创新实践。道德股份除了正向激励之外，还增加了一些反向约束条件。村民自身的道德积分直接与其在集体经济中的分红挂钩。道德股份破解了道德积分专项资金的筹措等难题，探索出了一种道德激励的长效常态机制，让"德"者持续可得，使文明乡风得到长久滋养。

（二）农村精神文明建设道德积分制的四重困境

道德积分制是农村精神文明建设的有益实践和创新探索，但是在当前实践过程中还存在一些发展难题。剖析道德积分制的现实困境，是推广道德积分制的重要前提。

1. 道德积分制的第一重困境："盆景多、推广少"

道德积分制是一种跨领域的创新，把金融行业的一些术语，例如

"存储"、"银行"和"股份"等嫁接到农村精神文明建设中来，是对传统精神文明建设的一种全新突破。道德积分制独辟蹊径的创新性吸引了地方基层纷纷效仿，掀起了一股道德积分制的浪潮。但在实际的调研过程中发现，有些基层道德积分制的实践是"风过无痕"，有些基层道德积分制的实践是"政绩工程"，有些基层道德积分制的实践是"观赏盆景"。由于缺乏持续的资金支持和科学规范的管理手段，道德积分制的推广存在一定的困难。

2. 道德积分制的第二重困境："程序多、便利少"

积分是道德积分制的内核，那么如何量化道德就是实施道德积分制的重要环节。在当前量化道德的实践过程中，主要有线下和线上两种量化方式。在广元市昭化区昭化镇朝阳村的调研中发现，道德积分制的线下量化不仅需要网格员建立一户一页、一组一册的积分档案，还需要村民自己上报以及道德评议会进行审核等流程。在成都市龙泉驿区东安街道的调研中发现，道德积分制的线上量化需要村民下载各地基层设计的专门 APP 或者是小程序来上传自己所做道德行为的有效凭证，然后由专门人员给予审核和积分累计。综合来看，两种量化方式都存在程序多、便利少的问题，严重影响了道德积分制的落地和推广。

3. 道德积分制的第三重困境："成本多、收益少"

道德积分制是一套严密的运行机制。从宣传动员、组织评议、量化积分、张榜公示到兑换奖励，每个环节都需要投入大量的人力、物力和财力，尤其是在兑换奖励环节更是需要持续不断的资金支持。仅从线上道德积分的量化来看，各地基层都纷纷建立自己的 APP 或小程序。在和成都市龙泉驿区东安街道相关人员的座谈中发现，建立一个 APP 的花费基本在 15 万元左右，每年需要大约 5 万元的维护费用，并且还需要专门人员进行审核和维护，运行成本较高。基层在探索和实践道德积分制的过程中，付出了较高的运行成本，但是直接获取的物质收益却比较少，严重影响了道德积分制的常态化运行。

4. 道德积分制的第四重困境："计量多、思量少"

道德积分制引入了"计量"的方法来对道德行为进行量化，从而形成道德积分。而道德积分的多少直接关系到奖励兑换的等级和集体分红的比例。这样的运行机制就会导致我们过多地关注道德积分的"面值"而忽视了其背后的真实含量。在很多时候，同样的道德行为却不能使用同样的计量标准。道德计量虽然使用的是同样的标准，但是如果缺乏对道德行为背后的思量，那么就会歪曲道德的本质，引起人们对道德的误解，从而影响道德积分制的实施效果。

（三）农村精神文明建设道德积分制的破局路径

道德积分制是农村精神文明建设的有益实践，寻找破解道德积分制现实困境的钥匙成为推广道德积分制的关键环节。

1. 优化道德积分制的运行程序

在道德积分制的运行过程中量化积分的程序最多。从线上量化来看，通过 APP 或小程序上报、审核和积分累计，整体流程已经较为简洁，但是却把不能熟练操作智能设备的人群给排除在外了。从线下量化来看，首先设立一户一页、一组一册的积分档案，然后村民上报自己所做道德行为，再然后经道德评议会审核，最后进行积分的量化和统计。虽然可以涵盖所有人群，但是程序确实较为烦琐。结合当前线上和线下的两种量化方式的现实问题，建议主要推动线上道德积分制的运行，与此同时针对小部分不会熟练操作智能设备的人群，兼顾线下道德积分的量化即可。

2. 降低道德积分制的运行成本

从目前道德积分制的运行成本来看，主要分为奖励兑换成本和积分量化成本。从奖励兑换成本来看，可以把奖励兑换从简单的物资兑换转变为长远的发展支持，例如通过第三方银行为道德积分较高的村民提供更为便捷的贷款服务等。从积分量化成本来看，线上运行成本主要是各地基层设计的 APP 或小程序的建设和维护费用，而线下运行成本主要是人力成本。建议在地方建立统一的 APP 或小程序，由相关政府部门统一建设和维护，主推线上道德积分制的运行。

3. 重构道德积分制的评定标准

推广道德积分制是为了在全社会形成崇德向善的良好风气。鉴于道德行为的特殊性，在制定道德积分制的评定标准时不能太过于单一和死板，用一把尺子衡量一切，而要充分地考量每个道德行为背后的行为逻辑。积极弘扬真善美，大力传播正能量，要对道德模范和身边的好人好事进行大力宣传。与此同时，也要警惕某些道德行为的功利倾向对道德自身的反噬。因此，要充分地考量道德积分制的评定标准，使道德积分制的推广能真正营造崇德向善的社会风气。

五 提升乡村治理效能的四川探索：村支书兼任村主任"一肩挑"的喜与忧

四川省积极将乡村治理体系建设的试点工作纳入省委决策部署和省委全面深化改革的重要内容，主动作为，大胆探索，取得了乡村治理的突出成效。在评选的全国乡村治理示范乡镇和全国乡村治理示范村中，四川都江堰市柳街镇、自贡市贡井区建设镇、射洪市金华镇、眉山市东坡区白马镇、安岳县岳新乡 6 个乡镇以及成都市温江区和盛镇土桥村等60 个村都榜上有名，共有 5 个案例入选全国乡村治理典型案例，创新了诸多乡村治理新模式。尤其是在贯彻落实"一肩挑"模式上，形成了极具典型性、创新性和可行性的乡村治理"四川经验"。但同时也应看到，有些地方"一肩挑"制度实行过程中还面临着"两难两易"四个方面的困境和挑战。要想克服"一肩挑"难挑"千斤担"的突出矛盾，就必须以党建为引领、以人民为中心、以体制机制为保障来充分激发"一肩挑"模式的治理效能和制度优势。

（一）村支书兼任村主任"一肩挑"的主要成绩

村党组织书记和村委会主任"一肩挑"是新时代实现乡村振兴的重要举措，也是治理体系和治理能力现代化在乡村治理中的深刻实践。为加强党对农村工作的全面领导、提升乡村治理效能、推动乡村振兴，《中国共产党农村工作条例》明确规定"村党组织书记应当通过法定程序担任村民委员会主任和村级集体经济组织、合作经济组织负责人，推行村'两委'班子成员交叉任职"。为认真贯彻落实中央农村工作条例，巩固和深化乡镇行政区划和村级建制调整改革成果，开启城乡基层工作新篇章，四川省在2020年11月启动的基层集中换届中推动全省183个县（市、区）34350个村（社区）高质量完成了"两委"换届任务，共33493个村（社区）实行"一肩挑"模式，比例高达97.5%。同时，为拓宽选拔渠道，推进报酬待遇的提高，遂宁等地的"一肩挑"干部基本报酬实行兼职兼薪，领取村党组织书记的基本报酬和不低于村委会主任标准80%的基本报酬，并将绩效考核标准由每人每月200元提高到400元。担任两个及以上村联合党组织书记，还可以拿到高出基本报酬10%的兼薪，逐渐促使村党组织书记平均年龄由46.5岁降为44.7岁，大专及以上学历超过一半。同时，乐山市、自贡市、宜宾市等地因地制宜纷纷创新"一肩挑"监督管理的新办法，充分发挥出了"一肩挑"的治理效能和制度优势。通过对四川省成都市、广元市、德阳市等地的调研发现，集中换届完成和实行"一肩挑"制度后，村党组织领导地位不断强化，村"两委"班子结构不断优化，村"两委"矛盾不断缓解，村级治理效能不断提升。

（二）村支书兼任村主任"一肩挑"的突出矛盾

"一肩挑"模式是强化党对农村领导、提升乡村治理效能的有益探索，但通过实地调研可以看到，四川省在"一肩挑"模式具体实践中还面临着诸多挑战与难题。只有深入剖析"一肩挑"面临的痛点难点问题，才能够使"一肩挑"挑得起、挑得好乡村治理的"千斤担"。

权力集中致使监管缺位，"一肩挑"易变"一言堂"。"一肩挑"使得党务、村务、经济和对外合作的权力都集于村党支书一身，这就使得在实践中办事、决事议程被不断简化，所有文件、决策均由一人签批、拍板，容易形成"一言堂"。再加上"一肩挑"将村"两委"相互监督制约的平衡机制转变为了"一肩挑"者的自我监督约束，且新设立的村民监督委员会面临着"熟人"社会特征突出、村民代表较少、学历偏低、年龄偏大等制约，存在监督意愿不强、能力不足、胆量不够的问题，导致民主监督的主体与力度都不够。如果不能及时形成系统的监督考核细则，仅仅靠上级部门发文件、下指标和强化督查等办法，难以进行有效监督和制衡，就易使得"一肩挑"变成权钱交易、贪占公款和侵犯群众利益的"微腐败"。

职责不清致使风险内卷，"一肩挑"难以"双过硬"。一方面，实行"一肩挑"制度后，部分村支书精力能力出现双受限，难扛任务多、要求高、压力大的"三重山"。"一肩挑"模式要求"一肩挑"者既做村集体带领致富的"带头人"，又做村庄治理的"当家人"，还做村民的"知心人"。同时乡镇行政区划和村级建制调整改革后，村庄地域更广、村庄公共事务更多更杂、村民利益纠纷更加显现。调研发现，不少地方的村支书均反映面临"压力责任集中，精力不够""两脑变一脑，强项弱项一把抓，工作效果不理想"等问题。另一方面，实行"一肩挑"制度后，村庄治理主体职责不清，难以"双过硬"。在"一肩挑"满意度的调查中，广元市朝天区、苍溪县及成都市龙泉驿区的大部分村支书都表示"权责分开更好"，这源于制度性的职责分工未建立，党务村务经济的责任风险书记一人担，而其他村"两委"成员出于"事不关己高高挂起"的心理，在工作中"只出工不出力"，原本想解决的"相互推诿"的现象反而加剧，治理效率受影响。

发展受限致使内生动力不足，"一肩挑"易触"天花板"。"责任更大，待遇却没提高"是调研地村支书共同的痛点。广元市、成都市、德阳市等地村支书的工资待遇普遍不高，月收入在 3000 元左右，包含住房公积金等在内的年收入在 7 万至 8 万之间，而各项奖励办法又难以兑现。成都市龙泉驿区有个别村常出现新任"两委"成员因薪资待遇过低、工作环境落差大、个人保障不到位等，干一年半载就离职的现象。尽管现行政策拓展了"一肩挑"村干部的晋升渠道，如给予了他们考录乡镇公务员、事业编制人员的名额，但难度大、要求多、名额少。这使得"一肩挑"干部的晋升渠道日趋扁平化，易触碰到个人职业发展的"天花板"，最终导致"一肩挑"干部缺动力、没劲头、无激情。

人才外流致使选拔范围受限，"一肩挑"难达"高标准"。四川省在两委换届中制定的"双好四强"标准和"八不选"要求，是基于农村人才储备充足和治理精英在地化的前提假设。但在现实的农村中，"能人型"乡村治理精英人才多流出、"嵌入型"乡村治理精英人才难引进、"引领型"乡村治理精英人才难培养，这就导致：其一，现任干部队伍综合素质不高，难达"高标准"。广元市多地村"两委"成员的平均年龄在 50 岁以上，存在思想观念落后、政治理论水平低、解决矛盾能力弱等问题，广元市昭化区、成都市龙泉驿区等地村书记出现了不理解村集体经济组织性质等问题，难以实现党务村务"双过硬"。其二，基层党组织建设不好，难达"高标准"。成都市龙泉驿区两村庄因集中搬迁、村级建制调整等，基层党建活动难召开，凝聚力不够，导致党组织带动作用发挥不足、吸附力不强。其三，后备人才队伍建设不足，难达"高标准"。在较为落后的农村地区，青壮年大多选择外出经商、务工，人才流失严重，优秀年轻党员储备薄弱。而在储备较为充足的农村地区，还面临年轻化后备干部队伍（多为大学毕业生）对农业农村生产技术等方面不擅长的问题，"一懂两爱"，即"懂农业，爱农村、爱农民"的农村干部队伍面临青黄不接的窘境。

（三）村支书兼任村主任"一肩挑"的优化路径

在当前形势下，四川省要想化解"一肩挑"模式实施中面临的突出矛盾，就必须以党建为引领，以人民为中心，以体制机制为保障，充分激发"一肩挑"模式的治理效能和制度优势。具体而言，要从以下几个方面着手：

加强与改善党的领导，提升"一肩挑"模式的治理效能。充分发挥"一肩挑"模式治理效能，实现乡村治理现代化的根基就在于必须坚持和强化党的领导。为此，首先，要在坚持党对农村工作的全面领导的基础上，同时处理协调好村党组织、村委会、集体经济组织、合作经济组织、村务监督委员会及其他社会组织等的主要职能与重点任务，以形成系统联动治理，实现整体发展，从而健全党组织领导下系统清晰、权责明确的村级组织体系。其次，要定期开展党建活动，同时广泛多维度地运用大数据等新手段，不断丰富拓展党建活动的形式主题，从而不断增强基层党组织的号召力、吸引力及带动力。最后，要健全系统培训体系，不断促进"一肩挑"干部宗旨意识的强化、业务能力的提升，在提要求、压担子的同时，配套完善晋升机制、提高薪资待遇等措施，夯实"一肩挑"后备人才队伍，推动"一肩挑"干部队伍实现"双过硬"，达到"高标准"。

充分发挥村民自治作用，完善"一肩挑"模式的治理结构。构建现代化基层治理体系，就必须在坚持党的领导的基础上，充分激发村民自身的内生动力，以充分发挥村民自治的作用，实现二者的有机结合，更好完善治理结构。为此，首先要充分推动乡村文明的建设，强化道德教化与社会主义核心价值观引领，塑造新型乡村德治秩序，从而充分激发基层群众自治的内生动力。其次要落实"四议两公开"制度，依托村民会议、村民代表会议、村民议事会、村民理事会、村民监事会等，畅通人民群众参与村务决策、反馈建议的通道，充分调动广大村民参与村级事务的积极性。最后要不断完善党领导下的自治平台，培养多个专兼结合、从事农村工作的社会组织队伍，不断完善党领导下的"自治、德治、法治"体系，引导村民与"一肩挑"干部共同担负乡村治理的主体责任。

紧抓体制机制建设，激发"一肩挑"模式的治理活力。加强基层治理体制机制建设，重在构建合理的激励和约束机制。一方面要在制定清晰的职责清单和完善"一肩挑"干部奖惩考评机制的基础上，完善村务监督委员会，健全上下级监督机制，增强村务公开度、透明度，构建上下联动、内外联合的严密监督体系，加强对"一肩挑"干部的约束力，防止"一言堂"和"微腐败"现象的出现。另一方面则要健全和完善以财政投入为主的稳定的经费保障制度，充分落实"基本报酬＋兼职兼薪"的双酬保障方式，健全医疗、养老等个人保障机制，加强正向激励，让"一肩挑"干部无后顾之忧。同时，健全从优秀村党组织书记中考录乡镇公务员、事业编制人员的常态化机制，加大选拔力度和范围，提升"一肩挑"干部的职业忠诚度和获得感。

注释

[1] 四川省地方志编纂委员会：《四川省志·农业志》，成都：四川辞书出版社，第 26 页。

[2] 以上数据来源为 1999—2006 年的《四川省统计年鉴》，百分比为数据测算所得。

[3] 《2021 年四川省粮食增产 10.9 亿斤，再创历史新高》，https://www.sc.gov. cn/10462/10464/10465/10574/2022/1/17/df202c00bf6848b5bae48c22610b3ea1. shtml，引用日期：2022 年 9 月 20 日。

[4] 彭锐，张婷，张秋玲等：《大城市近郊都市现代农业多功能实施路径探究——以苏州高新区通安现代农业示范园为例》，《中国农业资源与区划》2021 年第 10 期，第 16 页。

[5] 何格，欧名豪：《城市化与四川粮食安全问题研究》，《农业现代化研究》2005 年第 5 期，第 351 页。

[6] 杨秉珣，董廷旭，刘泉：《四川省城镇化进程及耕地保护研究》，《中国农业资源与区划》2016 年第 9 期，第 150 页。

[7] 《四川深化改革典型案例发布会⑪ 两项改革：减少乡镇（街道）1509 个建制村 18429 个》，http://scnews. newssc. org/system/20210329/001162321. html，引用日期：2022 年 9 月 20 日。

[8] 《马克思恩格斯文集》（第 7 卷），北京：人民出版社 2009 年版。

[9] 《崇州市严家弯湾：以生态入股 GEP 转化为 GDP》，http://sc3n. com/index/ news/detail/id/26153. html，引用日期：2022 年 7 月 18 日。

[10] 蔡竞：《乡村振兴视域下川西林盘保护性发展的调查与思考》，《农村经济》2018 年版第 12 期，第 56—61 页。

[11] 同 [10]。

[12] 马国栋：《农村面源污染的社会机制及治理研究》，《学习与探索》2018 年版第 7 期，第 34—38 页。

[13] 崔莉，厉新建，程哲：《自然资源资本化实现机制研究——以南平市"生态银

行"为例》,《管理世界》2019 年版第 9 期,第 95—100 页。

[14] 习近平:《论坚持全面深化改革》,北京:中央文献出版社 2018 年版,第 404 页。

第十三章　四川实施乡村建设行动的价值意蕴

党的十八大以来，习近平总书记心系四川，多次赴四川视察工作，深入基层一线、走进人民中间并多次发表重要讲话和作出重要指示批示。四川省委省政府深入学习领会习近平总书记的系列重要指示批示精神，把"三农"工作作为治蜀兴川的重中之重，高度重视乡村建设，深入开展"美丽四川·宜居乡村"建设行动，逐步补齐乡村社会的各项短板，使乡村社会更加宜居宜业。四川作为农业大省，在全面推进乡村振兴战略之时实施乡村建设行动，坚持农业农村优先发展、促进城乡融合发展，加快推进农业大省向农业强省跨越、推动治蜀兴川再上新台阶，具有重大现实意义和浓厚的价值意蕴。

一　乡村建设行动的国内价值

在全面推进乡村振兴战略之际，四川省实施乡村建设行动是传承优良传统、坚守初心使命和肩负民族大任的重要之举。从历史维度来看，四川实施乡村建设行动有着深厚的历史渊源，四川不仅是乡村建设运动的重要发源地，也是中国农村改革的奋力先行者。从现实维度来看，四川实施乡村建设行动有着迫切的现实需要，四川是美丽宜居乡村建设的西部示范田。从未来维度来看，四川实施乡村建设行动又是胸怀"国之大者"的战略要求，四川是擦亮农业大省金字招牌的忠诚践行者。总而言之，四川省实施乡村建设行动在国内具有重大的影响和价值。

（一）四川是乡村建设运动的重要发源地

前已述及，20世纪二三十年代，一批先进知识分子为了救亡图存，轰轰烈烈地开展了一场乡村建设运动。四川是乡村建设运动的重要发源地。世界平民教育家晏阳初就是四川省巴中县人，他主张通过平民教育来开展乡村建设以期实现乡村现代化。此外，卢作孚以四川巴县北碚乡为中心开展乡村建设，对乡村进行生产方式和生活方式的现代化塑造。

卢作孚在北碚地区开展的乡村建设运动是民国时期众多乡村建设实验中极少数取得一些成就的，主要原因在于以下几个方面：第一，重点发展乡村经济。在其他乡村建设运动纷纷从文化、教育入手寻求出路之时，卢作孚难能可贵地提出了乡村建设"应以经济建设为中心"[1]。他认为经济建设是任何建设的基础，所以重点进行经济建设。他不仅拟定了大规模的工业计划，而且还制定优惠政策以吸引资金和人才，兴办企业和银行等。第二，加强基础设施建设。卢作孚借鉴日本、俄国和德国的经验，认为"交通运输是全世界的血脉"[2]，乡村建设要交通建设先行，加强基础设施建设。因此，他带头修建了四川第一条铁路——北川铁路，极大地提高了乡村生产效率，也带动了整个区域的经济发展。除此之外，卢作孚在北碚地区创办了图书馆、博物馆、运动场和医院等基础设施。第三，主张发展乡村城市化。所谓的乡村城市化不是把乡村变为城市，而是要把城市文明融入乡村，是城乡公共服务的均等化。卢作孚在北碚地区兴办教育、整顿村容村貌、建立公园和美化环境等，有效地带动了整个地区的乡村建设。第四，大力发展乡村教育。卢作孚曾一度认为教育是乡村建设的第一事业。即使他后来主张"实业救国"，也依然把文化教育作为乡村建设的重点内容。卢作孚为了改变人们的陈旧意识，通过现代生活运动、识字运动、职业运动和社会工作运动等，使人们逐渐接受了现代文化教育，极大地激发了人们的学习积极性[3]。

卢作孚推动乡村建设纵然取得了一些成绩，可当时国家陷于内忧外患，在帝国主义和封建主义的双重压迫下，卢作孚奉行的改良主义的路线也注定不会成功。但是四川作为乡村建设运动的重要发源地，具有重视乡村建设的优良传统，对当前全国实施乡村建设行动具有重大价值。第一，产业发展是乡村建设行动的基础。实施乡村建设行动要以乡村产业发展为主线，加强基础设施建设等"硬件"支持，同时加强乡村文化建设等"软件"支撑，促进乡村产业发展。第二，基础设施是乡村建设行动的重点。中共中央办公厅和国务院办公厅联合印发的《乡村建设行动实施方案》，把基础设施建设作为乡村建设行动的重点。实施了道路畅通工程、乡村清洁能源建设工程和农产品仓储保鲜冷链物流设施建设工程等一系列基础设施工程，为乡村建设奠定了坚实基础。第三，城乡融合是乡村建设行动的基点。乡村建设行动要跳出乡村谈乡村，以城乡融合为重要举措，促进基础设施和公共服务的均等化。实施乡村建设行动要以县域为中心，实现公共服务的城乡一体化，打造集教育、医疗和养老等于一体的公共服务一体化示范区。

（二）四川是中国农村改革的奋力先行者

回顾 40 余年的农村改革历程，四川始终走在改革前列。1978 年，广汉金鱼公社在全省率先进行"分组作业，定产定工，超产奖励"改革，取得了显著成效。1980 年，广汉向阳公社在全国率先摘牌，正式把人民公社变为党政分工的乡镇。[4]四川以敢闯敢冒、敢为天下先的精神抓住了改革开放的重要机遇,通过一系列的农村改革措施,使四川"三农"工作取得了巨大成就,在农村改革中始终走在全国前列。其农村改革精神对实施乡村建设行动具有重大价值。第一,艰苦奋斗是农村改革精神的鲜亮底色。四川农村改革的成功,不是等出来、看出来、求出来的,而是四川人民以艰苦奋斗的精神豁出去、拼出来的。不能分土地,那就分田坎;不能包产,那就定产;不能全面铺开,那就试点推行。四川人民以"沙沟沙函掏尽,田边地角种完"的奋斗精神,使四川全省粮食总产量跨上 3000 万吨的历史新台阶。此后,从 1978 年到 1996年,四川省连续 19 年粮食产量领跑全国,极大促进了四川农业发展,奠定了四川农业大省的地位。第二,勇于担当是农村改革精神的核心要义。四川农村改革的成功离不开敢作敢为、勇于担责的担当精神。农村改革伊始,"左"的思想仍然束缚着大多数人,热火朝天的改革常常遭遇冷风乱流。针对各种压力,四川省委保持战略定力,不反复不摇摆,及时印发文件,坚持稳步推进农村生产责任制改革,持续有力推进农村改革进程,取得了农村改革的伟大胜利。第三,勠力同心是农村改革精神的重要保证。四川的农村改革是集体智慧的结晶。一方面,地方干部与广大群众勠力同心,共同推进改革发展。在四川农村改革中,人民群众"推着干部搞改革",探索出卓有成效的改革路径;基层干部能当"带头人",点燃农村改革的星星之火。另一方面,各级地方党委与省委协同互通,为农村改革保驾护航。正是因为心往一处想,劲往一处使,四川农村改革才实现了群众首创与顶层设计有效结合。

40 余年来,四川农村地区的面貌早已"焕然一新"。但当前四川农村地区发展不充分的问题依然十分突出,实施乡村建设行动,持续深入推进农业农村改革,仍然需要大力弘扬农村改革精神。第一,要全面深化农业农村改革。改革是乡村建设行动的根本动力,要继续运用好改革这一重要法宝,全力推进乡村建设。必须全面深化农村改革,破除各种体制机制弊端，增强各种条件的支持力度，激发各类主体的内生动力，让农村焕发生机活力。第二，要推动城乡融合发展。四川人民以革命的锐气、开放的心态，为全国改革开放事业贡献了四川力量，也为新时期打破城乡二元壁垒，推动城乡基础设施互联互通、公共服务均等化提供了科学方法和精神武器。在实施乡村建设行动中，推动城乡融合发展，必须弘扬农村改革精神，坚持创新拉动、拼搏奋斗、多元合作、开放共赢，以城乡融合的视角审视乡村建设行动。第三，要打造高水平的"天府粮仓"。在农业减产、粮食奇缺的艰难时期，四川以非凡的担当和不懈的奋斗推动了农村改革，极大提高了人民群众生活水平。当前，在全球粮食产业链供应链不确定性风险增加，国内国外经济环境日益复杂的新形势下，四川作为西部农业大省，要坚定扛起粮食生产的政治责任，在保耕地、多种粮、产好粮上走在前、作示范，打造高水平的"天府粮仓"，为保障国家粮食安全贡献更多力量。

（三）四川是美丽宜居乡村建设的西部示范田

党的十九届五中全会首次提出实施乡村建设行动，并对其做出了顶层设计：第一，注重规划设计，保留乡土味道。实施乡村建设行动切忌闭门造车，盲人摸象。要以县域为整体来规划乡村建设，科学布局乡村空间，使乡村的各项功能充分发挥。第二，改善人居环境，提升宜居水平。基础设施和人居环境是影响乡村宜居水平的重要因素。实施乡村建设行动，一方面要加强农村水、电、路、气、网等基础设施建设，使乡村生活更加便捷。另一方面要实施人居环境整治行动，使乡村更加宜居。第三，强化县域载体，加强公共服务。要坚持以县域为中心加强公共服务体系建设，强化县域的综合服务能力，推动公共服务资源在县域内的优化配置。第四，加强人才建设，助力乡村建设。实施乡村建设行动需要各类人才的积极参与，既要注重本土人才培养，培养一支高素质农民队伍，也要吸引外来人才加入，强化各种政策的支持和保障。

2021 年，四川省为贯彻落实党中央、国务院对实施乡村建设行动的战略部署，率先制定了《"美丽四川·宜居乡村"建设五年行动方案（2021—2025 年）》，争当美丽宜居乡村建设行动的西部示范田，为全面实施乡村建设行动提供参考借鉴，具有重要的价值。第一，提供了农村人居环境整治的实施方案。四川省在落实落细落小持续提升乡村宜居水平方面，结合四川的地方实际，把人居环境整治分为五个模块，推出"五大提升行动"，这为其他地区实施乡村建设行动提供了方案参考。第二，提供了农村基础设施建设的实施方案。基础设施是乡村建设的基石。四川省把基础设施建设从人居环境整治中单列出来，推进农村基础设施"水、电、路、气、网"的"五网共建共享"专项行动。四川省以基础设施建设为重点来开展乡村建设行动，是对顶层设计的创新发展，也是对乡村基础设施建设的足够重视。第三，提供了乡村生态治理的实施方案。生态功能是乡村的独特功能。四川省坚持系统思维，把山水林田湖作为一个整体性系统来综合治理，推进山水林田湖"五项系统治理"。第四，提供了乡村建设行动的系统方案。乡村建设是一项系统工程。总体来看，四川省"美丽四川·宜居乡村"建设主要包括文化、人才、组织、社会和数字的"五大建设"。四川省以独特的"五位一体"总布局全面、系统、深入地开展了乡村建设行动。这些都为其他地区实施乡村建设行动提供了科学的方法论和实践经验。

（四）四川是擦亮农业大省金字招牌的忠诚践行者

四川自古以来就是天下粮仓，承担着粮食生产的重要职责。党的十八大以来，习近平总书记高度重视四川的各项工作，多次来川视察，让全省干部群众备受关怀和鼓舞。习近平总书记重点指出"四川农业大省这块金字招牌不能丢"。四川省委省政府牢记习近平总书记的嘱托，奋力在新时代打造更高水平的"天府粮仓",擦亮四川农业大省的金字招牌。

四川省实施乡村建设行动,做擦亮农业大省金字招牌的忠诚践行者,为新时代践行"粮食安全是国之大者"做出了率先示范,具有重要价值。第一,要坚持以习近平新时代中国特色社会主义思想为指导。擦亮农业大省的金字招牌是习近平总书记对四川的殷殷期望。实施乡村建设行动要把擦亮农业大省的金字招牌作为重点任务,坚持以习近平新时代中国特色社会主义思想为指导,围绕打造更高水平的"天府粮仓"落实落细,并且在惠农富农等领域下功夫,让人民过上好日子,提高获得感、幸福感。第二,要以粮食安全为"国之大者"。围绕贯彻落实习近平总书记来川视察重要指示精神,四川省委省政府集合全省力量成立了9个专题调研组和专家咨询组,决定以育良种、用良机、推良技、扶良农和出良策的"六良"为抓手,把成都平原打造成为"天府粮仓"核心区,最终在全省形成重粮、抓粮导向。[5]第三,要注重"稳产保供"。自古以来,就有"粮猪安天下"的说法。作为全国生猪生产和西部唯一的粮食主产省,四川要围绕"稳产保供"下功夫。一方面,奋力再夺粮食丰收,确保全省粮食产量在710亿斤以上。另一方面,确保生猪稳产保供,坚决守住能繁母猪存栏量380万头的底线,确保完成年出栏6000万头生猪任务。同时还要健全生产服务体系,使农业生产更便捷。第四,要做强做大农业特色产业。四川有川菜、川茶、川粮油等十大川字号的农业特色产业,要通过加快发展现代农业园区,突出补齐产业支撑短板,扩大有效投资和交流合作等举措,探索"川字号"农产品更高层次提质增效路径。

二 乡村建设行动的国际价值

四川作为乡村建设运动的重要发源地,历来都高度重视乡村建设,孕育着浓厚的乡村文化资源。近代以来，一些海外人士踏进国门，开始了解中国，了解四川。其中，一些海外人士把四川的乡村文化资源传递给了世界，为世界的乡村建设提供了四川农民生活全景式调查的样板，打开了窥探四川群众公共生活和微观世界的窗口，提供了中国农村市场和社会结构研究的范例。

（一）提供了四川农民生活全景式调查的样板

教育家伊莎白·柯鲁克（Isabel Crook）于 1915 年出生在四川省成都市的华西坝，其父母都是加拿大的传教士，就职于当时的华西协合大学。20 世纪 30 年代末至 40 年代初，乡村建设运动方兴未艾，中华民国国民政府把位于西南大后方的四川作为"民族复兴根据地"，企图通过建设四川乡村来推进国家的现代化进程。在这样的背景下，伊莎白参与到了四川璧山兴隆场的乡村建设项目，并最终撰写完成了社会调查著作《十里店（一）——中国一个村庄的革命》《十里店（二）——中国一个村庄的群众运动》以及人类学著作《战时中国农村的风习、改造与抵拒：兴隆场（1940—1941）》（后简称《兴隆场》）等著作。据伊莎白在《兴隆场》里介绍：当时国民政府推进了一系列乡村建设举措，也以失败告终。第一，行政改革基本失败。国民政府有意在乡村社会推行行政改革，以便从乡村社会捞起更多的经济利益。但据伊莎白观察，即使更换了 4 次乡长，也未能成功推进行政改革。此外，乡村原有的权力文化网络被破坏，新的治理体系和治理格局没有形成。因此，行政改革也不可避免地走向了失败。第二，平民识字收效甚微。国民政府企图以教育为重要举措来提升农民的综合素养，以达到乡村建设的最终目的。国民政府为此还举办了识字班，但"那些小自耕农或佃农压根儿就不想前来上课"[6]。因而，平民识字运动也收效甚微。第三，移风易俗流于形式。伊莎白观察到兴隆场内还流行早婚、大操大办和童养媳等一些旧风陋习。国民政府试图通过发起新生活运动来移风易俗，但是由于只是停留在宣传和说教，并未触碰到旧风陋习的存在根基，新生活运动往往也流于形式，效果较为微弱。

中国共产党自成立以来高度重视乡村建设，百余年来的乡村建设实践也取得了较大的成就。就四川来看，实施"美丽四川·宜居乡村"建设行动，主要在以下几个方面着力。第一，加强乡村治理，农村社会整体和谐有序。四川省高度重视农村基层党组织的领导作用，持续坚持以党建引领乡村建设行动。同时，加强乡村治理，必须实现自治、法治和德治相结合，重视自我管理在社会管理中的重要作用，让农民的事情农民办，引导农民爱党爱国和崇德向善。整体来看，乡村治理效果良好，农村社会整体和谐有序。第二，加强文化建设，乡村文化得到传承和发展。四川省委省委政府高度重视乡村文化建设，把其放在乡村"五大建设"体系之内，又融入农民的日常生活之中。推动党报党刊、主旋律电影、川剧等融入农民的日常生活，并给予常态化和制度化。整体来看，乡村文化得到了一定的传承和发展。第三，推进移风易俗，乡村社会风气整体较好。四川省委省政府持续深入开展农村精神文明建设活动，持续推进移风易俗，健全道德评议会、红白理事会、村规民约等机制，加大了对高价彩礼、人情攀比和封建迷信等不良社会风气的治理。就婚俗变革来看，笔者在四川省内调研的过程中注意到，高价彩礼和大操大办的情况整体来看并不十分突出。

四川作为乡村建设运动的重要发源地、中国农村改革的奋力先行者、美丽宜居乡村建设的西部示范田和擦亮农业大省金字招牌的忠诚践行者，经过百余年的接续奋斗，已取得巨大发展。实施乡村建设行动需要讲好中国故事，传递四川声音，让国际社会更加了解四川、了解中国。第一，提供了乡村治理的四川范例。如四川省德阳市罗江区将基层管理事务和农民群众的关心事项细化为清单，对照清单，编制解决方案，同时建立监督评价机制，打造乡村治理的特色方式。德阳市罗江区的乡村治理不仅入选了全国十大典型案例，也为国际社会提供了乡村治理的四川范例。第二，提供了乡村文化建设的四川样本。四川省高度重视乡村文化建设，全省严格按照因地制宜的建设原则，重点打造乡村特色品牌，为国际社会提供了乡村文化建设的四川样本。第三，提供了移风易俗的四川实践。成都市全力打造了各级新时代文明实践中心，以此平台为依托，通过整合当地的文化资源，以志愿服务的形式，使新时代文明实践融入居民的日常生活，在"润物细无声"中倡导文明新风，为群众减负，为幸福加码。整体来看，实施乡村建设行动为国际社会提供了四川农民生活全景式调查的样本。

【专栏 13.1】

伊莎白及其兴隆场调查

伊莎白 1915 年出生于四川成都华西坝，其父母都是加拿大的传教士，任教于英、美、加三国的五个基督教会联合成立的华西协合大学。1940—1941 年，伊莎白受邀参与四川璧山兴隆场的乡村建设项目，该项目是在"教会参与乡村建设"的大背景下由中华全国基督教协进会（以下简称"协进会"）负责资助的。在此背景下，伊莎白和搭档俞锡玑共同完成了 1940—1942 年有关兴隆场的田野调查，并出版了十分详细的中英文田野调查笔记。《兴隆场》系伊莎白根据 1940 年代手稿重新整理而成，该书以抗战时期的兴隆场为主要研究区域（兴隆乡约有 1500户人家，1940 年 7 月，兴隆乡与大鹏乡合并为大兴乡，兴隆场仍为大兴乡政府所在场镇），以国民政府、协进会等外来人与本地人为研究视角，全面描述了该场镇的社会结构和发展动力、国民政府与协进会等民间组织在社会动荡局势下推动的改革事业等，展现了外来改革者与本地传统势力在西南大后方这个小场镇上的交锋，分析了外来改革人士的行政改革、移风易俗、禁烟禁赌、乡村建设等项目被当地势力击败的过程和原因。

《兴隆场》通过在兴隆场挨家挨户地调研、访谈，全面、客观地记录了当地历史沿革、政治、经济、婚姻、妇女、法律诉讼、民间信仰等方方面面的信息，保存了大量的鲜活事例，同时进行了全面深入的学术调研与分析，读来让人仿佛置身于历史的现场。

（根据伊莎白《战时中国农村的风习、改造与抵拒：兴隆场（1940—1941）》编写，外语教学与研究出版社，2018年）

（二）打开了窥探四川群众公共生活和微观世界的窗口

王笛，出生于四川省成都市，获得美国约翰斯·霍普金斯大学历史学博士学位。他在任美国得克萨斯A&M大学历史系教授期间，以成都的公共生活和微观世界为研究对象，写出了著名的《茶馆：成都的公共生活和微观世界，1900~1950》一书。茶馆是集休闲、娱乐、交往和工作等于一体的公共空间，是了解四川的较好切口。《茶馆》以学术的视角打开了窥探四川群众公共生活和微观世界的窗口，具有较高的学术价值。第一，以微观史的视角研究乡村文化。以微观史的视角研究百姓、日常生活、街头和茶馆等问题时，乡村文化就会栩栩如生的展现。将乡村文化明确地指向人们的日常生活，为我们研究乡村文化提供了新视角。第二，以妇女史的视角研究乡村文化。王笛以妇女史的视角研究作为"媒房"的女性招待在茶馆这类公共场所中担任的角色，她们的内心世界以及在公众被剥削的形象。这样既可以充分了解成都妇女地位的变化，也可以窥视这一时期女性观念的变化历程。《茶馆》将乡村文化聚焦在女性群体上，为我们研究乡村文化提供了新视角。第三，以特定空间为介体研究乡村文化。茶馆是集合成都各种文化元素的一个公共场所，把其放在显微镜下进行分析，会使我们对成都的认识更加深入。茶馆是调解纠纷、洽谈生意，以及场镇商业活动中不可或缺的元素，通过"摆龙门阵"的方式口头传播大事小情，是社会舆论的中转站。因而，将茶馆这一微观世界作为切入点，可以掌握乡村社会中国家权力、精英文化、地方文化、公共空间之间的互相博弈与改良发展。

乡村建设必须遵循乡村文化和乡村发展规律。中国特色社会主义新时代，实施"美丽四川·宜居乡村"建设行动也做出了很多举措。第一，触及人们的日常生活。所谓文化是人们在日常生活实践中为了维持个体生存和再生产而形成的一种整体性生活方式。也就是说，文化是寓于日常生活的。因此，乡村建设行动的重点工作、农村人居环境整治等都触及人们的日常生活，可以切实提升人们的安全感、获得感和幸福感。第二，关注特殊的"三留守"。弱势群体的生存状态最能体现一个社会的文化状态。现阶段留守在乡村的大多是妇女、儿童和老人。实施乡村建设行动高度重视公共服务提升，着重健全"三留守"人员的关爱体系，围绕其开展基本的教育、医疗和就业等社会服务等。第三，基于特定的乡村空间。乡村是集生产功能、生活功能、生态功能、文化功能和治理功能于一体的特殊空间。每个村庄都有其特殊性，因而实施乡村建设行动必须坚持因地制宜，置身于特定的乡村空间之中。

中国特色社会主义新时代，实施乡村建设行动涉及农村居民日常生活的方方面面，为国际社会提供了窥探四川群众公共生活和微观世界的窗口，具有一定的国际价值。第一，提供了窥探四川群众风俗习惯的窗口。实施乡村建设行动的紧迫任务就是重塑乡村的文化功能，持续深入推进移风易俗。移风易俗对这些风俗习惯的剖析和治理提供了窥探四川群众风俗习惯的窗口。第二，提供了窥探四川群众公共生活的窗口。实施乡村建设行动涉及乡村公共生活的全方面，经济、政治、文化、社会和生态"五位一体"都包括。从乡村公共基础设施建设、乡村公共服务提升，再到农村基层党组织建设等都为国际社会提供了窥探四川群众公共生活的窗口。第三，提供了窥探四川群众生活方式的窗口。文化建设是实施乡村建设行动的重点，而文化归根结底是人们整体性的生活方式。比如，茶馆是老成都人生活方式的集中体现，在闹市有茶楼，陋巷有茶摊，公园有茶座，大学有茶园，处处有茶馆，可谓"一市居民半茶客"。乡村是文化的根，实施乡村建设行动可以使四川文化得到有效传承发展，为国际社会提供窥探四川群众生活方式的窗口。

（三）提供了中国农村市场和社会结构研究的范例

美国人类学家施坚雅在《中国农村的市场和社会结构》一书中提出，市场结构对农村社会具有重要意义，农村社会在本质上是一个基层市场社区。[7]乡村社会是个独特的空间，集生产、生活、生态、文化和治理空间于一体，是乡村居民生活的核心空间。施坚雅以农村市场交易为支点，剖析了中国社会结构。第一，乡村社会具有一定的开放性。长久以来，人们认为乡村社会就是个封闭的熟人社会。但施坚雅认为中国农民的社会交往空间不限于本村，还可以辐射到他们可以参与的市场交易的空间半径。他以市场交易范围为半径，确定乡村社会交往的空间，指出乡村具有一定的开放性，提出了著名的六边形市场区域理论。第二，乡村社会需要和外部世界互联互通。施坚雅认为，实际上任何村庄都无法全部满足人们的全部生活，必然需要和其他外部村庄进行交往，从而互通有无，满足各自的需求。第三，乡村社会具有一定的等级性。施坚雅将地理学中心理论搬了过来，认为中国农村市场分为基层市场、中介市场和中心市场三个等级，对应着不同级别的市镇。同时，基层市场的发展离不开中介市场的带动。

经过百余年的乡村建设实践，学界对乡村的认识日趋成熟。第一，现代乡村社会是一个开放型社会。现代乡村社会早已不是费孝通笔下封闭的熟人社会了。随着改革开放的深入发展和城镇化进程的逐步推进，乡村社会逐渐成为一个开放型社会。农村居民从土地的束缚中解放出来，可以选择到城市务工和就业。与此同时，各种社会力量也开始被允许进入乡村，参与到乡村建设中来。第二，乡村建设行动需要坚持城乡融合。乡村社会逐步开放之后，实施乡村建设行动不能就乡村谈乡村建设，要打破城乡二元结构壁垒，促进城乡各要素实现"双向流动"，实现良性互动。只有坚持城乡融合的发展理念，乡村建设行动才能真正取得成效。第三，以县域为中介开展乡村建设行动。依据施坚雅的市场等级理论，乡村社会作为基层市场，需要中介市场来连接中心市场，从而更好地取得发展。在现代中国社会，县域就是典型的中介市场。因而，实施乡村建设行动也要发展县域。

　　中国特色社会主义新时代，四川实施乡村建设行动也是对中国农村市场和社会结构的一次剖析，为国际社会提供了中国农村市场和社会结构研究的范例，具有重大的国际价值。第一，提供了中国乡村社会研究的范例。目前学界对乡村建设行动取得的成效进行了较为全面的总结：乡村规划得到精心编制、乡村基础设施不断健全、乡村公共服务不断完善、人居环境整治全面展开、乡风文明得以切实提升以及各地乡村建设典型涌现等，为国际社会提供了中国乡村建设研究的范例。第二，提供了中国乡村建设思路的参考。坚持系统性、整体性和战略性思维，以城乡融合的科学方法和建设思路来科学部署。要跳出乡村谈乡村建设，把乡村建设行动摆在关乎中华民族伟大复兴的战略全局的位置。第三，提供了县域中国研究的范例。县城是县域政治、经济、文化和交通的中心，承载着连接城乡的职能。县城是了解中国的一把钥匙，不仅可以了解中国的乡村社会，也可以了解城市社会。因而实施乡村建设行动，推进以县域为重要载体的城镇化建设，促进农业农村发展和经济增长，为国际社会提供中国县域研究的范例。

注释

[1] 凌耀伦，熊甫：《卢作孚文集》，北京：北京大学出版社 1999 年版，第 602 页。

[2] 唐文光，李萱华等：《卢作孚文选》，重庆：西南师范大学出版社 1989 年版，第 417 页。

[3] 刘重来：《论卢作孚"乡村现代化"建设模式》，《重庆社会科学》2004 年第 1 期，第 114 页。

[4] 纪志耿，陈庆玲：《大力弘扬农村改革精神 纵深推进改革开放事业》，《四川日报》2021 年 5 月 24 日。

[5] 王成栋，史晓露，王代强：《在新时代打造更高水平的"天府粮仓"擦亮四川农业大省金字招牌——专访四川省农业农村厅厅长徐芝文》，《四川日报》2022 年 7 月 26 日。

[6] ［加拿大］伊莎白，［美］柯临清：《战时中国农村的风习、改造与抵拒：兴隆场（1940—1941）》，邵达译，北京：外语教学与研究出版社 2018 年版。

[7] ［美］施坚雅：《中国农村的市场和社会结构》，史建云，徐秀丽译，北京：中国社会科学出版社 1998 年版，第 1 页。

结　语

　　一百多年来，中国共产党领导中国人民始终高度重视乡村建设，挖掘乡村的各种功能，并取得了一定的成绩。第一，乡村的生产功能得到了彰显。乡村社会是生产空间，彰显乡村的生产功能不仅可以确保国家的粮食安全，而且也可以有效地促进乡村经济的发展。第二，乡村的生活功能得到了优化。乡村社会是生活空间，实施乡村建设是满足人们对美好生活需要的重要举措，逐渐使人民群众住上了好房子，过上了好日子。第三，乡村的生态功能得到了涵养。乡村社会是生态空间，实施乡村建设不仅使农业的生态功能得到了涵养，还使乡村社会的生态功能得到了充分发挥。生态价值逐渐得到了认可，绿色生态理念逐渐深入人心。第四，乡村的文化功能得到了重塑。乡村社会是文化空间，实施乡村建设使乡村文化的传承、治理和教育功能得到了充分的发挥，乡村文化得到了有效地传承发展，乡村治理中的文化力量也得到不断凸显，乡村文化的教育资源得到了有效挖掘，等等。第五，乡村的治理效能得到了提升。乡村社会是治理空间，实施乡村建设使乡村社会的治理效能得到了有效地提升，乡村的权力文化网络逐步形成，农村公共服务供给水平逐步提升，乡村"情感共同体"逐渐形成。

结
语

中国特色社会主义进入新时代，四川实施乡村建设行动可以充分激活乡村社会的多功能性，为国际社会打开展示中国西部乡村建设行动的窗口。第一，打开了展示乡村生产功能的窗口。第一，打开了展示乡村生产功能的窗口。实施乡村建设行动使乡村的生产功能得到彰显，不仅确保了国家的粮食安全，也有效地促进了乡村社会的发展。第二，打开了展示乡村生活功能的窗口。实施乡村建设行动使乡村的生活功能得到了优化，使乡村更加宜居。实施乡村建设行动使国际社会看到中国共产党始终代表中国最广大人民的根本利益，彰显了我国社会主义制度的优越性。第三，打开了展示乡村生态功能的窗口。实施乡村建设行动使乡村的生态功能得到了挖掘，乡村的生态涵养能力得到了充分发挥。实施乡村建设行动使国际社会看到我国乡村生态的多样性。第四，打开了展示乡村文化功能的窗口。实施乡村建设行动使乡村的文化功能得到了重塑，乡村文化得到了有效传承和保护，乡村治理中的文化力量逐步凸显，乡村文化的教育资源被充分挖掘。实施乡村建设行动使国际社会看到我国农耕文化的魅力，提升了我国的文化软实力。第五，打开了展示乡村治理效能的窗口。实施乡村建设行动使乡村的治理效能得到了提升，自治、法治和德治相结合，即"三治合一"的治理体系逐步建立，乡村社会整体和谐有序，实施乡村建设行动也使国际社会看到我国治理体系和治理能力现代化的力量。

后　记

"我们的家乡，在希望的田野上。炊烟在新建的住房上飘荡，小河在美丽的村庄旁流淌……"20 世纪 80 年代初，一首名为《在希望的田野上》的歌曲流行大江南北，反映出改革开放初期中国大地，特别是农村焕发出的蓬勃生机。

当时，我也正好生活在华北平原的广袤大地上，亲眼看见乡亲们用艰苦劳动和辛勤汗水改变着家乡面貌，亲身体会了改革开放后农村社会所发生的巨大变化和急剧变迁。因此在 2003 年来川攻读研究生学位以来，我就对农民增收和农村建设问题给予了极大的关注。2009 年工作以来，更是自觉地把党的"三农"创新理论成果和乡村社会所发生的生动实践结合起来，深入研究和系统阐释粮食安全、乡村振兴、中国式农业现代化、美丽宜居乡村建设中的重点难点问题。这些成果像是一个播种机，也像是一个留声机，记录着一个年轻学人对我国"三农"问题持续关注的学术情怀和成长轨迹。

在新时代实施乡村振兴战略的背景下，中国乡村正在发生着翻天覆地的变化，那些曾经的贫瘠与落后正在被新的希望与活力所取代。我国在取得农业现代化瞩目成绩的同时，农村现代化却成为整个社会现代化事业的短板，让农民就地过上现代化生活成为美好生活的重要表征。这本书正是为了探寻宜居宜业和美乡村建设新篇章，为了记录下这个时代最为重要的变革而撰写的，同时也是我2021年主持的四川省社科规划"脱贫攻坚暨乡村振兴"重大项目的结项成果。因此可以说，呈现在读者面前的这本《我们的乡村——新时代乡村建设行动研究》是我多年来持续思考和研究的成果。

文章合为时而著，歌诗合为事而作。本书坚持将理论探讨与实践调研紧密结合起来，我曾深入四川省成都市、广元市、宜宾市、雅安市、德阳市等地开展田野调查及案例分析，系统研究新时代乡村建设行动的生成逻辑、实施路径和价值意蕴，以期为乡村发展与振兴贡献我们的智慧和力量。在此，我要向所有参与本书实地调研和资料收集的朋友表示感谢。他们对我们调研工作给予支持和信任，亲力亲为带领我们顺利"入场"和"保存现场"，这也是我们不断前行的强劲动力。

我想赞赏多次参与课题调研以及撰写本书的同事们和学生们。这里面包括成都中医药大学的黄婧副教授，我的博士生罗倩倩、陈庆玲、唐华琼、李丹琪、罗玲、黄维以及硕士生张惠颖、刘迪、赵若汐、彭林、夏浚莉、谢豪东、廖明清等20多位学生。他们在参与课题调研以及撰写本书的过程中付出了大量的时间和精力，对乡村建设行动的研究表现出了极高的热情和责任心，他们的洞察力和创新思维也为本书的内容带来了新的视角和启示。这些学生们对本书的贡献无疑是不可忽视的，我希望他们能够把参与本书的经历看作是个人学术成长和发展的重要一环，并为未来课题组的学习和研究之路奠定坚实的基础。

本书受到2021年四川省社科规划"脱贫攻坚暨乡村振兴"重大项目和四川大学马克思主义学院2022年学术专著出版项目的资助，在这里一并向上级社科主管单位和学院相关部门的垂青关爱表示感谢。

我们世世代代在这田野上生活，为她富裕，为她兴旺，我们的理想在希望的田野上。希望这本书能够对各类读者有所启发和帮助，能够激发更多人的关注和行动，积极开展"我的家乡我建设"等群众性建设活动，以乡情乡愁为纽带吸引凝聚各方人士支持家乡建设，让乡村振兴成为全社会的共同责任。"乡村振兴，关键在人，关键在干"，乡村振兴需要每一个人的参与，无论是从个人层面还是从社会层面，我们都可以为乡村的未来添砖加瓦，让每一个乡村焕发出勃勃生机和活力。

纪志耿

2023 年 9 月于川大望江